일터로 간 뇌과학

일러두기   – 국내에 출간된 도서는 본문에서 원서명을 표기하지 않았습니다.

        – 인명, 지명, 기업명 등의 경우 외래어표기법을 기준으로 하되, 널리 알려진 표현을 따랐습니다.

        – 이 책에는 S-Core의 에스코어 드림체, 네이버의 나눔글꼴, 강원교육 서체가 적용되어 있습니다.

일터로 간 뇌과학

초판 1쇄 발행 2023년 7월 15일

지은이 프레데리케 파브리티우스 / **옮긴이** 박단비

펴낸이 조기흠
책임편집 이지은 / **기획편집** 박의성, 유지윤, 전세정
마케팅 정재훈, 박태규, 김선영, 홍태형, 임은희, 김예인 / **제작** 박성우, 김정우
디자인 Syoung.K

펴낸곳 한빛비즈(주) / **주소** 서울시 서대문구 연희로2길 62 4층
전화 02-325-5506 / **팩스** 02-326-1566
등록 2008년 1월 14일 제 25100-2017-000062호

ISBN 979-11-5784-679-5 03320

이 책에 대한 의견이나 오탈자 및 잘못된 내용에 대한 수정 정보는 한빛비즈의 홈페이지나
이메일(hanbitbiz@hanbit.co.kr)로 알려주십시오. 잘못된 책은 구입하신 서점에서 교환해드립니다.
책값은 뒤표지에 표시되어 있습니다.

⌂ hanbitbiz.com ⓕ facebook.com/hanbitbiz Ⓝ post.naver.com/hanbit_biz
▶ youtube.com/한빛비즈 ⓞ instagram.com/hanbitbiz

지금 하지 않으면 할 수 없는 일이 있습니다.
책으로 펴내고 싶은 아이디어나 원고를 메일(hanbitbiz@hanbit.co.kr)로 보내주세요.
한빛비즈는 여러분의 소중한 경험과 지식을 기다리고 있습니다.

테스토스테론 조직 × 세로토닌 리더 × 도파민 팀원

프레데리케 파브리티우스 지음
박단비 옮김

일터로 간

THE BRAIN FRIENDLY WORKPLACE

한빛비즈
Hanbit Biz, Inc.

차 례

프레데리케 파브리티우스가 내게 이 책의 서문을 써줄 수 있겠냐고 물었을 때 나는 곧바로 좋다고 대답했다. 프레데리케를 처음 만난 건 내가 진행하는 사이콜로지 팟캐스트Psychology Podcast 쇼에 그녀가 게스트로 참여했을 때였다. 그때부터 나는 그녀의 훌륭한 업적뿐만 아니라 그녀라는 사람 자체를 존경해왔다. 그녀는 신경과학을 기반으로 사람들이 잠재력을 최대한 발휘할 수 있도록 돕는 일에 아주 열심이다. 그것은 신경 다양성을 매우 중요하게 여기는 내 신념과도 일맥상통한다. 나는 이 책의 존재 덕분에 우리가 '사람들의 뇌는 태생적으로 얼마나 다를 수 있으며, 그것이 우리가 세상을 보는 방식에 어떤 영향을 주는가'라는 주제에 대해 더 폭넓게 논의할 수 있다고 믿는다.

내가 이 주제에 친숙한 건 개인적 배경 때문이기도 하다. 나는 어린 시절 특수교육을 받고 자랐고, 사람들은 나를 어떻게 분류해야 할지 몰랐다. 우리 학교 시스템의 그 어느 규칙에서도 창의력이나 상상력과 관련된 신경 지문neurosignature에 대한 지식을 다루지 않았기 때문이다. 우리에겐 사람마다 다른 정보 처리 방식이나 세상을 보는 관점의 차이를 이해하고 포용하게 할 기틀이 필요하다.

또한 이 책은 사람들이 일터에서 최선의 기량을 발휘할 수 있는 방법들을 아주 신선한 관점에서 탐구한다. 또한 오늘날 많은 회사들이 주목하는 문제들 너머의 더 높은 목표를 지향한다. 대부분의 회사들은 근로자 개개인의 목표는 뒷전으로 하고 회사의 목표를 실현하는 것에만 열중한다. 하지만 프레데리케는 신경 다양성에 초점을 맞추는 것이 사람들의 더 깊은 욕구와 동기를 존중하는 길이며, 그렇게 하면 회사는 자연히 더 나은 결과물을 얻을 것이라고 이야기한다.

한 가지 명심해야 할 것은 신경 지문을 고정된 개념으로 간주해서는 안 된다는 점이다. 우리의 신경 지문은 하루 종일 변한다. 관리자라면 이것을 세심하게 기억하여 사람들에게 하루의 어느 시간에 어떤 일을 배정하는 것이 좋을지 고려해보는 것도 좋겠다. 나는 아침에 침대를 빠져나온 직후엔 테스토스테론 신경 지문의 특성이 아주 강해진다. 하지만 저녁때가 되면 테스토스테론은 거의 사라져 있다. 난 밤 8시에 목표를 달성하고 싶은 기분이 들지 않는다. 그 시간에는 넷플릭스를 보고 쉬길 원한다. 신경 지문은 유동적이며, 그것들로 사람들을 범주화하고 구분하는 것이 아니라 사람들을 이해할 때 참고할 유용한 지침으로 삼아야 한다.

이 책은 우리가 사고의 다양성을 제고해야 한다는 기본 사실을 강조하면서 동시에 사람들 각자의 동기가 아주 다를 수 있다는 점에도 주목한다. 오케스트라 지휘자처럼 일터의 다양성 제고와 사람들의 동기를 보살피는 일을 잘 조율할 수 있어야 한다. 좋은 지휘자는 모든 악기를 어떻게 연주할지 일일이 지시하는 것이 아니라 다 함께 조화를 이루어 아름다운 소리를 내도록 잘 조력하는 사람이다. 이 책은 그런 신선한 접근법을 제시한다.

너무나 많은 것들이 불분명한 현재 상황에서 이 책은 아주 시기적절하다고 할 수 있다. 사람들의 스트레스 수준은 실로 엄청나다. 의미를 갈구하고, 세상과 일터에서 자신의 고유한 가치는 무엇인지 알아낼 방법을 간절히 찾고 있다. 사람들은 스스로가 중요한 존재이길 원하며, 그것은 인간의 아주 기본적인 욕구다. 나는 이 책이 사람들로 하여금 자기 고유의 신경 특성을 살려 일터에 기여하게 함으로써 스스로의 가치를 깨닫게 하는 데 아주 중요한 역할을 할 수 있을 것이라 생각한다.

하지만 뇌가 전부는 아니다. 뇌와 몸은 모두 우리 환경과 깊이 연관되어 있다. 신경 지문은 자신을 심층적으로 파악하게 하는 신속한 방법이지만, 더 큰 시스템의 일부이기도 하다. 신경 지문은 환경의 영향을 받으며, 우리는 일터에서 자주성의 필요성도 알고 있다.

이 책은 사람들이 자기 존재의 가치뿐만 아니라 외부적 보상을 위해 성과를 내거나 일을 하는 것이 아닌 자신이라는 고유한 존재를 기반으로 의사결정을 하고 있다는 '자주성 인식'도 높이도록 돕는다. 그러므로 신경 지문을 이해하는 것은 자주성에 대한 본질적인 동기부여를 제공하는 일이자 그 자주성을 발전시키는 일이다.

사람들은 인생에서 자기 자신을 알아갈 시간을 충분히 갖지 못한다. 우리가 이 문제에 집중하지 못하는 이유는 커리어와 가정생활을 병행하면서 늘 타인의 요구에만 신경을 쓰게 되기 때문이다. 외부적 요구가 너무 많은 나머지 사람들은 자신을 발견할 시간조차 낼 수 없다고 생각한다. 하지만 내가 주로 집중하는 자기실현의 여정은 무엇보다도 스스로에게 가치가 있다는 사실을 깨닫는 것이다. 여러분은 자신이 세상에 가장 잘 기여할 수 있는 방식을 제대로 이해하고 구축해야 할 만큼 가치 있는 사람이다. 또한 자신이 옳지 않다고 생각하는 일에 'No'라고 말할 수 있는 것 역시 자기실현 과정의 아주 중요한 한 부분이다.

《일터로 간 뇌과학》은 사람들이 이전과는 전혀 다른 방식으로 자신을 바라보게 한다. 어떤 사람들은 그런 관점이 필요하다는 것을 아마 직감적으로 느꼈지만 정확히 꼬집어내기 어려웠을 것이다. 이 책이 여러분에게 자기연민과 함께 지금까지 자신과 맞지 않았던 것들에 대해 'No'라고 말할 영감을 불어넣어줄지도 모른다. 그건 당신에게 문제가 있는 것이 아니라는 의미다.

스콧 배리 카우프만Scott Barry Kaufman
심리학자, 작가, 사이콜로지 팟캐스트 진행자
2022년 1월

다양성에는 신경 지문도 포함해야 한다

한 세기에 한 번 나올까 말까 한다는 더 나은 미래를 위한 절호의 기회가 우리를 찾아왔다. 긴 근무 시간, 수면 부족, 끝없는 회의, 쉴 새 없는 출장과 같은 오래된 기업 패러다임은 이제 수명을 다했고, 아무도 그 시절로 돌아가기를 원치 않는다. 지금 같은 일터는 우리의 성과나 정신, 신체 건강에 해로울 뿐이다. 비즈니스의 미래는 사무실 출근과 재택근무를 혼합한 하이브리드hybrid 근무이며, 이제 모든 이들이 최고의 성과에 도달하도록 도울 수 있는 유연하고 새로운 패러다임이 필요하다. 바로 뇌 친화적인 일터 말이다.

나는 신경과학자이자 기조연설자이며 포춘500Fortune 500 기업 임원들에게 최고의 성과peak performance에 도달하고 더 큰 즐거움과 높은 삶의 질을 경험하게 할, 쉽고 뇌 친화적인 방법들을 가르친다.

모두가 업무 개혁을 이야기하지만, 정확히 무엇을 어떻게 해야 하는지 확실히 아는 사람은 없다. 이 책에서 나는 과학적이고 현장 검증이 됐으며 이미 우리 고객들의 큰 사랑을 받고 있는 청사진을 제시할 것이다. 그리고 고객들은 이 청사진을 활용해서, 공들여 훈련시키고 교육한 전문가들의 대거 유출을 막고 인재 전쟁에서 승리할 것이다.

2021년 7월 〈월스트리트저널The Wall Street Journal〉은 '지난 20년 동안, 그 어느 때보다 많은 미국의 전문직 종사자들이 일자리를 떠났다.…(중략)… 사람들이 자신의 기술과 흥미, 개인 생활에 더 적합한 일에 이끌리기 때문이다'[1] 라고 보도했다. 또한 맥킨지McKinsey와 린인닷오그LeanIn.org가 2021년 발간한 〈직장 내 여성Women in the Workplace〉 보고서에 따르면 미국 여성 근로자 최대 200만 명이 직장을 떠날 수도 있다고 한다.[2] 내 고객들은 이런 문제들을 가능한 한 빨리 해결해야 한다. EY전 언스트앤영, Ernst & Young

글로벌 인재 리더로서 34만여 명 직원들의 교육을 관리하는 리아즈 샤Riaz Shah는 내게 말했다. "모든 것이 예전처럼 완전히 개방되기 시작하면 불만이 있었던 사람들은 자신이 정말 있고 싶은 곳을 찾아 떠날 겁니다."

뇌 친화적인 일터는 사람들이 자신의 뇌가 최적으로 기능할 수 있는 방식에 맞게 일하도록 장려하기 때문에 인재들을 붙들어둘 수 있다. 그런 일터는 서로 다른 뇌를 지닌 직원들이 팀에 각양각색의 아이디어를 가져오리라는 것을 알고 소중히 여긴다. 또 뇌 친화적인 일터는 재미를 중시한다! 나는 고객들에게 "일이 재미가 없다면 지금 최고의 성과를 발휘하지 못하고 있는 겁니다"라고 말하곤 한다.

이 책에서 여러분은 우리 인격이나 스트레스 및 정보를 처리하는 방식에 강력한 영향을 끼치는 네 가지 뇌 속 화학물질의 고유한 '신경 지문'을 알아보고 자신은 어디에 속하는지 파악할 수 있을 것이다. 여러분은 '최적의 스트레스 포인트'를 찾고 '재미, 두려움, 집중'을 이용해서 최대로 성과를 내는 법도 터득할 것이다. 그렇게 하면 아이디어가 샘솟게 되고 활력과 영감, 생동감을 느낄 수 있다.

또한 서로 다른 신경 지문을 지닌 동료들을 이해할 수 있는 귀중한 생각의 틀을 얻을 수 있을 것이다. 그것은 집에서도 마찬가지다. 과거에 나와 남편이 서로를 보며 답답해했던 것들은 서로 다르지만 상호보완적인 우리의 신경 지문 탓임을 알았고 이제는 안심할 수 있다.

내 고객들은 자신과 직원들의 성과는 물론, 인재 유지율과 성별 다양성도 높아졌다고 이야기한다. 왜일까? 여러분이 재미, 두려움, 집중을 이용해서 손쉽게 몰입 상태에 들어가면 더 짧은 시간에 더 많은 것들을 해낼 수 있기 때문이다. 따라서 충분히 운동하고 충분히 잠을 자고 건강한 음식을 먹고 개인 시간을 보낼 여유가 생기면 더 행복해지는 건 당연하다. 회사가 직원들이 존중받는다고 느끼게 해주고 자녀 돌봄, 재택근무, 유연 근무 같은 필요들을 채워준다면 사람들은 떠나지 않고 남을 것이다. 이는 특히 여성들에게 더 잘 적용되는 이야기이며, 그러므로 뇌 친화적인 일터는 자연스럽게 성별 다양성을 향상시킨다.

내 고객들은 사람들을 바꾸려고 애쓰는 대신 일터를 변화시키고 있다. 시간을 낭비하는 회의와 불필요한 출장을 최대한 줄이고 유연한 근무 시간을 제공하여 직원들의 생체 리듬을 존중해주며 사람들로 하여금 '전략적 휴식'을 취하여 모두가 최상의 기량을 발휘하게 한다. 뇌 친화적인 조치들은 우리 고객들에게 구체적이고 경쟁력 있는 혜택을 준다. 아직 인식이 낮은 회사들이 사람들을 잃어가는 동안 우리 고객들은 수많은 인재들을 회사에 확보하고 있다.

동에 번쩍 서에 번쩍하던 기업 임원들은 본의 아니게 해외 출장, 극도의 스트레스, 기나긴 근무 시간으로부터 휴식을 얻게 되면서 어떻게 생산성이 향상되었는지 이야기한다. 〈뉴욕타임스The New York Times〉 지니아 벨라판테Ginia Bellafante 기자는 출장이 잦던 투자 은행가이자 어린 자녀를 둔 자신의 이웃을 인터뷰했다. 봉쇄 전에 벨라판테가 모임에서 그 이웃을 만났을 때는 '하루 전에는 댈러스에 있었고 그 전에는 도쿄에 있었으며 또 그 다음 날엔 브뤼셀에 갈 예정'이라는 식의 이야기를 자주 들었다고 했다.

벨라판테는 그가 온 지구를 누비는 삶을 다시 시작하고 싶어서 좀이 쑤실 것이라고 생각했다. 하지만 놀랍게도 그는 말했다. "난 국내나 해외 출장을 단 1초도 그리워해본 적이 없어요. 그 시간에 뭘 했냐고요? 운동을 하거나 자녀들과 시간을 보냈죠. 오히려 일이 더 잘 되더군요. 내 지인 중에 '아, 예전 방식으로 돌아가면 참 좋겠어' 같은 소리를 하는 사람은 단 한 명도 없어요."[3] 직장 생활로부터의 탈출은 사실 글로벌 위기 전에 이미 시작됐다. 특히 고등 교육을 받은 여성들이 놀라운 속도로 직장 생활을 그만두고 있다. 〈워크포스매니지먼트Workforce Management〉에 따르면, 미국 기업들은 성별 다양성 교육에 연간 80억 달러를 쓴다. 여기에는 여성 임원들에게 '린인lean-in, 셰릴 샌드버그가 쓴 책 제목이며 여성이 일터에서 적극성을 발휘하고 자신의 야망을 좇아야 한다는 의미, 옮긴이 주'을 가르치고 남성 임원들을 '무의식적인 편견 인식 교육'에 보내는 것도 포함된다. 하지만 이러한 노력들은 완전히 실패했다.

2019년 〈포브스Forbes〉는 '여성은 왜 그만두는가'라는 기사에서 여성 노동인구의 시장 참여율이 1990년의 51.4퍼센트에서 2020년 47퍼센트로 하락했음을 알렸다. 포춘500 기업 중 여성 CEO 재직 비율은 겨우 4.8퍼센트다. 이렇듯 형편없는 여성 리더의 비율은 2010년 이래로 변화한 적이 없다. 한 예로 마이크로소프트Microsoft의 최고위 임원 중에서 여성이 차지하는 비율은 오직 18퍼센트에 불과하다.

내 고객들은 더 많은 여성을 상위 경영진에 올려놓으려고 필사적으로 노력한다. 여성 임원이 있는 일터가 수익을 더 잘 내기 때문이다. CNBC는 '여성 임원이 있는 기업이 더 돈을 잘 번다 – 그 이유는?'이라는 기사에서 '경영진 레벨에서 성별 다양성은 기업의 성과를 향상시킨다는 증거가 상당히 많다'라고 보도했다.[4]

뇌 친화적인 조치들은 자연스럽게 여성 직원의 이탈을 줄이고 전반적인 직원 만족도나 생산성, 다양성을 높인다. 여성에게 좋은 것이 곧 회사에게 좋은 것이다. 뇌 친화적인 일터를 만들면 여러분은 다시는 '성별 다양성의 날' 같은 행사를 계획하지 않아도 될 것이다. 뇌 친화적인 일터는 모든 신경지문 유형들을 끌어당기고 보살펴 최선의 성과를 내게 한다.

각 장에서 나는 뛰어난 통찰을 지닌 리더들을 만나 업무의 미래에 대한 이 새로운 비전을 주제로 인터뷰를 진행한다. 나는 스라이브글로벌Thrive Global의 CEO 아리아나 허핑턴Arianna Huffington, 보스턴컨설팅그룹BCG 상무이사 및 파트너이자 최고 채용/인재 경영자 앰버 그레월Amber Grewal, 인지과학자이자 작가 및 팟캐스터 스콧 배리 카우프만 박사, 《브레인 룰스》 저자 존 메디나John Medina, 벤앤제리스Ben&Jerry's의 오랜 이사회 회원 제프 퍼만Jeff Furman, EY 우먼패스트포워드Women Fast Forward 플랫폼 글로벌 리더 줄리 린 타이글랜드Julie Linn Teigland, 《5시간 노동The Five-Hour Work Day》의 저자이자 타워패들보드Tower Paddle Boards의 CEO 슈테판 아르스톨Stephan Aarstol, 바이너미디어VaynerMedia 최고 마음경영자Chief Heart Officer 클로드 실버Claude Silver 등과 이야기를 나눴다.

그들은 지금 이 순간이 거대한 문화적 변화가 일어나는 중이라고 말한다. 봉쇄 사태는 앞서 언급한 투자은행가 같은 임원들로 하여금 자신이 충분한 수면을 취하거나 아이들 옆에 있어주는 것을 원했다는 사실을 깨닫게 했다. 이제는 '누가 더 오래 일하나'가 아닌 이런 것들을 두고 경쟁을 했으면 한다. 사람들이 수면 추적 기록을 비교하며 얼마나 잠을 푹 잘 잤는지 자랑하는 날이 머지않아 오길 희망해본다.

이 책에서 여러분은 내 고객들의 경험담도 들을 수 있을 것이다. 4장에서 티센크루프Thyssenkrupp 글로벌 학습 및 개혁 책임자 제닌 슈바르타우Janin Schwartau 박사는 내 뇌 친화적인 프로그램을 접하고 나서 70여 명의 팀원들을 위해 고안한 유연한 업무 공간과 근무 스케줄을 소개하고, 개인적으로 명상 수행을 시작한 사실도 알려줬다. 박사는 내가 정말 좋아하는 한 괴팍한 60세 참가자의 이야기도 들려준다. 그 참가자는 "신이 내가 더 빨리 움직이길 원했다면 내게 바퀴를 달아줬을 거요"라고 말했지만, 운동이 그 어떤 약보다 치매 예방에 좋다는 사실을 깨닫고 정열적인 조깅 마니아가 됐다고 한다.

이 책의 각 장에서는 두뇌 건강을 위한 팁, 흥미로운 이야기, 깜짝 놀랄 만한 신경과학적 사실을 소개한다. 여러분은 시베리아 햄스터들이 멜라토닌을 주입받고 고환이 작아진 이야기나 안젤리나 졸리Angelina Jolie의 뇌에 테스토스테론이 많을 수 있는 이유도 듣게 될 것이다. 또한 실패작이었던 항암제가 역할극을 통해 가장 잘 팔리는 약이 된 비결과 내가 요가와 도무지 안

맞는 이유(힌트: 내 신경 지문과 관련 있다)도 알게 될 것이다.

성별, 인종, 성적 기호에 따른 차별에 맞서는 것은 매우 중요하며, 나는 이 싸움을 온 힘을 다해 지지한다. 이 책에서 나는 지극히 중요한 사고 다양성에 기반하여 또 다른 차원의 새로운 포용이 필요하다는 주장을 펼칠 것이다. 다양성은 인종, 성별, 성적 지향만의 문제가 아니다. 여러분이 어떤 방식으로 생각하며 어떻게 일할지 선택하는 것 또한 중요한 문제다.

1장

신경 격차

인터뷰 줄리 린 타이글랜드

EY 유럽, 중동, 인도 및 아프리카 담당 경영 파트너 여성이 문제가 아니라, 여성이 답이다.

줄리 린 타이글랜드 *Julie Lynn Teigland*

나는 5성급 호텔 꼭대기 층에 있는 거대한 콘퍼런스 룸에 도착했다. 이곳에서 우리 회사가 주관하는 '린인' 훈련에 하루 종일 참가할 예정이었기 때문이다. 40대쯤 되어 보이는 강사는 네이비색 바지 정장에 편안한 구두 차림이었고, 금발로 고급스럽게 부분 염색을 넣은 단발머리 스타일이 깔끔해 보였다. 유능한 여성 임원들로 구성된 우리 그룹에게 그녀가 처음으로 한 말은 남자들에게는 그들만의 룰이 있으며, 우리가 꼭대기까지 올라가려면 남자들의 파워 게임을 할 줄 알아야 한다는 것이었다.

나는 일류 컨설팅 기업에서 잦은 해외 출장을 다니며 녹초가 되도록 일하고 있었다. 그 회사는 여직원 비율이 25퍼센트 아래였고, 고위 간부급 여성의 비율은 고작 5퍼센트였다. 경영진은 여성 임원들에게 힘을 실어주어 성비 불균형 문제를 개선하고 싶어 했다. 나와 동료들에게 '린인'하는 법을 배우게 한 것 또한 성별 다양성을 높이자며 시작한 프로젝트들 중에 하나였다.

인간 행동에 심취한 신경과학자로서 나는 기대감을 품지 않을 수 없었다. 남성이 상층부를 점령한 비즈니스 세계에서 린인은 여성들로 하여금 더 높이 올라가 더 큰 권력을 얻도록 도울 수 있을까?

미소 금지

강사는 활기차게 돌아다니며 우리 모두에게 악수를 청했다. 만약 악력이 '약하'면, 그녀가 그만하라고 말할 때까지 몇 번이고 손을 흔들어대야 했다. 내 공손한 악수도 불합격 신세를 면치 못했고, 나는 점점 더 세게 안간힘을 쓴 끝에 겨우 강사를 만족시킬 수 있었다. 다음 사람 차례가 됐을 즈음엔 나무꾼이라도 된 기분이었다.

모두와 악수를 끝낸 강사는 이제 우리가 돌아다니며 악수를 해보고 소감을 이야기하라고 했다. "더 세게요!", "꼭 죽은 생선을 만지는 느낌이었어요!" 같은 외침과 함께 곳곳에서 웃음소리가 터져 나왔고, 강사는 못마땅하다는 눈빛을 보냈다.

다음에 배운 내용은 '만만하게 보이지 않으려면 질문은 금물이며 항상 명령조로 말해야 한다'는 것이었다. 우리는 둘씩 짝을 지어 한 사람은 상사를, 다른 한 사람은 부하 직원 역할을 했다. 나는 소녀 같은 목소리를 낮게 깔고 강사의 성에 찰 때까지 "내일까지 보고서를 올리도록 해!"라고 다섯 번이나 외쳐야 했다.

또다시 여기저기서 키득거리는 소리가 들렸다. 정말이지 어색하기 짝이 없었다. 우리 대부분은 "혹시 내일까지 이 보고서를 보내줄 수 있을까요? 그러면 정말 고맙겠네요"라고 물어보며 미소까지 지어주는 쪽을 훨씬 더 자연스럽게 느꼈다.

하지만 미소라고? 그건 크나큰 실수라고 한다.

"웃으면 안 돼요!" 강사가 소리쳤다. "남자들은 미소를 연약함이나 낮은 지위의 신호로 인식할 겁니다. 웃는 건 퇴근 후에나 해요." 그녀가 우리를 노려보는 동안 숨죽여 키득거리는 소리가 또다시 들려왔다. 이제 강사는 우리에게 커다란 회의 테이블에 앉으라고 손짓했다.

"회의실에 이렇게 앉았을 때는 말이죠, '우두머리'에게만 말을 걸도록 하세요. 다른 사람들은 전부 무시해도 좋아요. 우두머리가 듣고 있다면 나머지는 알아서 여러분에게 집중할 겁니다."

내가 손을 들자 강사가 무뚝뚝하게 고개를 끄덕였다. 나는 목소리를 최대한 낮게 깔고 질문조로 말하지 않도록 신경 쓰며 이야기했다. "저는 보통 고객들을 만날 때 자리에 있는 모든 사람에게 말을 걸어서 포용적이고 친근한 분위기를 만들려고 합니다."

"그건 너무 약해요!" 강사가 말했다. "가장 높은 사람에게 말을 거세요. 그러면 모두 집중할 겁니다. 움츠리지 말고 활짝 어깨를 펴요. 가능한 많은 공간을 차지해요. 아무도 그 공간을 침범하게 두지 말고요. 여러분은 여왕입니다. 그 누구도 여왕을 건드릴 수 없죠."

다음으로 우리는 유명한 영상을 하나 시청했다. 우리보다 훨씬 멋들어진 회의 테이블에 앉은 앙겔라 메르켈Angela Merkel 전 독일 총리의 뒤로 미국의 조지 부시George W. Bush 전 대통령이 다가오는 장면이었다. 강사는 부시가 메르켈의 어깨를 따뜻하게 감싸는 모습을 소름끼친다는 듯이 바라봤다.

"이게 바로 남자들의 파워 게임이라는 겁니다! 절대, 그 누구도 여러분에게 이런 짓을 하게 둬서는 안 돼요!" 강사가 악썼다. 우리는 또다시 사람들의 등을 최대한 세게 두드리고 돌아다니면서 남성 탈의실의 분위기를 내보려 애썼다. 킥킥 소리가 어김없이 뒤따랐다.

트레이닝이 끝날 무렵, 우리의 새 멘토는 최후의 팁을 전수했다. "차를 구입할 때는 경차를 고르지 마세요. 여자들은 작고 실용적이며 친환경적인 자동차를 선택하는 경향이 있죠. 하지만 남자들에게는 사회적 지위가 아주 중요해요, 여러분도 이제 그렇게 느끼겠지만요. 큰 차, 고급 시계, 값비싼 보석, 명품 지갑 같은 것들은 모두 높은 사회적 지위를 상징하죠. 남자 동료들은 그런 것을 보고 여러분을 존중해줄 겁니다. 뭐든 크게 가세요. 아니면 집에 가든가."

여성을 '고치려는' 노력의 실패

기업들은 더 많은 여성들을 상위 경영진으로 올려보내려고 큰돈을 쏟아붓는다. 수많은 연구들에 따르면 여성 리더가 이끄는 일터가 더욱 즐겁고 생산적이며 수익을 잘 내기 때문이다. 한 예로, CNBC는 2018년에 '경영진 레벨에서 성별 다양성은 기업의 성과를 향상시킨다는 증거가 상당히 많다'라고 보도하기도 했다.[1]

우리 회사는 여성 임원들을 역량 강화 훈련에 보낸 덕을 봤을까? 그러한 훈련이 여성 직원의 유출을 막고, 여성의 승진 비율을 높여줬을까? 그렇지 않았다.

더 많은 성별 다양성 프로젝트들이 뒤따랐다. 여성 리더십 훈련, 멘토링 네트워크, 여자들의 점심식사 등등으로 이름 붙여진. 하지만 나를 포함한 여성 동기들은 모두 그 회사를 떠났다. 값비싼 트레이닝과 업무 노하우, 우리의 재능과 지혜를 전부 가지고 말이다. 내 지인 중 그곳에 남아 일하는 여성은 단 한 명도 없다. 솔직히 말해, 우리는 피곤한 출장, 산더미 같은 업무량, 극심한 스트레스, 자녀 돌봄의 어려움으로 불만을 느끼고 있었다. 두둑한 보너스와 다른 혜택들도 우리의 신체, 정신적 건강만큼 가치 있지는 않았다. 여기서 분명히 하고 싶은 것은 우리에게 이런 상황을 감당할 능력이 부족했던 건 아니라는 점이다. 단지 그러고 싶지 않았던 것뿐이다.

마지막으로 확인했을 때, 그 회사 주주총회 구성원 30명 중 여성은 고작 네 명이었다. 고위급 여성 리더의 비율은 11퍼센트에 그쳤다. 한편, 나와 함께 입사했던 남자 동기 중에는 파트너까지 올라간 경우도 적지 않았다.

글로벌 팬데믹은 상황을 더욱 악화시켰다. 2021년 맥킨지와 린인닷오그가 발간한 〈직장 내 여성〉 보고서에 따르면 여성 네 명 중 한 명은 일을 그만두거나, 업무가 더 단순하고 보수가 낮은 직장으로 옮길 생각을 하고 있었다. 최대 200만 명의 미국 여성 근로자들이 직장을 떠날 수도 있다는 뜻이다.[2]

여성은 가장 큰 퇴직 요인으로 무보수 노동의 부담을 꼽았다. 장보기, 요리, 청소, 자녀 및 부모 돌봄과 같이 여성의 역할이 불균형적으로 높은 영역들 때문이었다. 팬데믹 전에도 여성이 무보수 보육에 쓰는 시간은 남성의 두 배에 달했다. 〈직장 내 여성〉 2021년 보

고서는 이 격차가 팬데믹 기간 동안 더욱 벌어졌다고 알렸다.[3]

남성을 '고치려는' 노력

회사는 임원들에게 '무의식적인 편견 인식 훈련'을 제공하며 성별 격차를 좁혀나가려고 노력하기도 한다. 이 훈련의 본래 목적은 직원들이 스스로 자신의 편견을 인식하고 줄이도록 노력하게 하는 것이다. 페이스북Facebook, 세일즈포스Salesforce, VM웨어VMware를 포함한 거의 모든 IT 기업에서 이 교육을 제공하며, 참여 기업의 수도 나날이 증가한다. 구글Google의 사례를 들자면, 임직원 11만 4,000명 중 75퍼센트가 무의식적인 편견 인식 워크숍에 참가했다.

남녀 임원 모두가 여성에게 편견을 가질 수 있다는 점은 확실하며, 이런 편견은 여성 임원의 채용, 보상, 승진에 부정적인 영향을 끼친다. 따라서 회사들이 편견 방지 노력을 기울이는 것은 논리적이고도 윤리적인 조치이다. 꼭 신경과학자가 아니더라도 편견을 없애자는 데 거리낌을 느낄 사람은 없을 것이다.

2018년 〈뉴스위크Newsweek〉는 '다양성 훈련은 어떻게 남성을 격분시키고 여성을 실망시키는가'라는 제목의 기사를 내고 무의식적인 편견 인식 훈련의 실상을 흥미롭게 파헤쳤다.[4] 조앤 리프먼Joanne Lipman 기자는 하버드대 조직사회학과 프랭크 도빈Frank Dobbin 교수가 수천 개의 자료를 샅샅이 조사하고 나서, 이 훈련이 상황을 더 악화시킬 뿐이라는 결론에 도달했다고 보도했다. '훈련은 남성을 교육하는 것이 아니라 분노하게 했다. 그들이 얻은 교훈이라곤 남성이 여성 혹은 소수자와 함께 있을 때 각별히 눈치를 살펴야 한다는 것뿐이었다'라고 리프먼 기자는 적었다.

〈워크포스매니지먼트Workforce Management〉에 따르면, 미국 기업들은 매년 다양성 교육에 약 80억 달러를 투자한다. 그러나 31년 간 829개 기업을 조사한 도빈 교수의 연구 결과를 봤을 때 다양성 훈련은 '평균적인 일터에서 아무런 긍정적 효과를 내지 못'했다.[5] 한 〈이코노미스트The Economist〉 사설은 이런 우스갯소리를 넣기도 했다. 12개의 영단어로 이뤄진 가장 무서운 말은? '우린 HR 부서 소속이고 다양성 워크숍을 진행하려고 이곳에 왔습니다I'm from human resources, and I'm here to organize a diversity workshop'이다.[6] 로널드 레이건 Ronald Reagan 대통령이 9개의 영단어로 이뤄진 가장 무서운 말은 '우린 공무원이고 도움을 주려고 이곳에 왔습니다'라고 농담한 것을 빗댄 기사이다, 옮긴이 주

뇌 쉬어가기 《자유를 향한 머나먼 길》에서 넬슨 만델라Nelson Mandela는 에티오피아항공 비행기에 탑승했을 때 흑인 조종사를 보고 '생경한 기분'을 느꼈던 순간을 회고한다. 난생 처음 흑인 조종사를 본 만델라는 문득 불안감을 느낀다. 남아공 반인종차별 운동 선봉장이었던

그지만, 자신도 모르게 '어떻게 흑인이 비행기를 조종하지?'라는 생각을 하고 만 것이다.

만델라는 '나는 인종차별적인 사고방식에 빠져, 아프리카인은 열등하고 비행기 조종은 백인의 영역이라고 생각하는 우를 범했다. 나는 좌석에 앉아 그런 생각을 한 스스로를 책망했다'라고 적었다. 이 일화는 가장 '깨어있는' 사람조차도 무의식적인 편견의 덫에 빠질 수 있음을 생생히 보여주는 동시에 우리에게 해결책을 제시한다. 더넓은 다양성에 노출되는 단순한 경험이 편견을 극복하는 데 도움이 될 수 있다.

뇌에 달려있다

네 가지 강력한 화학물질이 여러분의 성격을 형성한다. 바로 신경전달물질인 도파민과 세로토닌, 호르몬인 에스트로겐과 테스토스테론이다. 이 물질들은 우리 뇌의 특정 부위를 자극하는 네 가지 개별 시스템들을 이루며, 그것들은 각각 도파민, 세로토닌, 에스트로겐, 테스토스테론 뇌 시스템이라고 불린다.

신경전달물질은 신경세포(뉴런)에서 신경세포로, 혹은 신경세포에서 근육세포로 정보를 전달할 때 뇌가 사용하는 분자이다.

어떤 사람은 세로토닌 시스템에서 활동이 많이 일어날 수 있다. 내 경우는 아마 에스트로겐 시스템에서 뉴런의 발화가 더 활발할 것이다. 내가 누군가에게 당신은 도파민이 높은 신경 지문을 지녔다고 말한다면, 그 사람은 도파민 시스템과 관련된 성격 특성 영역에서 점수가 높다는 의미다. 이렇게 표현하는 것은 너무 번거로우니 앞으로는 '도파민이 높다'는 간단한 표현을 쓰겠다.

이제 네 가지 두뇌 시스템을 더 자세히 알아보자. 여러분은 어디에 속하는지 찾을 수 있겠는가?

도파민

도파민이 높은 사람은 호기심이 많고 활기차며 미래지향적이다. 발명가나 사업가에게서 이런 신경 지문 유형을 잘 발견할 수 있다. 이들은 쉽게 지루해하며, 늘 새롭고 흥분되는 다음 프로젝트를 찾고 싶어 한다.

스릴을 즐기기로 유명한 버진그룹Virgin Group 설립자이자 영국의 억만장자 리처드 브랜슨Richard Branson은 도파민이 높은 신경 지문에 잘 들어맞는다. 그는 '어떤 일이 더 이상 재미있게 느껴지지 않을 때가 바로 무언가 새로운 것을 시작할 때이다'라는 유명한 말을 남겼다.[7] 브랜슨은 난독증에 굴하지 않고 커리어 여정 내내 자신의 신념을 따랐다. 열여섯에 잡지 사업을 시작한 일부터, 버진레코드Virgin Records를 차리고 버진애틀랜틱항공Virgin Atlantic Airways을 세운 일에 이어, 2021년 버진갤럭틱Virgin Galactic 우주선을 타고 우주 비행에 나선 일까지 말이다.

세로토닌

세로토닌이 높은 사람은 믿음직스럽고 꼼꼼하며 신중하고 성실하다. 규칙과 체계를 좋아하고 일관성과 안정성을 즐긴다.

전설적인 투자자 워런 버핏Warren Buffett은 이메일이나 트위터가 도파민 러시를 유발하지 않게 하려고 각별히 신경 쓴다. 버핏은 그런 것들에 주의를 빼앗기는 대신 집무실에 앉아 하루 종일 무언가를 읽는다고 말했다. 그가 설립한 지주회사 버크셔해서웨이Berkshire Hathaway의 파트너 찰리 멍거Charlie Munger는 "워런이나 나는 충분히 생각할 시간도 갖지 않은 채 결정을 내릴 정도로 똑똑한 사람들이 아니다. 평소에 빠르게 의사결정을 하지만, 그건 조용히 앉아 독서와 사색을 하면서 스스로를 준비시키는 데 많은 시간을 쓰기 때문이다"[8]라고 말했다.

테스토스테론

테스토스테론이 높은 사람은 강인하고 단도직입적이며 권력 휘두르기를 좋아한다. 이들은 분석적이며, 어떤 시스템의 '규칙'을 바탕으로 한 단계씩 논리적으로 이동하며 문제를 풀어나가는 시스템 사고systems thinking를 잘 활용한다. 자동차 엔진이나 컴퓨터 같은 시스템을 만지작거리며 손보는 것도 좋아한다.

애플Apple을 세운 스티브 잡스Steve Jobs는 의욕이 충만하고 테스토스테론이 높은 리더였다. 스티브 워즈니악Steve Wozniak과 같이 유능한 인재들의 지혜를 적재적소에 활용할 줄 알았고, 그들이 집중을 유지하도록 돕는 일에도 탁월했다. 하지만 잡스는 까다롭기로 유명했으며 때로는 못된 상사이기도 했다. 잡스의 만트라는 '집중과 단순함'이었으며 그가 애플 제품 디자인에 보인 집착에는 그만한 목적이 있었다. 잡스는 "디자인은 재미있는 단어다. 어떤 사람들은 디자인이 제품의 겉모습을 의미한다고 생각하지만 곰곰이 생각해보면 디자인이란, 사실 작동 방식을 의미한다"라고 말했다.[9]

에스트로겐

에스트로겐이 높은 사람은 공감을 잘하며 개인 관계와 공동체 구축에 능하다. 에스트로겐은 '포옹 호르몬'이라고 불리는 옥시토신의 분비를 촉진하며, 이 호르몬은 유대감과 신뢰를 향상시킨다. 이러한 사람들의 신경 지문적 특징은 비선형적인 '수평적 사고lateral thinking'

를 잘하는 것인데 이는 통찰을 얻을 때까지 다양한 각도에서 문제를 살펴볼 줄 아는 능력을 뜻한다. 또한 수평적으로 사고하는 사람들은 어떤 결정에 대한 장기적 영향을 미리 그려볼 줄 안다.

애플 공동 창업자 스티브 워즈니악에게서 에스트로겐이 높은 수평적 사고자의 특성이 잘 드러난다. 워즈니악은 2020년 CNBC 인터뷰에서 자신은 스티브 잡스와 달리 "명성, 권력, 돈을 갈망한 적이 없다"라고 이야기했다.[10] 상상력이 풍부하고 창의적인 그는 십대 시절을 이렇게 회고한다. "내겐 텔레비전 세트와 타자기가 있었어요. 그러다 보니 비디오 화면이 달린 타자기 같은 모습의 컴퓨터를 설계해야겠다는 생각이 들었죠."[11] 잡스와 워즈니악이 성공적인 파트너가 될 수 있었던 이유는 아마 그들의 신경 지문이 너무나 다르면서도 또 서로를 잘 보완했기 때문일지도 모른다.

수평적 사고는 다양한 가능성을 동시에 검토하면서 문제를 해결하는 능력을 포함한다. 수평적으로 사고하는 사람들은 주로 통찰력을 활용하며, 다른 방식으로 사고하는 사람들이 미처 포착하지 못하는 연관성을 발견하기도 한다.

숨겨진 신경 격차

과학자이자 베스트셀러 작가인 헬렌 피셔Helen Fisher는 네 가지 두뇌 시스템이 성격을 형성하는 방식을 수십 년간 연구해왔다. 전 세계 40여 개국 1,600만 명 이상이 피셔 기질 검사FTI, The Fisher Temperament Inventory를 받았고,[12] 온라인 데이팅 회사 매치닷컴Match.com은 신경과학에 기반하고 있으며 기능적 자기공명영상fMRI 테스트를 통해 검증된 피셔의 성격 유형 목록을 활용하여 서비스를 제공하고 있다. 나는 내 멘토들 중 한 명인 그녀에게서 아주 많은 것들을 배웠다.

피셔는 2015년에 뉴로컬러NeuroColor라는 컨설팅 회사를 공동 창립했다. 이 회사는 사업체나 정부기관 경영진이 신경과학 기반 도구들을 사용하여 최상의 성과를 낼 수 있도록 자문을 제공한다. 뉴로컬러 CEO이자 공동 창립자인 데이브 래브노Dave Labno가 내게 뇌에서 성별이 하는 역할을 알아내는 데 도움이 될 만한 익명화 자료들을 정리해주기로 했을 때 나는 뛸 듯이 기뻐했다. 그가 발견한 내용은 놀라웠다.

그가 분석한 자료에 따르면 테스토스테론 시스템의 활성화를 알리는 성격 지표 '강인함'은 일반 남성 인구의 53퍼센트, 여성의 39퍼센트에서 뚜렷하게 나타난다. 하지만 포춘500 기업 고위 간부들에게 검사를 받게 하자 강인함 지표는 남성 임원의 경우 73퍼센트,

여성 임원의 경우 65퍼센트를 차지하는 결과가 나타났다.

　강인함의 특징으로는 현실적이며 지나치게 감상적이지 않은 관점, 강한 의지와 끈기, 쉽게 동요하지 않는 성향을 들 수 있다.

　높은 테스토스테론을 알리는 또 다른 두뇌 특성인 '시스템 사고'에서도 비슷한 결과가 나타났다. 뉴로컬러가 일반 인구를 대상으로 조사했을 때 이 지표는 남성의 40퍼센트에서, 여성의 23퍼센트에서 뚜렷이 나타났다. 그러나 고위 간부들의 경우, 남성 임원의 61퍼센트, 여성 임원의 57퍼센트에서 시스템 사고 관련 특성을 확인할 수 있었다. 또한 뉴로컬러가 내게 단독으로 공유한 데이터에 따르면 이 검사에 참여한 남녀 임원 모두 일반 인구와 비교하여 공감 지표 점수가 5퍼센트 낮았다.

　시스템 사고는 선형적이고 분석적인 방법으로 사고나 추론을 발전시키는 방식이다. 시스템 사고를 하는 사람들은 자동차 엔진과 같은 특정 시스템의 일부분이 작용하는 방식을 살펴보면서 문제를 짚어내고 바로잡는다.

⌒〰⌒

나는 뉴로컬러 CEO 데이브 래브노와 이 미공개 데이터에서 확인한 놀라운 결과에 대해 이야기했다. "고위 임원들은 테스토스테론, 도파민 관련 기질에서 일반인들에 비해 높은 점수를 받았고, 이런 결과는 남녀 모두에게서 나타났습니다"라고 래브노가 말했다.

성별과 무관하게 테스토스테론과 도파민이 높은 신경 지문이 우리 임원실을 장악하고 있다는 의미이다. 나는 이러한 신경 격차를 '스트레스 격차'라고도 부르며, 우리가 다양성을 제고하기 위해 해소하려 애쓰는 성별 격차보다 이 신경 격차가 암암리에 더 널리 퍼져있을지도 모른다고 생각한다.

안하무인의 남성……그리고 여성

오해하지 않길 바란다. 테스토스테론과 도파민이 높은 리더들에게는 장점이 아주 많다. 이들은 의지가 강하고 단도직입적이며 논리적이다. 살인적인 업무 일정과 극심한 중압감, 언제라도 물어뜯길 수 있는 억센 환경에서도 아랑곳하지 않고 일을 척척 해낼 것이다. 이들에게는 카리스마가 있고, 때로는 성급하게 모험을 감행하기도 한다. 나는 이런 유형들과 일하는 것이 흥분되고 재미있다. 이들은 절대 내 시간을 낭비하지 않고 언제나 본론을 이야기해준다.

하지만 테스토스테론 유형의 임원들은 무례하고 남을 무시하거나 충동을 잘 조절하지 못하는 것처럼 보일 수도 있다. 이들은 극도로 스트레스를 유발하는 일터를 만들고, 왜 다른 신경 지문을 지닌 이들이 이 '흥분의 도가니' 속에서 최고의 성과를 위해 더욱 정진하지 못하는지 궁금해한다.

테스토스테론이 높은 리더들은 다른 신경 지문을 가진 사람들의 너무 힘들다는 하소연을 정말로 이해하지 못한다. 그저 그 사람이 게으른 것이라고 단정짓는다. 실제로는 리더가 조성한 빡빡한 업무 환경이 생산성에 악영향을 미친 것인데도 말이다.

극단적으로 가면, 도파민과 테스토스테론으로 무장한 리더는 나르시시즘, 마키아벨리즘, 사이코패시라는 어둠의 3요소를 갖춘 직원들에게는 상을 주고, 극심한 스트레스에 부정적인 반응을 보이는 직원들에게는 벌을 줄지도 모른다. 드라마 〈매드맨Mad Men〉의 등장인물 돈 드레이퍼Don Draper를 떠올려보자. 다른 신경 지문을 지닌 직원들에게 치명적일 수 있는 해로운 환경이 만들어질 것이 뻔하다. 직원들은 조용히 고통받거나 직장을 떠날 것이다. 이러한 악순환이 지속되면 회사의 신경 지문 다양성이 크게 저하될 수밖에 없다.

스티브 워즈니악이 없는 스티브 잡스를 상상할 수 있는가? 그가 없이 과연 애플은 차고를 벗어날 수 있었을까?

 뇌의 양식 직장에서 우리는 수분 부족으로 쉽게 짜증을 느끼기도 한다. 활력이 부족할 때는 물을 마시자. 〈프론티어스인뉴로사이언스 Frontiers in Neuroscience〉는 수분을 보충하면 뇌 활동의 성과를 최대 14퍼센트 끌어올릴 수 있다고 했다.[13] 미약한 탈수 증상조차 사람들의 기분이나 인지 능력에 안 좋은 영향을 줄 수 있다.

성공적으로 사다리를 타고 꼭대기에 도달한 여성 임원들 중에는 폭력적인 상사라는 악명을 얻은 이들도 있다. 현대 기업에 페미니즘 바람을 일으킨 'SheEO(여성 최고경영자)'로 칭송받던 마리사 메이어 Marissa Mayer 전 야후Yahoo CEO 같은 이들의 안하무인적인 태도는 과거에도 존재하던 착취적 기업 문화를 그럴듯하게 포장한 것에 불과했고 끝내 불명예를 안겨줬다. 대중문화 블로그 이세벨Jezebel은 이를 다음과 같이 직설적으로 비판했다. '고약한 여자 상사들의 문제는 그들이 여성이라는 점이 아니라, 그들이 또라이라는 점이다.'[14]

테스토스테론과 도파민이 높은 여성 임원들은 성공 욕구가 아주 강한 경우가 많다. 또 어떤 이들은 최고층에 있는 남성들과 성향이 비슷해서 승진되기도 한다. 어떤 이들은 활기차고 영감을 잘 불어넣으며 능수능란하게 부하를 부리는 상사일 것이다. 또 어떤 이들은 무례하고 고압적이며 스트레스를 주고 공감을 잘 못하거나 충동 조절 능력이 부족한 것처럼 보일 수도 있다.

하지만 이 부분도 인정해야 한다. 뉴로컬러의 자료를 보면 여성 중에 3분의 1은 테스토스테론이 높은 두뇌를 갖고 있지만 기업 리더 중 여성의 비율은 그에 한참 못 미친다. 분명 임원실의 여성들은 여전히 엄청난 편견을 마주하고 있다. 2020년 〈직장 내 여성〉 보고서에 따르면, 기업 CEO에게 직접 보고하는 여성의 비율은 다섯 명 중 한 명에 불과했고, 더 나아가 백인이 아닌 여성의 비율은 서른 명 중 한 명이었다. 2021년 6월 기준, 포춘500 기업의 여성 CEO 비율은 겨우 8퍼센트였다.[15]

미국심리학회American Psychological Association가 취합한 자료를 메타 분석한 결과, 여성의 단호하고 권위적인 행동은 남성의 같은 행동보다 더 부정적으로 인식되었다. 확고하게 자기주장을 하거나 직접적으로 지시를 내리고 자신을 변호하는 여성들은 호감도가 낮았다는 것이 연구의 결론이었다.[16] 와튼스쿨Wharton School 조직심리학자 애덤 그랜트Adam Grant는 이 연구에 대한 자신의 소감을 트위터에 올렸다. '우리는 언제까지 구닥다리 성 고정관념에 위배된다는 이유

로 적극적인 여성들을 벌줄 것인가?'[17]

나를 '린인' 트레이닝에 보낸 상사는 여성이었다. 그녀 밑에 있는 동안에는 하루에 16~18시간씩 일하는 것이 예삿일이었다. 극도의 스트레스는 높은 생산성의 증거라며 칭찬받았고, 수면 부족에 시달리지 않는다는 건 곧 일을 잘하지 못하고 있다는 뜻이었다. 내 업무 일과는 아침 7시부터 저녁 10시까지였으며, 자정이나 더 늦게까지 이어지기도 했다. 다음날 아침 일찍 비행기를 타야 할 때도 많았고, 그럴 때는 두세 시간만 자고 점심이나 저녁 식사 시간도 없이 하루를 버텨야 했다. 나는 잠과 운동이 부족했고 잘 먹지도 못했기 때문에 늘 피곤에 절어있었으며 건강이 염려되었다.

내가 상사를 찾아가 일주일에 한 시간만 운동할 시간을 달라고 했을 때 그녀는 내 요청이 "프로답지 않다"라고 짜증스레 말했다. 내가 굴하지 않자 마지못해 허락해줬지만, 운동하러 갈 때는 누구의 눈에도 띄지 말라는 충고를 덧붙였다.

내 상사는 단순히 높은 사람들의 기대에 부응하려고 했던 걸까? 아니면 그녀의 두뇌 특성상, 직원들의 기본 요구사항인 수면, 건강한 음식, 운동 같은 것들을 부정하면 생산성과 업무 만족도가 떨어진다는 사실을 알아차리지 못한 걸까? 원인이 무엇이든 고등 교육을 받은 유능한 여성 직원들은 높이 올라가기는커녕 회사를 떠나고 있었다. 회사가 그들의 발전과 교육을 위해 쏟아부은 자원들도 함께 가지고 말이다.

깜짝 놀랄 사실 2017년 REAL 조사에 따르면 밀레니얼 세대 여성의 무려 86퍼센트가 편한 직장을 그만뒀다고 한다. 응답자의 33퍼센트는 구속당하는 기분이며 행복하지 않다고 답했다. 43퍼센트는 열정을 따라 일하지 못하고 있다고 느꼈고, 10퍼센트는 자신이 충분히 빨리 진전을 보이지 못했으며 회사에 의미 있는 영향을 주지 못하는 것 같다고 응답했다.[18]

조직의 꼭대기에 신경 격차가 존재하는 이유

내가 받은 린인 트레이닝은 강인한 남성처럼 행동하는 법을 가르치도록 설계되었다. 이제 여러분은 이 트레이닝이 테스토스테론이 높은 신경 지문처럼 행동하는 법을 가르친다는 것을 알게 되었을 것이다. 그런데 당신이 만약 에스트로겐이 높은 여성이라면 어떡할까? 강인함이나 선형적 사고와 같은 테스토스테론 특성을 모방할 수 있을지도 모르겠지만, 그런 것들은 당신의 진짜 모습이 아니다. 당신이 정말 잘하는 것은 공감이나 수평적 사고이기 때문이다.

우리가 남성 임원들을 '린 아웃' 훈련에 보내 더 부드럽게 악수하고 따뜻한 미소를 짓거나 숙녀 같은 걸음걸이를 배우게 한다고 상상해보자. 입장 바꿔 생각하면, 이런 '역량 강화' 훈련이 똑똑하고 재능 있는 여성들이게 얼마나 모욕적이며, 왜 그들이 줄줄이 기업을 떠나는 것을 막지 못하는지 알 수 있을 것이다.

오늘날 동성애자에게 이성애자 시늉을 하라고 요구하는 것이 얼마나 맥 빠지게 하는 일인지 모두들 잘 알 것이라 믿는다. 높이 올라가기 위해 다른 사람을 흉내내는 것은 우리 인지적 자원의 낭비이며, 불안과 우울을 야기할 수 있다.

덧붙이자면, 남성 중에도 에스트로겐이 높은 신경 지문을 가진 사람들이 많고 그들은 특정한 환경에서 제대로 업무하기가 어렵다고 느낄 수 있다. 뉴로컬러가 공유한 자료를 보면, 대략 남성 인구의 28퍼센트와 여성의 72퍼센트에서 에스트로겐이 높은 두뇌와 관련된 기질들이 나타난다. 따라서 성별을 근거로 누군가의 성격이나 사고 양식에 고정관념을 가져서는 안 된다. 성별이 신경 지문에 '영향'을 주기는 하지만, 신경 지문을 '결정'하지는 않는다.

또한 이것은 시스젠더(생물학적 성과 성 정체성이 일치하는 사람)나 트랜스젠더(생물학적 성과 성 정체성이 일치하지 않는 사람) 모두에게 적용된다. 이 책에서 여성을 언급할 때는 항상 트랜스여성이 포함되며, 남성의 경우도 언제나 트랜스남성이 함께 포함된다. 제3의 성에 속하거나 어느 쪽으로도 성별을 확정하지 않은 이들도 다른 사람들과 마찬가지로 고유한 신경 지문을 지닌다.

인종은 신경 지문에 거의 영향을 끼치지 않는다. 이는 내가 신경 과학자로서 일터의 인종 다양성 문제를 논할 자격이 없다고 느끼는 이유다. 하지만 회사들이 내가 제안한 뇌 친화적인 요소들을 적용시 켰을 경우, 자연스럽게 일터의 성별과 인종 다양성이 높아진다는 사 실을 확인할 수는 있었다.

사고 다양성의 힘

누군가는 테스토스테론이 높은 유형의 여성들을 임원진에 올려 서 성별 격차 문제를 해결하려 할지도 모른다. 그렇게 뽑힌 여성들 은 아마 남성과 똑같은 방식으로 일할 것이다. 하지만 이 조치로 팀 원들의 사고방식이나 문제 해결법이 더 다채로워지는 것은 아니다.

헬렌 피셔는 수렵 채집 사회에서 다양한 신경 지문이 진화한 이 유가 있다고 주장한다. "수십만 년 전 아프리카에서 굶주린 사람들 이 무리를 지어 돌아다닌다고 상상해봐요. 길을 가다 버섯을 발견 하면 도파민이 높은 충동적인 사람들은 바로 달려들어 독이 있을 지도 모르는 버섯을 먹으려 할 거예요. 이럴 땐 세로토닌이 높고 신 중한 사람들이 필요하죠. '잠깐만, 이건 평소에 먹던 버섯이 아니잖 아.' 그러면 테스토스테론이 유형이, '우리 시험 삼아 개들에게 버섯 을 먹여보는 건 어때?'라고 말하거나 에스트로겐 유형이 '잠깐 모여 앉아서 이 버섯에 대해 아는 대로 이야기해보자'라고 제안을 할지도 모르죠."

인간이 서로 다른 방식으로 사고하도록 진화한 이유는 함께 머리를 맞대고 현명한 답을 찾기 위해서다. 사고의 다양성이 더 효과적인 팀을 만든다. 헬렌은 이렇게 설명했다. "안타깝게도 조직들은 다양성을 고려할 때 인종, 성별, 문화적 배경만을 볼 뿐 생각의 다양성은 간과하곤 해요. 여성을 뽑는 건 좋은 일이지만 그 사람들의 기질이 전부 같다면 생각만큼 다양성이 높아졌다고는 할 수 없겠죠."

일터를 재구상해볼 기회

2020년, 수백만 명의 근로자들이 집에서 일하기 시작했다. 그 어떤 야심찬 HR 책임자도 상상하지 못했던 엄청난 변화가 기업 사무실에 들이닥친 것이다. 이는 우리가 수십 년간 바라온 일터 혁명을 시작할 전례 없는 기회다. 모든 신경 지문을 지원하는 뇌 친화적인 일터가 이 혁명에 흥미진진한 새 패러다임을 제시할 것이다.

2021년 3월에 유출된 골드만삭스Goldman Sachs 내부 보고서에는 아주 충격적인 내용이 담겨 있었다. 1년차 애널리스트들은 하루에 다섯 시간만 자고 주당 평균 90시간을 일했다고 보고했다. 응답자 100퍼센트가 사적인 관계가 악화되었으며 말도 안 되는 마감 시간에 시달린다고 답했고, 이들 중 42퍼센트는 부당한 이유로 비난을 받은 적이 있다고 했다. 17퍼센트는 상사가 자주 소리를 지르거나

욕을 한다고 했다.[19]

다음은 유출된 문서에서 발췌한 내용이다.[20]

> 이 일을 시작하면서 오전 9시에서 오후 5시까지 일하길 기대한 건 아니지만, 매일같이 오전 9시부터 새벽 5시까지 일할 것을 기대한 것도 아니었다. 이런 생활을 유지했을 때 내 몸이 어떤 지경이 될지 상상해보면, 차라리 실직 상태가 덜 끔찍할 것 같다.

여러분 중에는 '투자은행에 들어가면서 뭘 기대한 거야?'라고 생각하는 사람이 있을지도 모른다. 그 말도 맞지만, 여기서 진정한 실패자는 회사다. 이 회사는 도파민과 테스토스테론 신경 지문을 지닌 이들에게만 매력적인 일터가 될 것이다. 자연히 다양한 신경 지문이 제공할 수 있는 재능과 지혜를 점점 더 잃어갈 수밖에 없다.

뇌 촉진제 EY 경영 파트너 줄리 린 타이글랜드는 극도로 빡빡한 일정에 맞춰 전 세계를 여행한다. 나는 여러 행사에서 그녀를 자주 만나는데, 언제나 활력이 넘치고 기분이 유쾌해 보인다. 좀처럼 피곤해 보이는 법이 없는 그녀에게 비결을 물어봤다. "사람들 앞에서 연설을 하기 전에 밖에 나가서 몇 분 동안 산책하기를 좋아해요. 그리고 이 얘기를 듣고 웃지 말아요! 책상 밑에 작은 실내 자전거를 두었더니 활력 유지에 도움이 되더군요.”

변화의 시대

기업들은 잠도 자지 않고 커피에 의존하여 온 지구를 누비는 임원들에게 가장 높은 점수를 주는 오류를 범한다. 회사는 이들이야말로 회사의 '핵심 인재'라고 생각하지만, 이제는 모든 신경 지문이 동일하게 가치 있다는 인식을 심어줘야 할 때다.

에스트로겐과 세로토닌이 높은 신경 지문을 지닌 남녀는 공감을 잘하고 연상적 사고 및 수평적 사고에 능하다. 사람들과 사귀기를 좋아하고 화목한 관계를 구축할 줄도 안다. 이러한 특성 덕분에 통찰력이 있으며 팀을 하나로 만드는 리더가 될 수 있다. 하지만 이 유형들이 합리적인 업무 시간, 부모 휴가, 돌봄 휴가, 건전한 직장과 삶의 균형을 바란다는 이유로 비난한다면 회사는 이 인재들을 놓칠 수밖에 없다.

예를 들어 자녀를 출산한 여성은 불과 몇 주 안에 업무에 복귀해야 하고 피곤한 기색이나 아기와 있고 싶어 하는 마음을 내비쳐서는 안 된다. 남성이 임원까지 올라가려면 가족들과 거의 시간을 보내지 못할 것이라고 예상해야 한다. 이것들은 모두 정상이 아니다.

⁓⁓⁓

깜짝 놀랄 사실 2020년 봉쇄 조치로 출퇴근 시간을 절약한 미국인들은 그 시간을 어디에 썼을까? 베커프리드먼연구소Becker Friedman Institute 논문에 따르면 미국인의 일간 통근시간은 6천만 시간 단축되었고, 이 시간의 3분의 2는 주택 개조, 집안일, 가족과 보내는 시간, 여가에 사용됐다.[21]

⁓⁓⁓

여성이 원하는 것을 주고 다양성을 얻자

구글은 2007년에 유급 출산 휴가 기간을 기존 3개월에서 5개월로 연장했다. 그러자 출산한 여성 직원의 이직률은 50퍼센트나 급감했다. 성별 다양성 훈련으로도 이러한 극적인 효과를 얻을 수 있다면 얼마나 좋을까.

구글을 시작점으로 출산 휴가 경쟁에 불이 붙었고 점점 더 많은 IT 기업들이 직원의 성별과 무관하게 유급 출산 휴가를 제공하기 시작했다. 여기에는 트위터(20주), 엣시Etsy(26주), 페이스북(4개월), 체

인지닷오그Change.org(18주)가 포함되며, 넷플릭스Netflix와 버진매니지먼트Virgin Management는 유급 출산 휴가 기간을 1년으로 늘렸다. 이 움직임은 IT 업계를 넘어 다른 산업 부문들로 퍼져나가고 있다.

내 고객들은 출산 휴가 연장과 같은 뇌 친화적인 조치들이 자연스럽게 여성 이직률을 낮추고 전반적인 직원 만족도와 생산성을 향상시킨다는 사실을 알아차렸다. 여성에게 이로운 것이 곧 회사에 이로운 것이다. 신경 지문의 다양성을 회복시키기 때문이다.

앞으로 이 책에서 우리는 모든 신경 지문 유형의 사람들이 행복하며 최대한 능력을 발휘할 수 있도록 돕는 뇌 친화적 업무 환경을 만들 수 있는 방법을 살펴보려고 한다. 그렇게 하면 자연스럽게 여성 이직률이 감소하고 직원 만족도 및 생산성이 증대될 것이다.

제일 먼저 우리가 할 일은 극도의 스트레스와 과도한 업무 시간을 향한 찬양을 그만두고, 진정으로 생산성을 높일 수 있는 일들에 집중하는 것이다. 가장 혈기왕성한 테스토스테론과 도파민 리더들조차 충분한 수면과 영양가 있는 식단이 주어지면 더 좋은 성과를 낼 수 있다. 그들이 괜한 성질을 부렸다가 소송을 당하는 횟수도 줄어들 테고 말이다.

사람이 아니라 일터를 바꿔라

모든 신경 지문들을 끌어당길 수 있는 뇌 친화적인 일터에는 다양한 이점들이 있다. 일단 사람을 바꾸는 것보다 일터를 새롭게 바꾸는 쪽이 훨씬 쉽다. 사람들의 성격을 바꾸려 애쓰며 에너지를 낭비하는 대신 사람들이 저마다의 장점을 살려 일할 수 있게 도와야 한다.

여성임원네트워크Network of Executive Women에 따르면 여성 임원의 이직률은 31퍼센트다.[22] 사다리를 타고 더 높이 올라갈수록 상황은 나빠져만 간다. 꼭대기에 오른 여성이 직장을 떠나는 빈도는 남성 동료에 비해 세 배 높다. 신경 지문을 이해하지 못하고 여성의 목소리를 듣지 않는 회사들은 엄청난 숫자의 인재들을 잃어간다.

우리는 여성 두뇌 유출을 닥쳐올 위험의 선행 지표로 봐야 할지도 모른다. 무언가 잘못되고 있다. 너무 늦기 전에 그 문제를 해결해야 한다.

다양한 신경 지문의 직원들을 채용하고 존중하는 회사는 번영을 누릴 수 있을 것이다. 각양각색의 사람들이 모여 훌륭하게 서로를 보완하며 일할 것이다. 신경 다양성이 회사의 생산성과 이익에 미치는 인식을 제고함으로써 편견 또한 줄일 수 있다. '모든' 신경 지문을 장려하고 지원하는 회사는 생산성과 이익은 물론이고 다양성도 높일 수 있다. 다음 장에서는 여러분의 신경 지문을 자세히 살펴보도록 하겠다.

줄리 린 타이글랜드
EY 유럽, 중동, 인도 및 아프리카 담당 경영 파트너

줄리는 선도적인 글로벌 회계기업 EY에서 널리 사랑받는 고위 임원이다. 그녀는 EY 유럽, 중동, 인도 및 아프리카EMEIA 지역을 담당하는 경영 파트너로 97개국 12만1,000명 이상의 직원을 관리한다. 또한 그녀는 EY 우먼패스트포워드 플랫폼의 글로벌 리더로, 유럽과 미국 이사회에서 활동하고 있다. 줄리는 미국에서 태어났으며 독일에서 30년간 거주했고, 네 자녀를 두었다.

줄리는 부담이 많은 커리어 속에서도 팀원들에게 힘을 북돋워주고 긍정적인 에너지를 전파하는 데 탁월한 리더로 많은 이들에게 영감을 준다. 나는 그녀의 비결이 매우 궁금했다.

프레데리케 EY에서 '더 나은 직장 세계'를 만들어낼 결심을 하게 한 결정적인 순간이 있었나요?

줄리 네 자녀의 엄마로서 처음 일을 시작했을 땐 그저 살아남는 것에 집중했어요. 좋은 아내, 좋은 엄마, 유능한 직원이 되려고 노력하는 건 만만치 않은 일이었죠. 더 나은 업무 환경을 위한 고민을 시작할 수 있을 정도로 안정되기까지는 꽤 시간이 걸렸어요. 솔직히 아이들이 열 살, 열한 살이 되고 나서야 삶의 여러 방면에서 균형을 더 잘 찾을 수 있게 되

었죠. 그때가 되니 '좋아, 지금까지 잘 해냈어. 그럼 이제 어떻게 보답하지?'라는 생각이 들었죠.

프레데리케 EY는 워킹맘을 더 잘 지원하기 위해 어떤 일들을 하고 있나요?

줄리 우리 EY는 2019년 6월에 쉬워크스!SheWorks!와 협업하기로 발표했어요. 쉬워크스!는 여성이 원격 근무가 가능하거나 더 유연하게 일할 수 있는 일자리를 찾도록 돕는 클라우드 기반 IT 플랫폼이죠. 디지털의 힘을 활용하여 더 많은 여성을 글로벌 인력시장으로 이끄는 것이 우리의 주된 목표입니다. 아직도 예전 생각이 나요. 퇴근을 해야 할 땐 상사가 화장실에 갈 때까지 기다렸다가 몰래 그의 집무실을 지나쳐 회사를 빠져나와야 했죠. 지금은 제가 일을 시작했을 때보다 워킹맘들이 훨씬 많아요. 정말 멋진 일이죠. 예전보다 훨씬 다채로운 일터가 되었으니까요.

프레데리케 특히 밀레니얼 세대 여성들은 워킹맘의 요구에 더 민감한 일터를 원하고 있는 것 같아요.

줄리 맞아요. 그리고 우리는 이 문제를 아직 완전히 해결하지 못했죠. EY에서는 직원들이 아주 유연하게 근무할 수 있지만 한편으로 그들에게 요구하는 바가 크기도 해요. 우린 지금 EY만의 고유한 업무 스타일 안에서 직원들이 커리어를 설계하게 하는 것에 집중하고 있어요. 우리의 가치 명제는 '당신이 만들어나가라yours to build'입니다. 그렇게 하면서 모든 것을 다 감당하려면, 정말 강한 여성이 되어야 하겠죠. 이 부분은 솔직하게 인정합니다.

프레데리케 줄리 씨에게는 그런 것들을 전부 감당할 수 있는 비법이 있나요?

줄리 제 비법은 긴 비행을 좋아한다는 거예요. 비행은 미니 휴가나 다름없죠. 잠시 모든 걸 멈추고 재미있는 영화를 보거나 다른 무언가를 하며 즐거운 시간을 보내는 거예요. 또 전 펠로톤Peloton의 팬이 됐어요. 아침에 사이클에 앉아서 20분 정도 운동을 하면 기운이 솟아나요. 그러면 일하러 갈 준비가 된 거죠.

프레데리케 운동은 뇌 건강에도 중요하고 기분 전환에도 좋죠. 회의를 진행하면서 지칠 때는 어떻게 하세요?

줄리 프랑크푸르트 사무실에 커피 전문점이 하나 있어요. 우리 리더십팀은 내가 지루하거나 답답할 때 '가서 커피 좀 사올게요. 마실 사람 있어요?'라고 묻는다는 걸 전부 알아요. 사람들은 내가 제정신이 아니라고 생각했죠. 나갈 때마다 커피를 스무 잔씩 사오곤 했거든요. 그리고 사실 난 커피를 많이 마시는 사람도 아니거든요.

하지만 그러면서 잠시 회의실을 빠져나와 걸을 수 있고 다른 사람들을 위해 무언가를 해줄 수도 있죠. 그럴 때 기분이 좋아진답니다. 회의실로 돌아오면 더 좋은 아이디어가 떠오를 때도 많고, 회의실 분위기를 전환하는 데도 도움이 돼요.

지금 보고 듣는 내용이 맘에 들지 않으면 관점을 전환해봐야 해요. 나뿐 아니라 다른 사람들의 관점도 바꿔야 하죠. 잠깐 고개를 들게 하거나 커피를 마시게 하는 간단한 방식이 효과가 있을 때도 있어요. 뭐가 됐든 사람들을 타성에서 벗어나게 하는 거예요. 사실 이걸 알려 주면 안 되는 데! 이제 모두가 내 커피 트릭을 알게 되겠네요.

프레데리케 사람들이 당신의 따뜻한 리더십을 정말 좋아하는 것 같아요. 줄리 씨의 리더십 스타일이 큰 사랑을 받는 이유는 뭘까요?

줄리 그렇게 말해 줘서 고마워요. 내 리더십 스타일을 이끄는 것은 두 가지예요. 첫째, 난 정말 받은 복이 많다는 걸 알아요. 그래서 이 자리에 있게 된 것을 늘 고맙게 생각하고 영광으로 여기려고 노력하지요.

매일 자기 자신을 왕이라 생각하고 직장에 나가면 사람들은 여러분을 우러러보고 존경할 거예요. 하지만 여러분이 자신의 위치를 감사히 여기지 않는 것처럼 보인다면, 사람들도 당신을 고마워하지 않을 겁니다. 난 부유한 집안 출신도 아니고, 내가 최고라서 이 모든 걸 얻었다고 생각하지도 않아요. 정말로 감사하게 생각할 뿐이죠. 감사는 우리 행복과 자기만족을 이루는 커다란 부분이라고 생각해요. 그러면 이 기분 좋은 느낌을 다른 사람들에게도 나눠줄 수 있죠.

둘째, 난 솔직한 사람이 되려고 노력해요. 늘 열려있고 정직하며 투명하려고 애쓰죠. 사람들을 부드럽게 대하려고 노력하기도 하지만, 그들이 빙빙 돌리지 않고 솔직하게 해주는 말을 더 좋아한다고 생각해요. 상대방을 존중한다는 뜻이니까요.

또 내 약점이나 실수를 정직하게 알리려 해요. 어떤 방식이나 형태로든 자신의 약한 부분을 보여줄 수 없다면 진정한 리더가 아니라고 생각합니다. 사람들에게 나 역시 한 명의 인간이고, 상대방을 같은 인간으로서 바라본다는 사실을 알려야 하니까요. 그렇게 하면 나와 상대에게서 공감이 흘러나오고 훨씬 긍정적으로 상호작용할 수 있죠.

프레데리케 한 기업의 리더이면서도 건강하고 행복한 가정생활을 유지하는 건 정말 어려운 일이죠. 두 마리 토끼를 잡으려는 남성과 여성에게 해줄 조언이 있나요?

줄리 다시 처음으로 돌아간다면, 업무 경계를 더 잘 설정할 거예요. 일을 처음 시작했을 때는 어떤 식으로 한계를 정할지 잘 몰랐어요. 일을 너무 많이 떠맡고는 회사를 탓했죠. 그 당시에는 아서앤더슨Arthur Andersen에서 일했는데, 사실 회사가 나더러 일주일에 80시간 씩 일하도록 강요한 건 아니었어요. 얼마만큼 일할지 한계를 정하고, 집에 나를 필요로 하는 어린 아이들이 있다는 사실을 기억하는 법을 터득해야 했죠.

프레데리케 사람들이 이런 경계를 설정하지 못하는 이유는 보통 두려움 때문일까요?

줄리 제 경우는 두려움보다는 매분 매초가 모두 중요하다는 잘못된 생각이 가장 큰 이유였어요. 지금까지 걸어온 커리어를 되돌아봤을 때, 아이들이 정말 어렸던 시절에 제가 일을 덜했다고 크게 문제가 되었을까요? 그렇지 않았을 거예요. 회사가 어떤 직원을 인재로서 귀하게 여긴다면, 그 사람의 경계를 존중해줄 의무가 있다는 것이 내 생각이에요. EY는 이 부분을 잘 지키고 있다고 생각합니다. 저는 직원이 유연 근무를 원하고 회사가 그것을 지원할 여력이 있을 때 직원들이 솔직하게 결정할 수 있도록 장려해요.

프레데리케 이러한 EY의 변화를 주도했을 만한 문화적 변화가 있었나요?

줄리 네, 특히 팬데믹 이후에요. 기존의 프리젠티즘Presenteeism, 직원들이 건강이나 다른 이유로 제대로 일을 할 수 없는 상황에도 출근하여 일을 하는 행위, 옮긴이 주에서 결과 중심 패러다임으로 초점이 바뀌었어요. 일을 잘 처리하기만 한다면 들인 시간이 얼마나 많든 적든 아무런 문제가 되지 않죠. 유연성과 다양성을 편안하게 받아들일 수 있다면 훨씬 더 높은 성과를 거둘 수 있을 겁니다.

차이점은 여기에 있어요. 모든 과정을 통제하느냐, 아니면 직원들을 믿고 스스로 일처리 방식을 찾아가게 하는 동시에 안전장치와 지침을 제공하느냐. 서로 다른 리더십 스타일이죠. EY에서는 수습 제도를 운영해요. 경영자가 됐든 고위 매니저가 됐든 앞에 있는 사람이 하는 것을 보고 배울 수 있어요. 아직 이 제도를 완전히 정착시켰다고 생각하진 않지만, 우리가 가려는 방향은 확실히 맘에 든다고 말할 수 있답니다.

2장

당신의 신경 지문

좋은 놈, 나쁜 놈, 이상한 놈

<u>인터뷰</u> **스콧 배리 카우프만**

작가, 과학자, 팟캐스트 사이콜로지 진행자이자 크리에이터

다양성 속에 아름다움과 힘이 있다.

마야 안젤루 *Maya Angelou*

한 다국적 제약 회사가 깜짝 놀랄 만한 신제품 출시를 앞두고 골머리를 앓고 있었다. 이 알약은 화학요법만큼이나 암에 효과가 있으면서도 부작용은 훨씬 적었다. 탈모, 구토, 심각한 빈혈 등의 끔찍한 화학 반응을 일으키지 않았고, 환자들은 몇 시간씩 IV 정맥주사로 독한 약물을 투여받지 않아도 됐다. 당연히 이 약이 화학요법보다 인기 있어야 했다. 그러나 출시 전에 진행한 마케팅 테스트에서 사람들은 일관적으로 알약 대신 화학요법을 선택했다. 아무도 이 획기적인 신약을 원하지 않았다.

아무도 원치 않았던 기적의 약

이 제약회사는 네 명의 엘리트를 고용해 컨설팅팀을 꾸리고 각 지역 본부를 돌며 문제를 조사하게 했다. 그리고 난 그 팀의 유일한 여성이었다. 그렇다면 내 남성 동료들은 이 당혹스러운 미스터리를 풀어나가기 위해 어떤 아이디어를 제시했을까?

"그 사람들한테 직접 물어보면 간단하죠." 한 동료가 자신있게 말했다. "환자와 의사들에게 '알약 대신 화학요법을 선택한 이유가 무엇인가요?' 같은 질문이 담긴 설문지를 돌립시다."

나머지 동료들도 이 훌륭한 제안에 열렬히 동의했다. 〈스타트렉〉의 스팍이 "그게 논리적이지"라고 말해줄 법한 계획이었다. 하지만 에스트로겐이 높은 신경 지문을 지닌 나로서는 하고 싶은 말이 수도 없이 많았다. 간결히 말하자면, 이 계획에는 '뉘앙스'가 부족했다.

"사람들은 자기가 왜 그렇게 행동하는지 몰라요." 나는 불쑥 말을 꺼냈다. "암 환자에게 왜 화학요법을 선택했냐고 물어봤자 환자 자신도 이유를 모를 가능성이 높아요."

나는 독일의 권위 있는 막스플랑크연구소Max Planck Institute에서 두뇌 연구원으로 일한 경험이 있었다. 그곳에서 나는 사람들이 자신이 어떤 결정을 내리는 이유를 안다고 '생각'하지만 대부분의 의사결정이 무의식과 관련된 뇌 영역에서 일어난다는 사실을 배웠다. 그러므로 단순히 왜 화학요법을 선택했냐고 묻는 것은 이렇게 비이성적으로 보이는 결정의 진짜 이유를 이끌어 내지 못할 것 같았다.

심리학자들은 가족 치료를 할 때 환자들에게 역할극을 시켜 그들의 무의식 속에 숨겨진 진실을 찾아내려 한다. 가족 구성원들이 서로 역할을 바꿔 장면을 연기하는 동안 치료사는 그들의 무의식적인 두려움이나 동기에 관한 단서를 얻는다. 그래서 나는 역할극을 통해 암 환자들로부터 진실을 이끌어 내보자고 제안했다.

남자 동료들은 내 계획이 터무니없다고 생각했다. "왜 일을 어렵게 만들죠?" 한 동료가 앓는 소리를 내며 말했다. 다행히 나는 에스트로겐이 높은 신경 유형이기 때문에 사람들을 설득하거나 연합을 주도하는 데 소질이 있다. 결국 동료들은 마지못해 내 방법을 시도해보기로 했다.

역할극

제약회사의 마케팅 매니저가 암 환자들과 의사들을 데려왔다. 우리는 이들에게 의사와 환자가 화학요법과 새로운 알약 중 어떤 것을 고를지 상담하는 연기를 하게 하고, 마케팅팀 사람들은 한쪽 편에서만 보이는 거울을 통해 그 모습을 뒤에서 지켜봤다. 또 우리는 환자와 의사가 역할을 바꾸어 연기하게 했다. 때로는 환자들에게 화학요법 받는 모습을 연기해달라고도 부탁했다.

내 동료들은 한숨을 내쉬긴 했지만 데이터를 추적하거나 집중해서 일을 진행시키는 데는 탁월했다. 그들은 취합한 자료에 흥미를 느꼈고 의욕과 에너지가 있었으며, 나는 이 연구에서 드러난 인간 행동에 집중했다. 덕분에 우리는 합이 아주 잘 맞았고, 서로 다른 신경 지문 유형의 특성이 서로를 보완해줌으로써 아주 효율적인 팀워크를 발휘할 수 있었다.

우리가 발견한 사실은 이렇다. 환자들이 알약을 신뢰하지 않은 이유는 끔찍한 부작용이 없었기 때문이었다! 환자들은 화학치료에서 오는 고통을 몸이 낫는 증거로 여겼다.

"사람들이 약에 효과가 있다고 믿기 위해 고통을 느끼고 싶어 한다는 사실을 알아냈어요. 환자들은 이 약을 신뢰하지 않았습니다. 바로 부작용이 적기 때문에요." 마케팅 매니저가 이야기했다.

설문조사에서 구토를 하거나 머리가 빠지길 원한다고 인정하는 환자는 거의 없을 것이다. 하지만 환자들의 무의식 속에서 화학요법의 끔찍한 부작용은 암 치료를 받고 있다고 안심시켜주는 가장 강력한 증거였다. 화학요법에 수반되는 격렬한 고통은 건강을 회복하기 위해 마땅히 치러야 하는 대가인 셈이었다. 그 대가를 지불하지 않는다는 생각은 환자들을 불안하게 만들었다.

이렇게 얻은 지식을 통해 제약회사는 알약의 크기를 키우고, 브로슈어에는 이 약의 (거의 존재하지 않는) 부작용이 얼마나 끔찍하며 약을 삼키기가 얼마나 불편한지 강조하는 설명을 실었다. 영업사원들은 의사들에게 제품을 홍보할 때 이 부분을 강조하도록 교육받았다.

"우리 신제품은 대히트를 쳤어요." 마케팅 매니저가 이야기했다.

아무도 원하지 않던 기적의 약은 이제 시장에서 가장 잘 팔리는 제품이 됐다. 마케팅팀은 성공적인 출시로 사내에서 상까지 받았다고 했다.

"이 경험으로 정말 여러 감정을 느꼈어요." 훗날 그 마케팅 매니저는 내게 말했다. "딸의 결혼식에 못 가서 얼마나 속상했는지 이야기하며 감정을 주체하지 못했던 환자가 기억에 남네요. 암이라는 것이 얼마나 감정적인 병인지 확실히 알게 되었죠."

그녀는 내 역할극 솔루션을 회사가 아주 마음에 들어 했으며, 차기 제품 출시에도 적용할 것이라고 덧붙였다. 또한 우리 팀 남자들에게는 다가가기 어려웠지만 내게 말을 거는 것은 편안했다고 털어놓기도 했다.

수평적 사고가들은 소통을 못한다?

우리 팀의 도움으로 고객사는 효과적인 새 마케팅 전략을 수립하고 성공적으로 제품을 출시할 수 있었다. 서로를 보완하는 다양한 신경 유형이 한데 모여 동료들과 나는 멋지게 프로젝트를 완수했다.

하지만 출장을 마치고 복귀한 나는 해고당했다. 팀원들이 상사에게 내 방식이 체계적이지 않았다며 불평한 것이다. 그러면서도 프로젝트를 성공한 공로는 챙겨갔다.

상사의 집무실에 앉은 내 눈에 눈물이 차올랐다. 그곳은 빌딩 모서리에 있어 전망이 훌륭했고 바닥부터 천장까지 통유리로 돼있는데다가 엄청나게 넓었다. 흑발을 깔끔하게 넘기고 비싼 양복에 번쩍번쩍한 시계를 찬 내 상사는 성공한 테스토스테론 혹은 도파민 리더의 모습 그 자체였다. 그는 반질반질 윤이 나는 나무 책상 뒤에서 걸어 나와 모서리에 걸터앉았다.

"자네는 소통하는 법을 잘 모르는 것 같아." 그가 말했다. 그러고는 끝이었다.

아이러니하게도, 그 회사를 떠난 후 소통은 내 업이 됐다. 지금 나는 포춘500 기업들을 대상으로 기조연설을 하러 다니느라 바쁘게 보내고 있으며, 작가이기도 하다. 해고를 당한 건 정말 잘된 일이다. 덕분에 내 신경 지문이 지닌 장점을 잘 활용할 수 있는 커리어 여정을 시작하게 되었으니 말이다. 하지만 그 회사는 귀중한 사고 다양성도, 나를 교육하느라 투자한 돈도 모두 잃게 되었다.

그 후로 나는 에스트로겐이 높은 신경 지문의 여성 임원들을 만나 코칭을 해왔다. 많은 이들이 테스토스테론이 높은 상사들에게 나처럼 '소통할 줄 모른다'는 취지의 피드백을 받았다고 했다. 하지만 내가 만난 그녀들은 모두 다정하고 따뜻하며 소통에 탁월했다.

테스토스테론이 높은 리더들은 성별과 관계없이 직접적이고 정확한 소통을 선호한다. 그러다 보니 종잡을 수 없고 자유로운 연상을 바탕으로 브레인스토밍하는 수평적 사고가들과 함께 있으면 인내심을 잃기도 한다. 하지만 때로는 에스트로겐이 높은 두뇌가 골치 아픈 문제를 해결할 열쇠가 되기도 한다.

수평적 사고를 하는 사람으로서 나는 비선형적인 방식으로 생각하며 이는 참신한 아이디어들을 떠올리는 데 유리하다. 불행히도 테스토스테론이 높은 리더들이 주도권을 쥔 기업 환경에서 수평적 사고는 낮게 평가되곤 한다. '더 논리적'이고 단계적인 사고를 우선시하는 일터에서 이런 사고법은 골칫거리 취급을 받기까지 한다.

선형적 사고는 나쁘고 수평적 사고는 좋다고 말하려는 것이 아니다. 두 방식 모두 장점이 있으며 서로를 잘 보완해줄 수 있다. 나는 선형적 사고가들과 일할 때 그들이 업무에 체계성을 더해주는 것이 좋다. 두 유형의 사고방식이 이해되고 허용되며 가치 있게 여겨질 때 팀의 성공 확률이 가장 높아질 것이다. 그것이 바로 사고 다양성의 위력이다.

내가 전하려는 메시지는 명확하다. 모든 신경 지문 유형의 인재를 육성하고 각각의 장점을 활용하라는 것이다. 그러면 여러분의 상상을 초월하는 크나큰 성공을 맛볼 수 있을 것이다.

재택근무가 시작되면서 사람들은 갑갑할 때 잠시 밖에 나가 산책을 하거나 낮이든 밤이든 집중력이 더 높아지는 시간에 자유롭게 일하는 것이 생산성을 더욱 높인다는 사실을 깨달았다. 어떤 면에서 사람들은 이미 자신만의 뇌 친화적인 업무 환경을 만들기 시작한 것이다. 그들을 예전 방식으로 돌아가게 하는 일은 결코 호락호락하지 않을 것이다.

이 책에서 우리는 모든 두뇌 유형에 유익하고 즐거운 뇌 친화적 패러다임을 만들 방법을 탐색할 것이다. 하지만 먼저 네 가지 신경 유형을 자세히 알아보면서 각 유형에 어떤 엄청난 가치가 있는지 이해하는 시간을 갖겠다. 그 과정에서 여러분은 새로운 자신의 모습을 발견할지도 모른다.

MBTI는 이제 그만!

회사가 직원들을 적재적소에 배치하고 그들에게 알맞은 훈련을 제공하기 위해 성격 분석을 시도하지 않은 것은 아니다. 하지만 불행히도 리더들은 잘못된 성격 분석 테스트에 너무 의존해왔다.

1962년 마이어-브릭스 유형 지표Myers-Briggs Type Indicator의 탄생

과 함께 비즈니스계에 성격 테스트가 도입되었다. MBTI는 채용, 팀 빌딩, 리더십 개발 등의 영역에서 다양하게 쓰이기 시작했다. 그러나 MBTI를 비롯한 다른 성격 테스트들은 과학적 근거가 부족하고 확증편향에 매우 취약하다. 행동경제학자이자 듀크대학교 교수인 댄 애리얼리Dan Ariely는 2016년에 열린 디지털라이프디자인Digital Life Design 콘퍼런스에서 내게 이렇게 말했다. "MBTI 테스트를 하느니 차라리 점괘를 보는 게 낫죠. 신뢰도는 비슷하지만 시간이라도 훨씬 적게 걸리니까요."

확증편향confirmation bias은 사람들이 믿음이나 가치관을 뒷받침하는 정보를 탐색, 해석, 선호, 기억하려는 경향을 말한다.

2015년에 진행된 한 연구에서 MBTI 테스트를 5주 안에 두 차례 본 사람들 중 절반가량은 전혀 일관적이지 않은 결과를 받았다.[1] 그럼에도 불구하고 MBTI 서비스 제공업체는 기업 및 정부 계약을 통해 연간 2천만 달러씩 수익을 벌어들인다. 또한 회사들은 여전히 이 검사를 바탕으로 직원들을 '유형'별로 나누고 각기 다른 훈련 프로그램 및 업무에 배정한다.

1948년 심리학자 버트럼 포러Bertram Forer는 자신의 학생들에게 성격 검사를 받게 했다. 검사가 끝난 뒤, 포러는 학생들의 결과지를 폐기하고 그들 모르게 전부 똑같은 내용으로 된 가짜 결과지를 나눠줬다. 그는 학생들에게 결과지의 정확도를 0에서 5까지의 점수로 매기게 했다. 5점은 '매우 정확함'이었고 4점은 '정확함'이었다.

학생들이 가짜 결과지에 매긴 정확도 점수는 평균 4.26점이었다. 결과를 확인한 포러는 학생들에게 이 결과지가 신문의 별자리 운세란에 있던 내용을 가져온 것이라고 말했다. 대부분의 별자리 풀이가 그렇듯 결과지의 내용은 모호하면서 미묘하게 칭찬이 섞여 있었다. 모든 학생들은 자신의 성격이 정확하게 평가되었다고 판단했다.

뉴로컬러 성격 검사

헬렌 피셔가 고안한 피셔 기질 검사는 기능적 자기공명영상으로 입증된 최초의 성격 테스트이다. 최근에는 피셔의 연구에 기반한 뉴로컬러 성격 검사NeuroColor Personality Assessment가 과학적이고 획기적인 검사로 인정받고 있다.

피셔가 연구를 시작한 계기는 매치닷컴 리더십팀이 그녀에게 던졌던 한 가지 질문에 있었다. "우리가 여러 사람들 중에 특정한 한 사람과 사랑에 빠지는 이유는 무엇일까요?" 피셔는 대대적인 연구를 수행하면서 두뇌 활동과 짝 찾기의 연관성을 조사하기로 결심했다. 목표는 매치닷컴이 커플을 더 잘 성사시키도록 돕는 것이었다.

"우리가 특정한 사람과 사랑에 빠지는 이유가 무엇이냐는 질문을 받았을 때 전 신경학에 근거한 답을 찾고 싶었습니다."[2] 2017년 피셔는 〈하버드비즈니스리뷰Harvard Business Review〉에서 이렇게 이야기했다. "네 가지 생물학적 시스템인 도파민, 세로토닌, 테스토스테론, 에스트로겐/옥시토신이 각각 특정한 성격 특성과 연결된다는 사실을 발견했습니다. 인간뿐만이 아니라 비둘기, 도마뱀, 원숭이에게서도 동일한 현상을 확인할 수 있었죠."

피셔는 사람들이 그러한 성격 특성을 표출하는 정도를 측정하는 질문지를 만들고, 매치닷컴과 케미스트리닷컴Chemistry.com에 업로드했다. "젊은 커플과 나이든 커플을 대상으로 두 가지 기능적 자기공명영상 연구를 진행했어요. 참가자들은 질문지 답을 작성한 후 뇌 스캐너에 들어갔죠"라고 피셔는 설명했다.[3]

피셔는 기능적 자기공명영상으로 테스트의 정확성을 확인했다. "도파민 시스템과 관련된 성격 특성에서 높은 점수를 받은 사람들은 뇌의 도파민 경로에서 활발한 활동을 보였습니다." 피셔가 말했다.[4] 테스트를 반복했을 때에도 일관적인 결과가 도출됐기 때문에 이 테스트가 유효하며 동시에 신뢰할 만하다는 사실이 입증되었다. 피셔의 연구 결과는 동료심사를 거쳐 2013년 〈플로스원PLoS One〉 저널에 게재되었다.[5]

현재까지 신경과학으로 검증된 성격유형 테스트는 피셔의 것이 유일하다. 추가 연구에서 검사가 측정하는 네 가지 시스템은 모든 문화권은 물론, 심지어 동물들 사이에서도 보편성을 띄는 것으로 입증됐다.

뇌의 양식 초콜릿은 사랑의 음식이며 뇌에도 좋다. 다만 주의할 점은 다크 초콜릿을 골라야 한다는 것이다. 2013년 〈영국임상약리학저널British Journal of Clinical Pharmacology〉에 실린 연구에 따르면, 다크 초콜릿은 인지 능력을 높이며 '신경보호' 작용과 관련성이 있다. 연구에서는 초콜릿이 기분을 좋아지게 하고, 초콜릿에 함유된 플라보노이드는 노화하는 쥐의 인지 능력을 보존하며, 인간의 알츠하이머 발병 위험과 뇌졸중 위험을 감소시킨다는 사실이 확인됐다.[6]

하지만 잠자기 직전에 다크 초콜릿을 먹는 것은 피해야 한다. 카페인이 수면을 방해할 수도 있기 때문이다.

4가지 신경 지문 유형 특성

지금부터 소개하려는 네 가지 신경 지문은 피셔의 연구에 대한 내 해석을 바탕으로 만든 것이다. 신경 지문을 더 자세히 살펴보기 전에, 각 유형이 스펙트럼에 따라 다양한 모습으로 나타날 수 있다는 점을 먼저 알려주고 싶다. 예를 들어 두뇌 시스템에 도파민 활동이 왕성하더라도 그와 관련된 성격 특성은 일부만 표출될 수 있다. 이에 더하여 본성과 양육nature and nurture, 선천적 요소와 후천적 요소도 동등하게 중요한 작용을 한다. 일례로, 자궁 속 태아의 뇌를 형성하는 것은 에스트로겐과 테스토스테론이지만 자라면서 겪는 긍정적이고 부정적인 경험들이 두뇌 체계 발달에 영향을 끼치기도 한다.

현재 우리가 처한 상황도 성격 지문 유형의 특성 표출에 큰 영향을 준다. 예를 들어 극도로 스트레스를 유발하는 일터에서 테스토스테론 활동이 활발한 두뇌 유형은 화를 내거나 공격적으로 변할 수 있다. 그와 반대로 에스트로겐에 높은 유형은 우유부단해지거나 감정적으로 변하고 당황하는 반응을 보일지도 모른다. 한편 도파민이 높은 사람들은 인내심을 잃거나 과잉행동을 보일 수 있고 세로토닌이 높은 유형은 융통성이 없어지고 고집을 부리거나 불안에 시달리는 반응을 나타낼 수 있다.

한편, 뇌 친화적인 일터에서 테스토스테론이 높은 사람들은 결단력과 에너지를 바탕으로 활약할 수 있다. 에스트로겐 유형은 관계를 구축하고 수평적인 사고로 어려운 문제에 대한 놀라운 해결책을 탐색할 것이다. 세토로닌 유형은 정책이나 규칙의 중요 세부사항에 대한 면밀함이 요구되는 영역에서 두각을 나타낼 것이다. 도파민이 높은 사람들은 문제 해결에서 창의성을 발휘하고 사람들이 목표에 집중하며 긍정성을 잃지 않도록 도울 것이다.

또한 모든 이의 뇌에는 네 가지 시스템이 전부 존재하기 때문에 그것들이 다양한 조합을 이루어 성격 표출에 영향을 끼친다. 헬렌 피셔는 이렇게 설명했다. "모든 사람은 다양한 기질로 구성되어 있어요. 내 경우는 에스트로겐이 높고 그룹 활동을 할 때는 그와 관련된 기질들이 튀어나오죠. 그래서 전 사람들의 말을 귀 기울여 듣고 그들과 잘 어울리려고 노력해요. 그런데 책상에 혼자 앉아 있을 때는 도파민 성향이 나타나요. 참신한 아이디어가 솟아나고 업무에 집중하죠. 난 테스토스테론이 낮기 때문에 의지가 강하지 않고 수학도 잘 못해요. 하지만 난 논리적인 사람이에요. 사랑을 할 때는 어떨지 몰라도 일에선 확실히 그렇죠. 이렇듯 자기 자신과 타인을 평가할 때는 이 네 가지 시스템을 모두 염두에 둬야 해요. 사람들이 네 영역에서 각각 어느 위치에 있는지 이해해야 그들의 성격을 제대로 파악할 수 있답니다."[7]

도파민 파헤치기

도파민이 높은 신경 지문은 언제나 자극과 새로움에 목말라 있다. 그들은 에너지와 호기심이 넘치고 창의적이며 충동적이다. 낙천적이며 관대한 경향도 있는 한편, 신중하지 못하거나 중독에 취약하기도 하다. 통계적으로 도파민이 높은 사람들은 결혼생활이 더 짧고 이혼 빈도가 높다.

보정 속옷 회사 스팽스Spanx를 설립한 사라 블레이클리Sara Blakely는 창의적이고 활기찬 도파민 리더의 좋은 사례다. 습한 플로리다 지역에서 팬티스타킹을 입고 영업일을 하던 그녀는 스타킹이 불편했지만 날씬해 보이는 효과는 맘에 들었다. 블레이클리는 가위를 들고 과감하게 스타킹 발목 부분을 잘랐고, 이를 계기로 스팽스의 첫 번째 보정 속옷 시제품인 브알라Voilà가 탄생한다.

1998년 27세의 블레이클리는 적금 5,000달러를 가지고 스팽스를 차렸다. 그녀는 여러 차례 제품을 거절당했지만 쾌활한 성격 덕분에 좌절하지 않고 끈기 있게 노력하여 첫 번째 투자가를 만나고 첫 주문을 따낸다. 결국 2012년 그녀는 〈타임즈Times〉 선정 '세계에서 가장 영향력 있는 100인' 중 한 명이 되었으며, 같은 해 〈포브스Forbes〉로부터 '최연소 자수성가형 여성 억만장자'라는 타이틀을 얻었다.

블레이크는 2006년에 사라블레이클리재단Sara Blakely Foundation을 세우고 여성의 교육과 사업을 지원하기 시작했다. 그녀는 도파민이 높은 동료 사업가인 버진의 리처드 브랜슨에게 멘토링을 받은 후 자선사업 관련 행보를 시작하기도 했다. 한 예로 2020년에는 팬데믹 기간 동안 여성이 운영하는 소기업체들에 500만 달러를 후원하기로 약정했다.

깜짝 놀랄 사실 L-도파(신경전달물질 도파민의 전구체)를 처방받은 파킨슨병 환자들 중에는 도박으로 가족의 재산을 날리거나 성중독자가 된 이들도 있었다. 이 치료가 도파민 수치를 너무 높여버렸기 때문이다.

업무에서 도파민 유형의 특징

도파민이 높은 신경 지문은 탐구를 즐기고 새로운 것들을 시도하고 싶어 한다. 이들은 변화나 타지로 이동하는 것에 잘 대처한다. 조직 개편을 잘 견디는 것을 넘어 즐길지도 모른다. 일터에 유머와 재미를 더해주고 카리스마가 넘치며 사람들에게 영감을 주기도 한다.

뇌 촉진제 도파민이 높은 내 옛 동료 중에 나와 팀원들을 늘 배꼽 빠지게 웃게 만들었던 사람이 있다. 그는 언제나 농담을 던지거나 재미있는 일화를 들려주었으며, 가장 암울한 순간 속에서도 유머를 잃지 않았다. 그는 내 도파민 수치를 전에 없던 수준으로 끌어올려주어 성과를 높이고 활력과 긍정을 유지하도록 도왔다. 그 이유는 웃음이 천연 뇌 촉진제인 도파민을 분비시키기 때문이다. 도파민은 기분을 좋게 하고 의욕을 높여준다. 그런 사람이 팀에 있다면 설령 성과가 가장 좋은 편은 아니더라도 절대 놓쳐서는 안 된다. 그가 팀 전체의 분위기와 성과를 끌어올릴 것이다. 즐거운 일터가 곧 뇌 친화적인 일터이다.

도파민이 높은 사람들을 행복하게 해주려면 창의력을 발휘할 자유와 자주성을 허락해야 한다. 또한 새로운 프로젝트를 맡기고 승진이나 순환근무 기회를 늘려주자. 그들로 하여금 직장 생활이 흥미롭고 신선하며 보람차다고 느끼도록 도와줘라. 지나친 일상의 반복으로 숨 막히게 한다면 그들은 제정신을 잃을지도 모른다.

유념할 것은 도파민 유형의 경우 에너지가 많고 늘 변화를 추구하며 체계와 인내심이 부족할 수 있기 때문에 다른 신경 지문 유형들에게 스트레스를 줄 수도 있다는 점이다. 도파민과 테스토스테론이 모두 높은 사람들은 지배하려 드는 성향이 있으며 스트레스를 받을 때는 공격적으로 변할 수 있다는 사실을 기억하는 것이 좋다.

세로토닌과 항해하기

세로토닌이 높은 신경 지문 유형은 성실하고 양심적인 경향이 있다. 이들은 의무, 체면, 전통, 도덕을 중요시한다. 권위를 존중하고 규칙을 지키며 사회적 통념과 관습을 고수하기도 한다. 또한 가족과 함께 보내는 휴가나 기념일 같은 전통을 소중하게 여긴다. 사회적 지위나 자신에 대한 사람들의 생각이 그들에게 중요한 문제이다. 이들은 어딘가에 소속되기 원하며, 높은 리더의 위치에 오르고 싶어 한다.

버빗원숭이 연구에서 알파 수컷들은 다른 수컷들보다 혈중 세로토닌 수치가 두 배나 높다는 흥미로운 사실이 발견됐다. 원숭이가 됐건 회사 임원이 됐건 세로토닌이 높은 리더들은 균형 잡히고 안정적인 리더십 자질을 보여줬다.

세로토닌이 높은 사람들은 조심성이 많은 편이지만, 정말 스트레스를 받는 상황을 제외하고 쉽게 두려움을 느끼지는 않는다. 세로토닌은 '포옹 호르몬' 옥시토신과 에스트로겐의 분비를 촉진하기 때문에 이 신경 지문 유형은 관계, 신뢰, 공동체 구축에 탁월하다.

세로토닌은 두려움, 분노, 공격성에 대한 반응으로 솟구치는 테스토스테론을 억제하기도 한다. 따라서 세로토닌이 높은 사람들은 위기 상황에서도 침착과 안정을 유지할 수 있다. 이들은 압박 속에서 다른 신경 지문 유형에 비해 공격성을 잘 나타내지 않는다. 이런 요소들이 업무에서 그들의 가치를 높여 준다.

세로토닌이 높은 신경 지문 유형은 보통 정돈되고 체계적인 환경을 선호한다. 어떤 사람들은 세로토닌 시스템에 특별한 유전적 변이가 있어서 수치 정보를 이해하고 처리하는 능력이 증대되기도 한다. 워런 버핏 같은 사람들이 투자할 만한 저평가 회사를 찾을 때 기업의 재무제표를 보면서 통찰을 얻는 것 또한 같은 맥락일 것이다.

세로토닌이 높은 사람들은 극단적인 상황에서 불안이나 걱정을 느끼기도 한다. 이 신경 지문은 스트레스를 받을 때 사람들이 자신을 어떻게 생각할지 등의 생각으로 염려하며 초조해하기도 한다.

뇌 식히기 어떤 환각성 약물들은 세로토닌과 화학적 구조가 유사하다. 그 예로는 MDMA, LSD, DMT, 실로시빈 등이 있다. 과학자들은 이 약물들이 일으키는 환각 효과나 쾌감의 핵심이 세로토닌 수용체의 활성화라고 믿는다. 물론 뇌에서 세로토닌의 활동이 너무 왕성해지면 불안이나 흥분 증세가 생길 수 있다.

케이트 미들턴Kate Middleton을 보면 세로토닌이 높은 사람이 끊임없이 대중의 눈에 노출되는 상황에 어떻게 대처하는지 알 수 있다. 이 케임브리지 공작부인은 패션 감각이 뛰어나면서도 수수하고 늘 완벽하며 흐트러짐이 없다. 각종 타블로이드지에서 '중산층'이나 '서민'이라는 그녀의 배경을 비꼬았지만 미들턴은 항상 평정을 유지했다. 그러자 비판 일색이던 영국 신문사들은 결국 그녀를 차기 왕비로서 인정하기 시작했다. 예를 들어 〈더 선The Sun〉은 케이트 미들턴이 필립Philip 공의 장례식에서 우아하고 절제된 왕족의 면모를 보여줬다고 보도했다.[8]

해리Harry 왕자와 미국 배우인 아내 메건 마클Meghan Markle은 영국 군주제의 근대화를 시도했으나 실패했다. 그와 달리 미들턴은 왕실의 전통에 순응하며 만족하는 것 같다. 그녀는 윌리엄William 왕세자와 화목한 가정을 이루는 것이나 임산부와 초보 엄마들을 지원하는 자선사업에 집중했다. 대중 문화 블로그 이세벨은 그런 그녀의 행보를 이렇게 표현했다. '지난 10년간 버크셔 출신의 평민 왕세자비는 직접 찍은 자녀의 사진을 인스타그램에 올리거나 도움이 필요한 엄마들과 상냥하게 대화하는 모습을 보여주면서 완벽하고 다정하며 활달하고 유능하지만 사치를 부리지는 않는 세련된 현대 상류층 엄마의 이미지를 구축해왔다.[9]

뇌 촉진제 크리스마스나 추수감사절 같은 명절에 칠면조나 초콜릿을 먹으며 즐거운 분위기를 고조시키기도 한다. 두 음식에 풍부하게 들어있는 아미노산과 L-트립토판은 우리 몸이 세로토닌을 생산하도록 돕는 역할을 한다.

업무에서 세로토닌 유형의 특징

세로토닌이 높은 사람들은 훌륭한 책임자가 될 수 있다. 직원들은 그들을 믿음직스럽고 안정적인 사람으로 여길 것이다. 세로토닌이 높은 임원들은 압박 속에서도 냉정을 유지할 수 있으며, 팀 내 관계를 구축하거나 분쟁을 조정하는 일에 능하다.

세로토닌이 높은 유형들은 아주 꼼꼼해서 모든 계약의 세부사항을 자세히 읽어본 후 이중, 삼중으로 확인한다. 이 정도의 꼼꼼함은 사내 변호사 같은 사람들에게서나 기대할 수 있는 수준이다. 그들의 작은 실수 하나가 수백만 달러의 손실을 일으킬 수도 있으니 말이다.

어떤 기업들은 세로토닌이 높은 책임자들이 더 많았다면 각종 스캔들이나 재정적 위기를 피할 수 있었을지도 모른다. 세로토닌 신경 지문은 '큰 그림'에만 집중하는 도파민이나 테스토스테론 리더들을 균형 있게 보완할 수 있다. 다시 말하지만, 특정 신경 지문이 다른 유형보다 더 나은 것은 아니다. 오히려 뇌 친화적인 일터는 모든 신경 지문을 골고루 가치 있게 여기기 때문에 생산성을 높이고 큰 문제들을 피할 수 있다.

세로토닌이 높은 직원은 할 일이 규칙적으로 주어지고 예기치 않은 변수가 적은 업무에서 가장 일을 잘할 수 있다. 이들은 안정성과 복지를 중시하고 더 많은 책임이 따르는 지위로 올라갈 기회를 원할 것이다.

오늘날 테스토스테론과 도파민 성향의 CEO가 이끄는 많은 회사들이 '발전'을 위한 쉼 없는 변화나 '끊임없는 혁신'에 높은 가치를 둔다. 그것들이 바로 CEO가 자신의 커리어에서 중시하는 가치들이기 때문이다. 그러나 빈번한 업무 순환이나 그저 '변화를 위한 변화'는 세로토닌이 높은 직원들을 괴롭게 하거나 회사를 떠나게 할 수 있다. 세로토닌이 높은 신경 지문 유형의 임원은 팀 안에서 깊은 관계를 발전시키고 그들과 장기간 함께 일하는 것을 선호할 것이다.

뇌 식히기 여러분 중에 세금 신고하기를 좋아하는 사람이 있다면 손을 들어 보자. 내가 아는 사람 중에 이 일을 정말 사랑하는 사람이 한 명 있다. 바로 내 회계사다. 그는 신고서를 작성하며 진심으로 쾌감을 느끼는 것 같다. 그래서 나는 이렇게 물었다. "루트거 씨, 세금 신고가 정말 그렇게 재밌나요?"

"그럼요!" 그가 외쳤다. "다른 사람들의 세금을 신고하는 건 꼭 체스를 하는 것 같아요. 말을 옮길 때마다 최소한 세 수를 내다보고 그 파급 효과를 생각해야 하죠. 아니면 복잡한 퍼즐을 푼다고 생각하기도 해요. 난 모든 조각을 제 자리에 맞췄을 때 얼마나 멋진 그림이 완성될지 떠올려보곤 한답니다."

독자들이여, 세로토닌이 높은 사람은 이런 식으로 즐거운 시간을 보낸다고 한다. 이 신경 지문을 가진 사람들은 진심으로 패턴이나 질서를 사랑한다.

테스토스테론으로 성장하기

테스토스테론이 높은 사람들은 경쟁을 즐기고 독립성이 매우 강하다. 솔직하고 단도직입적이며 집중력이 있고, 한번 일을 시작하면 끝장을 보는 사람들이다. 테스토스테론이 높은 사람들 중에는 용감하고 이타적인 이들도 많아서 모르는 사람을 구하려고 불타는 건물 안에 뛰어들기도 한다.

테스토스테론 신경 지문 유형은 결단력이 강하고 자신을 좀처럼 의심하지 않는다. 〈미국국립과학원회보 PNAS, Proceedings of the National Academy of Sciences〉에 실린 연구에 따르면, 여성들이 권력을 행사할 때 테스토스테론 수치가 높아진다고 한다. 물론 인간의 행동, 유전학, 성별, 환경 같은 요인들의 관계는 매우 복잡하며 호르몬은 이 난해한 퍼즐을 이루는 하나의 조각일 뿐이다.[10] 또 다른 PNAS 연구에서는 테스토스테론이 높은 사람들의 경우 위험부담이 큰 커리어를 추구하는 경향이 높다는 사실이 밝혀졌다.[11] 이들은 선형적으로 사고하며 기계나 다른 시스템이 작동하는 방식을 알아가는 과정을 즐긴다. 신경과학 연구에 따르면, 테스토스테론은 공간지각 능력을 관장하는 우뇌를 발달시킨다.

이 유형의 사람들은 때때로 냉정을 잃기도 한다. 이들은 감정, 특히 분노에 잘 휩쓸리며, 주도권을 얻으려고 남을 괴롭히거나 권력을 과시하기도 한다. 흥미롭게도 연구자들은 여성들이 폐경을 맞아 에스트로겐이 감소하고 테스토스테론 활동이 왕성해지면 자신감이 더 높아지고 적극적이며 대담해진다는 사실을 발견했다.

테스토스테론이 높은 신경 지문 유형으로 안젤리나 졸리를 거론하면 의외라고 느끼는 이들도 있을 것이다. 하지만 그녀는 이 유형의 특성과 일치한다. 예를 들어 졸리는 영화 안팎에서 혼자 비행기를 조종한다. 개인 제트기와 승무원을 둘 여력이 있지만 직접 자신의 시러스Cirrus SR22-G2를 몰며 이곳저곳 누비기를 좋아한다.

졸리는 아슬아슬한 스턴트 연기도 직접 하는 것으로 잘 알려져 있다. 그녀는 영화 〈솔트〉에서 싸우는 장면을 찍다가 그 유명한 얼굴에 흉터를 얻기도 했다. 다리 위에서 달리는 컨테이너 트럭 위로 뛰어내린 후 또 다른 트럭으로 점프를 하고, 오토바이를 빼앗아 우왕좌왕 하는 차들 사이로 탈출하는 장면도 있었다. 이 영화의 감독과 졸리는 미국 샌디에이고에서 열린 코믹콘Comic Con 박람회에서 그 장면들을 대역 없이 연기했다고 확인해줬다.[12]

졸리는 어머니가 55세에 세상을 떠나게 한 유방암 관련 유전자 브라카BRCA가 자신에게 있다는 사실을 알고 과감하게 유방절제술을 받기로 했다. 그녀는 매우 이타적이기도 해서 다양한 국가 출신의 자녀들을 입양했으며, UN 난민기구 특사로서 전 세계에서 활동을 펼쳤다.

업무에서 테스토스테론 유형의 특징

테스토스테론이 높은 임원들은 분석적이고 단도직입적이다. 그들은 논리, 이성, 체계적인 조사를 존중한다. 놀랍게도 이들은 '주도권 싸움'을 즐긴다. 아랫사람들이 자신에게 맞서는 것을 오히려 반긴다는 뜻이다. 단지 그런 시도를 하기 전에 그들에게 할 똑똑한 말을 준비하도록 하라. 테스토스테론 신경 지문 유형은 토론을 즐기지만 그건 어디까지나 지적인 대화가 오갈 때의 이야기이다.

테스토스테론이 높은 직원들은 성과를 중시하고 동료들을 존중하며 그들과 즐겁게 지내길 원한다. 내가 아는 한 테스토스테론 유형의 CEO는 자신이 임기를 시작하면서 '모든 사내 정치'가 사라지길 바란다고 발표했다. 그는 정직과 솔직함을 장려하며 중상모략이나 기만적인 행위를 엄격하게 금했다.

테스토스테론이 높은 신경 지문 유형은 때로 타인의 감정을 헤아리지 못하여 냉담하거나 인간미가 없다는 인상을 주기도 한다. 이들은 자율성이 높고 관리 감독이 최소한으로 이루어지는 일터를 선호한다. 상급자에게 반복적으로 검토를 받지 않고 일을 빠르게 처리하고 싶어 한다. 또한 일처리 방식을 스스로 정하는 쪽을 훨씬 선호하며 업무를 잘 완수할 것이라고 신뢰받고 싶어 한다.

테스토스테론이 높은 직원들은 건강에 무심할 수 있고, 특히 프로젝트에 열중했을 때 그런 경향이 심해진다. 의욕이 너무 넘쳐서 잠을 충분히 자지 않거나 정크푸드로 대충 끼니를 때우기도 한다. 이 신경 지문 유형들이 스트레스를 해소할 수 있도록 조깅을 하거나 헬스장을 이용하게 하면 과잉 흥분 상태가 되거나 분노를 폭발시키는 행위를 막는 데 도움이 될 것이다.

에스트로겐 탐구하기

여러분이 에스트로겐이 높은 신경 지문 유형이라면 자신이 매우 직관적이라는 것을 알아챘을 것이다. 태아가 자궁 안에서 에스트로겐에 더 많이 노출되면 두뇌 좌우 반구끼리 연결이 더욱 강화된다. 그러면 언뜻 무작위로 보이는 데이터들 사이에서 패턴을 포착하는 능력이 생길 수 있다. 에스트로겐은 또한 뇌를 피부, 위, 심장 및 기타 기관에 연결하는 신경회로인 '신체 고리'의 발달을 촉진하여 소위 말하는 '촉'이나 '직감'을 더 많이 느끼게 한다.

에스트로겐이 높은 신경 지문은 거울 뉴런계 활동이 더 활발하다. 거울 뉴런계란 인간이 모방을 통해 학습하게 하는 특별한 뉴런들의 집합이다. 우리가 타인의 몸짓, 얼굴 표정, 감정을 이해할 수 있는 것은 거울 뉴런계 덕분이며, 이는 우리 사회생활에서 필수적인 역할을 한다. 에스트로겐이 높은 두뇌를 가진 사람들이 공감 능력이 높은 것은 아마 이런 이유 때문일 것이다.

에스트로겐이 높은 사람들은 다른 사람에게 관심이 많으며 유대를 쌓고 싶어 한다. 에스트로겐 신경 지문 유형의 좌우명은 '보살핌과 어울림tend and befriend'이다. 이들은 이타적이지만 그것을 표현하는 방식은 불타는 건물에 뛰어드는 것보다는 자선 활동을 하는 쪽에 더 가깝다.

반추rumination는 부정적인 정서 경험의 원인과 결과를 강박적으로 곱씹는 행위이다.

이 신경 지문 유형은 자신의 상상력을 사로잡은 '큰 그림'에 집중하느라 세부사항을 주의 깊게 보지 못하는 '시스템 맹systems blind'이 될 수도 있다. 이들은 반추하거나 쉽게 걱정하는 경향이 있으며 이는 비관주의나 건설적이지 못한 자기비판으로 이어지기도 한다. 이 유형은 스트레스를 받을 때 수다를 떨거나 험담을 하면서 내적 혼란을 잠재우려 할 수 있다. 에스트로겐이 높은 직원이 스트레스를 받고 있다면 조용한 곳으로 불러 진솔한 대화를 나누도록 하자. 일대일 관계 쌓기는 그들에게 아주 긍정적인 작용을 한다.

뇌 촉진제 반추에 대한 연구 결과는 꽤 일관적이다. 반추를 잘하는 사람들은 우울, 불안 증세가 있거나 관련 질환을 겪을 확률이 높다. 반추는 문제 해결에 대한 집착이 통제를 벗어난 상태라고도 볼 수 있다. 여러분이 할 일은 그 문제에 대한 생각을 떨쳐내는 것이다.

반추에서 벗어나는 방법은 재미있고 도전적인 활동에 전념함으로써 무심코 그 문제를 떠올리는 것을 막는 것이다. 댄스나 요가 수업을 듣거나 재미있는 영화를 보고, 친구를 만나 체스를 해도 좋다. 기분 좋고 집중력을 자극하는 다른 일이 우리 마음을 사로잡게 하면 반추를 중단하기가 한결 쉬워질 것이다. 명상이나 마음챙김 훈련도 큰 도움이 된다.

1831년, 22세의 찰스 다윈Charles Darwin은 '박물학자'로 고용되어 비글호HMS Beagle에 올랐다. 다윈은 남아메리카, 호주, 남아프리카 대륙 해안을 답사하며 5년간 항해했고, 탐사선이 정박할 때마다 그 지역의 동식물을 연구하고 분류했다.

다윈이 자신의 노트에 적은 내용들 중에서 세 가지 패턴을 포착해 나가는 모습은 에스트로겐이 높은 수평적 사고가의 기질을 잘 드러낸다. 그가 발견한 패턴은 동식물 종이 나라별, 지역별, 시간별로 달라졌다는 것이었다. 그는 이 관찰 내용을 토대로 그 유명한 자연선택설을 발전시켰다.

다윈은 우리에게 '적자생존' 개념을 일깨웠지만 그 자신은 상냥하고 가족을 아끼며 아내, 자녀, 친구에게 사랑받는 남자였다. 그는 겸손하고 자신을 내세우지 않았다. 다른 과학자들의 이론을 반박하여 상대의 기분을 상하게 하고 싶지 않아서 역사적인 저서《종의 기원》의 발간을 미루기까지 한 그다. 다행히도 그는 결국 책을 출간하는 방향으로 설득당했고, 진화생물학의 기초가 된 《종의 기원》은 1859년에 세상의 빛을 보았다.

업무에서 에스트로겐 유형의 특징

에스트로겐이 높은 임원들은 일에서 직관력, 공감 능력, 창의적인 수평적 사고를 발휘한다. 그들은 협동과 조화를 일으키기 원하며 사교술이 능란하다. 이런 기질들 덕분에 긍정적이고 서로 힘을 북돋는 일터를 조성하는 훌륭한 리더가 될 수 있다. 그러나 테스토스테론이나 도파민이 높은 리더들은 이들의 강점을 약점으로 착각할 수 있기 때문에 그들로부터 존중을 얻어내는 과정이 녹록치 않을 수도 있다. 그러나 숙련된 에스트로겐 유형 리더라면 동료에게 동기부여하고 그들에게 존중받는 법을 찾아낼 수 있을 것이다.

에스트로겐 신경 지문 유형은 인사 관련 업무에 매력을 느끼기도 한다. 내 지인 중에 에스트로겐이 높은 남성 HR 리더가 있다. 그는 매우 가정친화적이고 포용적인 직장을 만들어 재능 있는 직원들을 자석처럼 끌어당겼다.

에스트로겐이 높은 사람들에게 부와 지위란 세상에 긍정적인 영향을 끼치는 일만큼 중요하지 않다. 이들 중에는 자선활동가도 많다. 이들은 언변이 능하고 글솜씨가 좋으며 발표나 언어 습득에도 뛰어난 편이다.

예를 들어 아리아나 허핑턴은 자신의 저서나 매체 출연을 통해 사람들과 깊은 유대감을 형성하는 능력을 바탕으로 훌륭한 커리어를 쌓았다. 그녀는 스라이브글로벌을 세웠으며, 기업들이 직원의 삶의 질에 집중하도록 장려함으로써 '번아웃 증후군'을 종식시키는 것이 자신의 계획이라고 밝히기도 했다.

한편 에스트로겐이 높은 신경 지문 유형은 '시스템 맹'으로 인해 프로젝트의 중요 세부사항을 간과할 수도 있다. 그럴 때는 기꺼이 세부사항들을 꼼꼼하게 챙겨줄 세로토닌 유형과 짝을 이루게 하는 것이 조화롭다.

에스트로겐 유형에게는 직장과 삶의 균형과 건강한 삶을 영위하는 것이 매우 중요한 문제이다. 유급 가족 돌봄 휴가를 제공하고 운동이나 건강한 식단을 장려하는 뇌 친화적인 일터가 이들의 마음을 사로잡을 것이다.

자신의 신경 지문을 이해할 때의 장점

자신의 신경 지문을 알아가는 시간이 유익하지 않았는가? 신경 지문을 이해하면 고객이나 팀원들을 더 존중할 수 있으며 우리가 서로를 이해할 수 없을 때 생기는 긴장이나 답답함을 완화할 수 있다. 또 이 지식은 우리의 개인 관계에서도 매우 유용하다.

다음 장에서 여러분은 근무 시간을 단축하거나 회사 문화를 '일 중심'에서 '결과 중심'으로 전환하는 등의 뇌 친화적인 전략을 채택한 뒤 놀라운 결과를 얻은 CEO들을 만나볼 것이다.

뇌 친화적인 인터뷰

스콧 배리 카우프만
작가, 과학자, 팟캐스트 사이콜로지 진행자이자 크리에이터

스콧은 〈비즈니스 인사이더Business Insider〉 선정, '우리가 세상을 보는 방식을 획기적으로 바꾼 과학자 50명' 중 한 사람이다. 그는 사이콜로지 팟캐스트 진행자이며 창의성, 지능, 재능에 관한 신비를 탐구하는 책 아홉 권을 출간했고, 〈사이언티픽아메리칸Scientific American〉, 〈사이콜로지투데이Psychology Today〉, 〈디애틀랜틱The Atlantic〉, 〈하버드비즈니스리뷰〉 등에 기고했다. 그는 예일대학교에서 인지심리학 박사 학위를 받았다.

어린 시절에 '특수교육' 대상자였던 박사는 자신의 저서에서 학습 장애가 있는 밝고 창의적인 학생들을 '두 배로 특출한' 아이들이라고 묘사하며 신경 지문 다양성의 필요성을 강력히 주장한다.

프레데리케 저는 박사님이 하는 일이 좋아요. 우리가 신경 지문의 다양성을 이해하고 존중해야 한다는 강한 믿음이 있거든요.

스콧 그래서 상사가 재수 없는 이유는 테스토스테론 때문인가요?

프레데리케 하하, 그럴 수 있죠. 테스토스테론이나 도파민이 높은 신경 지문 유형은 남녀 모두에게서 나타나지만 남성에게서 더 두드러지긴 해요.

083

늘 그런 건 아니지만 이런 신경 지문들이 사람을 그런 방향으로 몰아가기도 하죠.

스콧 그 말을 들으니 토마스 차모로-프레무지크Tomas Chamorro-Premuzic의 《왜 무능한 남자들이 리더가 되는 걸까?》라는 책이 떠오르네요. 저자는 여성이 남성다워지도록 훈련시켜 문제를 해결할 것이 아니라 각자가 가진 서로 다른 자질을 귀중히 여겨야 한다고 주장하죠.

프레데리케 맞아요! 그게 정확히 제가 하고 싶은 이야기예요. 한 가지 유형의 사람들이 일터를 점령하면 다른 유형의 능력 있고 똑똑한 사람들이 떠나면서 회사에 손실을 입히죠. 이 문제를 해결할 만한 아이디어가 있나요?

스콧 네. 저는 신경 다양성을 연구하고, 서로 다른 종류의 사고방식을 인정하는 학교 시스템을 만들 방법을 고민해요. 그렇게 얻은 지식을 우리 일터에도 접목시킬 수 있어요. 그러려면 사람들이 권위자에게 의문을 제기하고 소신 있게 발언할 수 있는 장을 마련해줄 깨어 있는 리더십이 필요하죠. 또한 누군가가 하고 싶어 하는 일과 실제로 맡는 업무가 잘 들어맞을 수 있게 해줘야 하고요. 특히 사람들에게 '잡 크래프팅job crafting' 기회를 줄 수 있어야 합니다.

프레데리케 잡 크래프팅이 뭔가요?

스콧 사람들이 현재 하는 일이 자신의 고유한 사고방식, 삶의 가치, 열망과 더 일치하도록 재구성하게 해주는 기술입니다. 예를 들어 당신이 오페라에 소질이 있는 교사인데, 오페라에 전념한 삶을 살 수 없는 상황이라고 가정해봅시다. 그러면 당신은 오페라를 부르는 교사가 될 수 있겠죠! 진정한 자신의 모습, 자신의 고유한 재능과 열정에 맞게 직무를 빚어나가는 겁니다.

프레데리케 와, 정말 멋진데요!

스콧 잡 크래프팅은 우리 주변과 일터에 존재하는 신경 다양성의 진가를 인정하는 데 큰 도움이 됩니다. 여기에는 한 사람이 일반적인 업무에서 발휘할 수 있는 고유한 기술과 그 사람만의 관점을 인정하는 것도 포함되지요.

프레데리케 어떤 면에서 저는 일터 자체를 '크래프팅' 하자고 주장하는 셈이네요. 그래야 사람들이 자신의 일에 더 몰두하고 그들이 지닌 신경 다양성이 존중받을 수 있을 테니까요.

박사님은 어린 시절에 '특수교육' 대상자가 되셨죠. 그렇게 일찍 얻은 낙인을 어떻게 극복하셨나요? 정말 쉽지 않으셨을 텐데요.

스콧 난 어렸을 때 귀의 염증 때문에 듣는 데에 어려움이 있었어요. 그래서 때론 무언가를 이해하기가 어려웠고, 사람들은 이 한 가지 렌즈를 통해 나라는 사람을 바라봤어요. 교육 시스템은 날 온전한 한 아이로 봐주지 않았고, 나의 기발한 생각이나 공상 같은 것들은 모자람의 증거로 해석되었죠.

난 9학년까지 특수교육을 받았어요. 그러던 어느 날 한 선생님이 내게 왜 아직까지 이곳에 있냐고 물었지요. 그 일을 계기로 난 밖으로 나가 삶에서 어떤 일들을 이룰 수 있는지 탐색하기 시작할 수 있었어요. 이것을 직장에 대입해보면, 우리는 직원들의 창의성을 말살하는 행위들을 많이 합니다. 리더들이 그들의 재능을 알아보지 못하기 때문이죠.

프레데리케 왜 그럴까요?

스콧 난 도파민이 과소평가되고 있다고 생각해요. 내가 바로 도파민이 심하게 높은 타입이죠. 학교에서 고생한 것도 그 탓이 커요. 난 사사건건 궁금증을 느끼고 질문을 해댔거든요. 또 선생님이 책을 읽어줄 때 듣는 것이 아니라 슈퍼 히어로 망토를 걸치고 교실 안을 뛰어다니곤 했죠. 문제가 생긴 건 당연했어요.

　하지만 난 수업 내용에 순수하게 호기심을 느꼈고, 그 자리에서 배우는 내용을 훨씬 뛰어넘어 우리가 배우는 것들을 제대로 이해하고 싶었어요. 예를 들어 미국 역사를 배울 때는 "원주민들은 어땠나요? 왜 그 사람들의 생각이 어땠는지는 배우지 않죠?"라고 질문을 했어요. 돌아오는 대답은 "조용히 하렴, 스콧" 정도였죠. 어린 나의 호기심, 창의성, 상상력은 모두 무시되었어요.

프레데리케 박사님은 창의력과 탐구보다는 규칙을 중시하는 세로토닌이 우세한 환경에 갇혀있었다고 볼 수 있겠어요. 질서와 체계를 중시하는 세로토닌 성향의 교사들은 아주 창의적이고 에너지가 넘치는 도파민 성향의 아이들을 잘 이해해주기 어려울지도 몰라요.

스콧 오, 재미있군요. 그것도 한 가지 이유일 수 있었겠네요. 말 잘 듣는 학생들은 칭찬하고 선생님의 지시에 도전하는 아이들은 벌주는 환경의

학교가 너무 많아요.

프레데리케 박사님은 학습 장애가 있지만 다른 재능이 있는 '두 배로 특출한' 사람들에 대해 심도 있게 글을 쓰셨죠. 신경 다양성은 뇌 친화적인 직장에 어떻게 기여하나요?

스콧 자신에게 장애가 있고 그것이 스스로의 행동을 제한한다고 생각하는 사람들이 많은 것 같아요. 하지만 그들에게는 결코 평범하지 않은 장점과 재능이 있기도 하죠. 신경 다양성 운동은 어떤 '장애'나 '약점'들을 장점으로 재정의하는 활동이기도 합니다.

뇌에는 엄청난 보완 기능이 있어요. 만약 우리가 어떤 능력을 방치하면, 뇌는 다른 영역을 통해 그보다도 더 훌륭한 능력을 갖추도록 발달 및 재구성될 수 있죠. 예를 들어 자폐스펙트럼 장애가 있는 사람들은 진실만을 말하는 훌륭한 재주가 있어요. 나는 특히 진실이 알고 싶을 때 자폐스펙트럼이 있는 친구들을 만나고 싶어 하죠. 나에 대한 솔직한 이야기를 피하고 싶을 때는 안 그렇지만요! 하하, 농담입니다.

우리 사회에는 재능에 대한 잘못된 인식이 존재하고, 무엇이 재능을 이루는가에 대한 개념도 아주 협소하기 짝이 없어요. 우리는 창의력이 필요한 프로젝트에 큰 도움이 될 만한 새로운 관점으로 세상을 보는 많은 이들을 소외시키곤 합니다.

프레데리케 박사님은 일터에서 신경 다양성이 인정받기 시작할 것이라고 보시나요?

스콧 네, 그래요. 이 문제를 중요하게 생각하는 회사들이 분명히 존재해요. 다만 신경 다양성을 다른 종류의 다양성만큼 진지하게 바라보는 인식이 확산되면 좋겠다고 생각해요. 오늘날 인종 다양성은 아주 중요한 문제이고 큰 주목을 받고 있죠. 신경 다양성도 그런 순간을 맞이하길 바랍니다.

프레데리케 맞는 말이에요! 회사 내에 훌륭한 인종, 성별 다양성 프로그램이 있다고 해도 한 종류의 신경 지문 유형만 고용한다면 진정한 다양성, 곧 사고의 다양성을 얻지는 못할 테니까요.

스콧 그래요! 부디 신경 다양성을 잊지 맙시다. 세상 모든 것들이 다 그렇게 피상적인 건 아니니까요.

3장

결과 중심 문화

인터뷰 **슈테판 아르스톨**

타워패들보드 및 타워전기자전거 CEO

전략은 조직문화의 아침 식사거리 밖에 안 된다.

피터 드러커 *Peter Drucker*

헨리 포드Henry Ford는 1914년에 미국 근로자들의 삶을 완전히 바꾼 거대한 도박을 한다. 당시 공장 근로자들은 유급 휴가나 쉬는 날도 없이 하루에 16시간씩 주당 6일을 고되게 일했다. 그러나 포드자동차Ford Motor Company가 조립 라인이라는 신기술을 도입하면서 생산성이 획기적으로 향상됐고, 포드는 노조의 압박 속에 근로자의 시간당 최소 임금을 2.34달러에서 5달러로 두 배 가량 높이고 근무 시간을 8시간으로 단축했다. 이로써 1926년 포드자동차는 최초로 주5일 40시간 근무제를 실시한 미국 기업 중 하나가 됐다.

포드는 직원들에게 더 많은 시간과 급여를 줌으로써 가장 똑똑하고 혁신적인 인재들을 끌어당길 수 있으리라 확신했고, 그 생각은 틀리지 않았다. 또한 그는 이런 조치들로 각종 사고나 직원들의 피로가 유발하는 문제들을 줄여나갈 수 있다고 옳게 판단했다. 포드는 폭발적으로 성장하여 불과 7년 만에 61퍼센트의 시장점유율을 달성했다. 100여 년이 지난 지금도 포드는 여전히 세계 10대 자동차 회사로서 자리를 굳건히 지키고 있다.

오늘날 우리의 새로운 '조립 라인'은 컴퓨터와 소프트웨어, 그리고 그것을 연결하는 인터넷이다. 우리는 근로자 생산성에서 기념비적인 성장을 이룬 시대에 살고 있으며, 기업들은 그 어느 때보다도 막대한 수익을 거둬들인다. 그런데 우리 대부분은 과거보다 더 많이 일하고 있다.

일부 혁신적인 비즈니스 리더들은 헨리 포드가 그랬듯 뇌 친화적인 '결과 중심 문화'에 도박을 걸었다. 직원들이 업무에 얼마나 시간을 썼는지 보는 것이 아니라 결과물에 초점을 맞추는 것이다.

타워패들보드의 5시간 근무제

슈테판 아르스톨은 2010년에 수상 레포츠 기업 타워패들보드를 창립했다. 그는 2012년에 〈샤크탱크Shark Tank〉 사업가들이 '상어'라고 불리는 심사위원들에게 자신의 아이템을 소개하여 투자를 얻어내는 프로그램, 옮긴이 주라는 TV쇼에 출연하여 자사의 스탠드업 패들보드 위에 서서 노를 저으며 서핑을 즐기게 하는 서핑보드, 옮긴이 주를 홍보했고, 아주 강력한 상어인 억만장자 마크 큐반Mark Cuban의 선택을 받는다. 큐반은 타워의 지분 30퍼센트를 얻는 조건으로 15만 달러를 투자하기로 했다. 타워의 당시 연매출은 10만 달러에 불과했지만, 2018년에 수익 3,000만 달러라는 중대한 성과를 이루며 이 프로그램의 가장 큰 성공 스토리 중 하나를 써내렸다.

타워의 눈부신 성장에 기여했던 요소들 중에 가장 놀라운 것은 직원들의 근무 시간을 5시간으로 단축하기로 한 슈테판의 급진적인 결정이었다. 슈테판은 이것을 '서머타임'이라 부르고 시범적으로 실시했다. 또한 그는 직원들에게 회사 이익의 5퍼센트를 공유하기로 했다.

"나는 직원들에게 두 가지를 주고 싶다고 발표했습니다. 첫째, 그들에게 각자의 삶을 되돌려주고 싶다고 말했어요. 생산성을 입증할 수만 있다면 정각 1시 퇴근을 허용하는 것이죠. 또한 근무 시간이 줄어듦에 따라 일에 더욱 집중하는 대가로 보수를 높여주고 싶다고 했어요. 그래서 직원들의 시급은 하루아침에 거의 두 배가 됐죠. 거기에 5퍼센트 이익 공유제를 함께 실시했고요"라고 그는 〈패스트컴퍼니Fast Company〉에 이야기했다.[1]

모든 직원들은 효율성과 생산성을 거의 두 배로 높일 방법을 알아내야 했다. "이 조치 전에도 우리의 생산성 기준은 높았고, 그 기준은 바뀌지 않았습니다. 나는 직원들에게 모든 일을 다섯 시간 안에 처리할 방법을 찾아내야 한다고 말했어요. 물론 회사가 지원할 것이라는 점도요. 하지만 그렇게 하지 못하는 사람은 회사를 떠나야 한다고도 했습니다." 슈테판은 설명했다.

슈테판은 직원들이 변화에 적응하기 전까지는 회사의 생산성이 감소할 것이라고 생각했으나 실제로는 그렇지 않았다. "전혀 타격이 없더군요. 2015년엔 연매출이 40퍼센트 이상 증가했습니다. 지식 노동자들이 많은 회사들은 근무 시간을 30퍼센트 삭감하더라도 성공하지 못할 이유가 없어요"라고 그는 말했다.

서머타임 시범 운영이 대성공을 거두자 슈테판은 5시간 근무 기간을 연장했다. 2016년 타워패들보드는 3년 동안 1,850퍼센트 성장이라는 놀라운 성과를 이뤘고 샌디에이고에서 가장 빠르게 성장한 유한회사로 인정받았다. 또한 타워는 2015년에 미국에서 가장 빠르게 성장하는 기업으로 Inc.500 리스트에 이름을 올리기도 했다. 2018년까지 타워는 3천만 달러 이상의 수익을 창출했다.[2]

 근무 시간을 5시간으로 조정하는 등의 조치를 통해 더 수월하게 집중력을 발휘할 수 있다는 사실을 아는가? 센딜 멀레이너선Sendhil Mullainathan과 엘다 샤퍼Eldar Shafir는 《결핍의 경제학》에서 시간이 모자랄 때 일정 기간 동안 생산성이 높아지는 '집중 배당금focus dividends'이 생긴다고 설명했다. 그들은 '결핍이 마음을 장악하면 우리는 집중력을 높이고 더 효율적으로 작업한다'라고 주장했다.[3]

타워의 근무 시간 단축은 인재들을 끌어당겼다. 슈테판은 그의 책 《5시간 노동》에 '아무런 공고를 내지 않아도 지역 회사의 엘리트 직원들이 알아서 이력서를 보내왔다. 우리는 아주 유능한 직원들을 채용할 수 있었다'라고 적었다.[4] 하지만 그는 이런 이야기도 했다. '5시간 근무제를 시작하고 나서 두 가지 새로운 유형의 사람들이 회사에 들어오기 시작했다. 정당한 이유로 5시간 근무를 선호하는 유

능한 이들과 최대한 일을 안 하고 싶어 하는 게으른 이들이었다.'

타워는 채용 과정에서 지원자들에게 3분짜리 유튜브 영상을 제출하게 했다. 슈테판은 그렇게 하면 소파에 누워 빈둥거리며 "아, 하루에 5시간만 일하면 얼마나 좋을까!" 같은 말이나 하는 게으름뱅이들을 손쉽게 찾아낼 수 있었다고 했다.

결과 중심 문화는 직원들이 얼마나 오래 일터에서 시간을 보내는지가 아니라 업무 결과물에 집중한다. 이런 문화는 시간 낭비를 없애고 구체적이며 측정 가능한 결과를 달성하게 하는 데 유익하다.

마이크로소프트 재팬의 4일 근무제

여러분이 하는 생각이 귓가에 들려오는 듯하다. "그래……. 서핑족들을 위한 패들보드를 만드는 근사한 회사라면 근무 시간을 줄여볼 만하지. 하지만 우리 같은 사람들은? 어림도 없어."

정말 그럴까? 2019년 여름, 마이크로소프트는 주 4일 근무 시범제도인 '워크라이프초이스챌린지Work Life Choice Challenge'를 도입했고, 그 결과 생산성이 거의 40퍼센트나 향상됐다.[5] "40퍼센트라고?" 나는 되묻지 않을 수 없었다!

그해 8월 마이크로소프트 재팬은 매주 금요일에 사무실을 닫았으며, 정직원들은 주 5일 근무했을 때와 동일한 급여를 받았다. 또한 마이크로소프트 재팬은 회의 시간에 30분 제한을 걸고 면대면 회의보다는 온라인 커뮤니케이션을 장려했다.

마이크로소프트는 전년도 8월과 비교하여 매출이 39.9퍼센트 증가했다고 보고했다. 또한 이 제도는 뜻밖의 방식으로 마이크로소프트 재팬의 경비를 절약시켜주기도 했다. 2018년 8월과 비교하여 인쇄 용지 사용량이 58.7퍼센트, 전기 소모량이 23.1퍼센트 줄어든 것이다.[6]

마이크로소프트 재팬은 계속해서 4일 근무제를 시범 운영할 계획이다. 4일 근무제를 시도하는 다른 기업들에는 쇼피파이Shopify, 쉐이크쉑Shake Shack, 엘리펀트벤처스Elephant Ventures, 퍼페추얼가디언Perpetual Guardian이 있다.

가짜 생산성

슬프게도 대부분의 회사원들은 긴 노동 시간을 생산성과 동일시하는 '일 중심' 문화에 갇혀있다. 그들에게 주당 40시간 근무는 꿈에서나 가능한 이야기이다. 많은 관리자들과 임원들의 경우 60에서

80시간 근무가 일반적이다.

우리 뇌는 그렇게 설계되지 않았다. 사람들이 8시간의 근무 시간 중 정말 생산적으로 일하는 것은 평균 3시간이다. 8시간 이상 일을 한다고 해서 생산성이 높아지지는 않는다.[7]

미국노동통계국Bureau of Labor Statistics에 따르면 미국 근로자들은 하루 평균 8.8시간씩 일을 한다. 하지만 사무실 근로자 약 2,000명을 조사한 결과, 사람들은 다음과 같은 행동을 하며 시간을 허투루 쓰고 있었다.[8]

- 웹사이트에서 뉴스 읽기: 1시간 5분
- 소셜미디어 확인: 44분
- 동료들과 업무와 무관한 대화 나누기: 40분
- 새 일자리 알아보기: 26분
- 흡연: 23분
- 배우자나 친구들에게 전화: 18분
- 따뜻한 음료 만들기: 17분
- 문자/채팅: 14분
- 간식 먹기: 8분
- 회사에서 음식 만들기: 7분

나는 많은 고위 임원들에게 코칭을 해왔다. 그들은 장시간 근무의 압박 때문에 생산적인 '척'을 할 때가 있다고 인정했다. 프로젝트를 이미 끝냈고, 집에 돌아가 휴식과 재충전을 갖는 것이 더 이득인데도 그럴 때가 있다고 했다. 일 중심 문화의 영향으로 그들은 긴 시간 자리를 지켜야만 보너스나 승진 대상이 될 수 있다고 생각한다.

내게 코칭을 받던 한 여성은 예정된 휴가를 떠나기 9일 전에 프로젝트를 마무리했다. 하지만 그녀는 상사에게 휴가를 더 일찍 가거나 새로운 프로젝트를 맡겠다고 하는 대신, 책상에 앉아 바쁜 척을 하면서 9일을 보냈다. 그녀는 그 기간 동안 죄책감을 느끼고 스트레스를 받았다고 털어놨다. 회사들이 쓸데없는 시간 낭비를 유지하는 대가로 진정한 생산성과 근로자의 삶의 질이 떨어져 간다.

내가 일하던 회사의 몇 안 되는 여성 파트너 중 하나가 '여성 임원'을 위한 점심 만찬을 주최한 적이 있다. 나는 그날의 기억을 잊을 수 없을 것 같다. 여성 임원들은 일주일에 80시간씩 일하고 잠도 못 자며 해외 출장을 다녔다. 우리가 고급 식기와 화려한 꽃 장식이 놓인 식탁에 둘러앉자, 직원들을 혹사시키기로 악명이 높던 이 파트너는 아주 재미있는 이야기라는 듯이 자기 팀에 있던 어떤 젊은 여성이 책상 밑에서 자는 모습을 발견한 일을 이야기했다.

"정말 프로답지 못하죠!" 그녀가 외치는 동안 나머지 사람들은 어리둥절한 시선을 교환했다. 내가 할 수 있는 생각이라곤, '자기 팀 사람들이 그렇게나 지쳐있다는 사실이 부끄럽지도 않을까?'였다. 현재 그녀는 걸출한 인사 관리 서비스 기업의 대표다.

깜짝 놀랄 사실 컴퓨터공학 박사 칼 뉴포트Cal Newport는 사무실 근로자들이 '피상적 업무shallow work'에 시간을 낭비한다고 이야기했다. 그가 정의하는 피상적 업무란 이메일에 답장을 하거나 소셜미디어를 기웃거리는 등의 가벼운 작업들을 말한다. 한편 뉴포트가 말한 '몰입 업무deep work'는 다른 일에 정신을 빼앗기지 않고 깊은 사고를 요구하는 일에 집중하는 것이다. 우리는 몰입 업무 대신 피상적 업무를 하면서 시간을 보내고 싶어 한다.[9]

우리가 피상적 업무에 이끌리는 이유 중 하나는 그런 일들 속에서 인간이 갈망하는 개인적 상호작용을 풍부하게 경험할 수 있기 때문이다. 하지만 우리에게 진정한 만족감과 성취감을 주는 것은 몰입 업무다. 근무 시간을 단축시키면, 사람들은 일찍 퇴근할 수 있도록 주의를 산만하게 하는 것들을 차단하고 몰입 업무에 몰두하려고 할 것이다.

얇고 길게가 아니라 굵고 짧게

우리 뇌는 8시간 연속 집중할 수 있도록 설계되지 않았다. 선천적으로 인간은 약 3시간 동안 강한 집중력과 생산성을 발휘할 수 있다. 그 후에는 잠시 휴식을 취하며 신경전달물질 수치를 회복시켜야 한다. 주의력, 집중력, 의지는 잠깐 동안만 지속되며, 8시간 동안 연이어 사용하는 것은 애초에 불가능하다.

성인의 평균 주의력 지속 시간은 20분 정도다. 영화를 볼 때처럼 같은 활동을 반복적으로 할 때는 주의력을 계속 유지할 수 있지만, 주의력은 점점 약해지는 것이 정상이다. 인간은 왜 그렇게 타고났는지 설명하기 위해 여러분을 몇천 년 전으로 데려가 보겠다.

인류학자 제임스 수즈먼James Suzman은 인간이 인류 역사 대부분 동안 지금보다 훨씬 더 적게 일했다고 말했다. 인류 역사의 약 95퍼센트의 기간 동안 인간은 떠돌아다니며 수렵 채집 생활을 했다. 수즈먼은 그들이 일주일에 약 15시간 일했을 것이라고 추정한다.[10]

조상들은 사냥감에게 몰래 다가갈 때 고도의 집중력을 발휘해야 했다. 사냥의 흥분이 가라앉고 나서는 집에 돌아와 맘껏 먹고 휴식을 취했다. 나는 이러한 패턴을 '순환'이라고 부르고 싶다. 우리 뇌는 여전히 이러한 순환을 필요로 한다. 휴식도 없이 하루 종일 '집중' 모드를 유지하는 것은 천성적으로 가능하지 않다.

수렵 채집 시절의 엄마들은 아이를 가까이 두고 일했다. 아기띠를 두르고 어린 아이들을 지켜보면서 과일, 견과류, 채소를 따고 불로 요리도 했다. 일과 가정생활이 긴밀하게 얽혀 있었던 것이다.

수즈먼은 수십 년에 걸친 연구 결과에 근거하여 '수렵 채집 사회의 조상들은 배불리 먹고 삶에 만족했으며 다른 농업 사회 인간들보다 오래 살았다. 일주일에 15시간 이상씩 일해야 하는 경우가 거의 없었기 때문에 여가생활에 시간과 에너지를 들일 수 있었다'라고 보고했다. 수즈먼은 조상들이 여가시간에 음악을 만들고 탐험을 하거나 몸을 치장하고 사람들을 사귀는 등의 목적성 있는 활동을 했다고 말했다.[11]

약 1만 2,000년 전, 인간이 완두콩, 렌틸콩, 보리 같은 작물들을 재배하고 들염소를 몰기 시작하면서 완전한 정착 생활이 가능해졌다. 그러나 농사를 짓는 가정들도 오늘날 기업 임원들보다는 훨씬 적은 시간을 노동에 할애했다. 노동은 작물의 주기를 따라 이뤄졌으므로 겨울에는 휴식 시간이 많았다. 줄리엣 쇼르Juliet Schor가 쓴 《과로하는 미국인The Overworked American》에 따르면 영국 농민들은 연간 120~150일을 일했다.[12] 중세 프랑스인의 경우, 매주 돌아오는 안식일이나 겨울 농사 휴지기간을 제외하고도 연간 90일의 휴가가 주어졌다.

어떤 과업을 처리하든 남성, 여성, 아이들이 함께 일했다. '가정'과 '일'은 한 공간에 있었고, 우리 뇌는 이러한 가족과 부족 중심 환경에서 진화했다.

사실 자녀들이 없는 일터는 비교적 최근에 등장했으며, 1900년대 초반까지도 그리 보편적이지 않았다. 산업화 시대가 되어서야 사람들은 가족과 떨어져 공장에서 기나긴 노동을 하기 시작했다.

1940년에 들어 미국이 드디어 주당 40시간 근무를 법으로 정하자 가혹하게 착취당하던 근로자 수백만 명의 숨통이 트였다. 그러나 그 전까지 대부분의 사람들은 일주일에 40시간 보다 적게 일했으며 노동과 자녀 돌봄은 한데 뒤섞여 있었다.

깜짝 놀랄 사실 1800년대 미국에서 기업들이 자리를 잡을 수 있었던 이유는 가족이 경영하는 소규모 농장이나 사업체가 확장을 위한 자금을 필요로 했기 때문이다. 미국 최초의 기업들은 1790년대에 등장했으며 이 젊은 국가의 경제를 이루는 주요 기관이 되었다. 19세기 초기 유럽(특히 영국과 네덜란드)에도 기업들이 존재했으나 미국이 그랬던 것처럼 기업 발전에 전력을 다하지는 않았다.

긴 근무 시간은 성과에 해롭고 건강에는 더 해롭다

기업이 임직원들을 지나치게 오래 일하도록 압박하는 이유는 무엇일까? 나는 테스토스테론과 도파민 신경 지문 유형이 회사 상층부에 대거 포진하고 있는 현실이 그 원인이라는 가설을 세웠다. 이러한 신경 지문을 지닌 사람들은 끊임없는 활동을 즐기고, 잠이 부족해도 잘 버티며, 다른 신경 지문들이 쓰러질 지경이 될 때까지 밀어붙일 수 있는 체력이 있다. 하지만 그들이라고 건강 문제를 피해갈 수 있는 것은 아니다. CEO를 비롯한 최고위 임원들에게 심장마비, 뇌졸중 등의 건강 위기가 자주 찾아오는 것이 그 증거다.

세계보건기구WHO, World Health Organization가 2021년에 5월에 발표한 연구에 따르면 2016년 당시 주당 55시간 이상의 긴 노동으로 심장마비와 뇌졸중을 얻고 사망한 인구는 74만 5,000명이었다. 연구자들은 일주일에 55시간 이상 일하는 사람들의 경우, 35시간 아래로 근무하는 사람들과 비교하여 뇌졸중 위험이 35퍼센트, 심장마비 위험이 17퍼센트 더 높다고 결론지었다.[13]

이 연구는 높아진 발병률의 원인으로 긴 근무 시간이 유발하는 스트레스를 꼽고, 사람들이 과도한 업무에 시달릴 때 나타나는 악습관들도 그 이유가 될 수 있다고 설명했다. 그 예로는 흡연, 음주, 수면 및 운동 부족, 영양가 없는 식사 등이 있다.

대부분의 신경 지문 유형은 잠이 부족할 때 제대로 기능하지 못하고 우리의 생산성은 타격을 입는다. 사람들은 조용히 분을 삭이며 괴로워하거나 새로운 일자리를 알아보는 데 하루 26분씩 시간을 쓸 것이다. 일 중심 문화를 숭상하는 회사들은 필연적으로 다양성과 인재를 잃는다. 특히 여성은 남성보다 하루 평균 30분씩 수면 시간이 더 필요하다.[14] 과도한 근무 시간을 강요하는 회사들은 알지 못하는 새에 여성 인재들을 밖으로 내몰고 있을지도 모른다.

관리자들은 직원이 업무에 시간을 더 할애하면 생산성과 이익이 높아질 것이라고 착각한다. 하지만 기업들은 허드렛일이나 시키려고 값비싼 교육을 받은 젊은 남녀들을 채용하는 것이 아니다. 오늘날 회사 직무에는 사고, 기획, 예측이 포함된다. 기업은 똑똑한 사람들을 채용하면서 혁신과 문제 해결을 기대한다. 그들이 수백만 달러를 절약하게 하거나 기가 막힌 신제품을 고안하게 할 '아하!'의 순간을 맞이하고 싶어 하는 것이다.

다음은 생산성에 도움이 되는 뇌 친화적인 방법들의 예시다.

• 충분한 수면을 취하게 하기
• 운동할 시간과 유인책 제공하기
• 건강한 식단과 간식 제공하기
• 조용하고 평화로운 환경 조성하기
• 업무에 집중할 수 있도록 휴대전화와 이메일 차단 허용하기
• 한 번씩 일어나 주변을 산책하는 등의 휴식을 장려하여 뇌에 활력을 주는 도파민 분비 자극하기

행복 효과

일 중심 문화는 직원들이 자녀 양육을 비롯한 업무 외 과업들을

처리하기 어렵게 만든다. 그로 인해 여성 대부분은 '마미트랙mommy track'에 갇혀버리게 된다. 마미트랙이란 남자 직원들이 빠르게 승진하는 와중에 여성은 자녀 양육에 더 시간을 쓰느라 승진이나 급여 인상을 희생하는 커리어 패스를 말한다. 성별 다양성 확보를 위한 계획들은 지속적으로 실패하며 수백만 달러를 낭비시키고, 회사는 여성의 통찰, 지혜, 혁신을 계속해서 잃어갈 것이다.

한편 취미 활동을 하고 친구나 가족과 시간을 보내며 좋은 음식을 먹고 운동을 하면 일을 더 잘할 수 있는 정서적, 신체적 에너지를 얻을 수 있다. 나는 이를 생산성에 대한 '행복 효과'라고 부른다.

행복 효과의 힘을 보여주는 훌륭한 사례로 EY 시니어파트너인 내 고객 리아즈 샤를 소개하겠다. EY 임직원 34만 명의 교육과 자기계발을 총괄하는 그는 2016년부터 근무 시간을 줄이기 시작했다. 임종을 앞둔 친구와 약속한 대로 런던에 빈곤한 아이들에게 무상 교육을 제공하는 학교를 세우기 위해서였다.

샤는 18개월 동안 일하는 시간을 절반으로 줄였다. 그는 그렇게 확보한 시간을 가난한 아이들에게 최상의 교육을 제공하며 마음껏 기량을 발휘할 수 있도록 지원을 아끼지 않는 따뜻한 환경의 학교를 설립하는 데 썼다. 근무 시간이 줄어든 기간 동안 샤는 자신의 새로운 사명에 집중했고 개교 3년 후 정부 검사관들로부터 신생 학교로서는 기대하기 어려운 높은 등급을 받아냈다.

활력을 되찾은 샤는 교육 민주화를 향한 열정이 가득한 채로 다시 풀타임 근무를 시작했다. 그는 자기 자신의 경험을 바탕으로 세계 최초로 완전히 인가된 기업 MBA 프로그램을 만들어낼 영감을 얻었고 EY 전직원에게 무료로 개방했다.

샤는 계속해서 몇 군데 기업들에게 자문을 제공하고 있으며 그중에는 노숙자를 코딩 전문가로 양성하는 회사도 있다. 샤는 내게 말했다. "일을 줄이고 사람들에게 더 베풀기로 결심했더니 내 삶은 훨씬 더 풍성해졌어요. 놀랍게도 나는 그 어느 때보다도 높은 성과를 내고 있답니다. 그건 내가 행복하고 보람을 느끼기 때문이죠." 또한 샤는 EY의 다른 고위급 동료들에게 자신의 선례를 따르도록 영감을 줄 수 있었다고도 덧붙였다.

깜짝 놀랄 사실 재택근무가 일 중심 문화의 훌륭한 대안으로 보일 수 있겠지만 2020년에 있었던 팬데믹 봉쇄로 그것이 틀렸다는 사실이 입증됐다. WHO가 조사한 바에 따르면 봉쇄 기간 동안 미국, 영국, 오스트리아, 캐나다에서 재택근무를 한 근로자들은 일일 평균 2.5시간 동안 더 일했고 보통 오후 8시 경에 업무를 마무리했다.[15]

"다양한 업계에서 재택근무가 일반화되면서 가정과 일의 경계를 허물고 있다. 하지만 그 어떤 일도 뇌졸중이나 심장마비의 위험을 무릅쓸 만큼 중요하지는 않다. 고용주와 근로자들은 함께 머리를 맞대고 업무 시간의 한계를 정하여 근로자의 건강을 보호해야 한다"라고 WHO 사무총장 테워드로스 아드하놈 거브러여수스Tedros Adhanom Ghebreyesus 박사는 말했다.[16]

MZ세대 여성들이 발언하다

Z세대 여성들은 일 중심 문화에 갇혀버린 것 같다는 취지의 목소리를 점점 더 높이고 있다. 브랜딩 및 행사 코디네이터인 32세의 케이트 플라워스Kate Flowers는 페미니스트&팝 문화 블로그 이세벨에 이렇게 이야기했다. "내 정체성의 90퍼센트는 내가 하는 일이에요." 그녀는 자신만큼 일에 열심인 친구들과 대화를 나눌 때면 무슨 대회라도 나간 기분이라고 말했다. "만나기만 하면 '내가 더 스트레스를 많이 받아', '내가 더 바쁠걸?', '나는 일 때문에 대상포진에 걸렸다니까?' 같은 이야기들을 주고받곤 하죠."[17]

33세 홍보담당자 다니엘 잭슨Danielle Jackson은 인스타그램 스토리에 새벽 5시에 일어나 밤늦게까지 일하는 자신의 모습을 자주 올린다. "난 순진하게도 일 중심 문화를 믿었어요. 성공한 사람의 모습에 걸맞게 살아야 한다는 생각이 머릿속에 있었죠. 언제나 누군가와 바삐 통화를 하면서 하이힐을 신고 또각또각 걸어가는 이미지 같은 것들 말이에요."[18]

젊은 여성 임원들은 일과 자신을 동일시하는 경향이 짙고 성공을 원한다. 그러나 한편으로는 자신의 가치를 증명하기 위해 긴 시간 근무해야 한다는 압박에 질려 있기도 하다. 많은 여성들이 직장 생활을 포기하고 있으며 그와 함께 귀중한 성별 및 신경 지문 유형의 다양성도 사라진다. 《일은 당신에게 사랑을 돌려주지 않는다Work Won't Love You Back》의 작가 사라 자페Sarah Jaffe는 이렇게 말했다. "일에 대한 사람들의 착각은 어디에나 존재합니다. 다음 문제는 그것을 어떻게 해결해야 하는가죠."[19]

유럽의 더 짧은 근무 시간

근무 시간 단축에 동참하는 국가가 늘어나는 가운데 미국은 아직 갈 길이 먼 것 같다. 프랑스는 2000년에 주당 근무 시간을 40시간에서 35시간으로 단축했지만 근로자 생산성에서 일관되게 높은 순위를 차지한다.[20] 본래 프랑스의 35시간 근무제 도입은 실직률을 낮추기 위한 경제 조치의 일환이었다. 현재 이 제도는 프랑스인이 향유하는 건전한 직장과 삶의 균형에 기여하는 주요 요소로서 근로자들의 큰 지지를 받는다.

네덜란드 여성은 일주일에 평균 25시간을 일하며 남성은 34시간 일한다. 따지고 보면 이들은 일주일에 약 4일만 근무하는 것이나 마찬가지이다. 하지만 네덜란드의 생산성은 세계 최고 수준이다. 네덜란드의 생산성이 얼마나 높냐면, 세계인구리뷰World Population Review가 조사한 바로는 네덜란드에서 일주일에 50시간 이상 일하는 근로자의 비율이 고작 0.4퍼센트다.[21]

게다가 네덜란드 근로자들은 매년 봄에 '휴가 보너스'를 받는다. 네덜란드 법에 따라 고용주는 해당 직원이 전년도에 받은 총임금의 최소 8퍼센트를 보너스로 지급해야 한다.[22] 이 돈은 여름휴가가 시작되기 직전에 직원들의 계좌에 입금되며, 직원들은 이 돈을 비행기 티켓, 서핑 레슨, 휴가지에서 즐기는 칵테일 같은 곳에 써야 한다.

사람들이 더 적게 일하고 더 많이 벌면 생산성, 이익, 만족도는 올라갈 것이다. 또한 짧은 근무 시간은 최고의 인재들을 유인한다. 물론 그들을 잘 가려내어 뽑는 것은 회사의 몫이지만 말이다. 결과 중심 문화로의 전환은 다양한 직장 문제들의 강력한 해결책이 될 수 있다. 그 혜택들에는 다음이 포함된다.

- 이직률 감소
- 직원 적극도 향상
- 직원들이 건강을 돌볼 수 있으므로 병가 일수 감소
- 독서와 학습 시간 증가
- 신경 지문 다양성 증가로 자연스러운 성별 및 인종 다양성 제고
- 부모와 자녀의 만족도 증가

이웃 중에 마케팅 회사를 운영하는 CEO가 한 명 있다. 2020년 코로나로 인한 봉쇄 기간 동안 그는 직원들이 집에서 일할 때 효율성이 높아졌음을 깨달았다.

폴은 급여 변동 없이 금요일에 재택근무를 하도록 하는 파격적인 결정을 내렸고 그에 따른 긍정적인 효과는 대단했다. "특히 어린 자녀를 둔 직원들이 이 조치를 반겼죠. 모든 직원의 성과는 그대로거나 더 향상되었어요. 금요일 재택근무를 시작하고 나서 우리 회사는 승승장구하기 시작했답니다." 폴이 말했다.

 뉴질랜드 금융서비스 기업 퍼페추얼가디언은 2020년에 주당 근무 시간 단축을 발표하고 250명의 직원들에게 긍정적인 반응을 얻었다. 회사 설립자 앤드루 반스Andrew Barnes는 말했다. "이 조치의 목적은 일터 효율성을 높임으로써 우리 회사의 생산성을 향상시키는 것이었습니다. 그에 따른 불이익은 하나도 없었죠."[23]

광고회사가 5시간 근무를 시작하다

광고대행사 레인간스디지털인에이블러Rheingans Digital Enabler는 2017년에 5시간 근무제를 성공적으로 정착시켰다. CEO 라세 레인간스Lasse Rheingans는 원래 일하던 광고회사의 극악무도한 스케줄 때문에 어린 자녀들이 있는 가정과 업무의 균형을 찾을 수 없었고, 자신이 직접 회사를 차리기로 결심했다. 그는 '대행사에서 일할 때는 깜깜할 때에 퇴근을 하는 것이 일상이었다'라고 〈비즈니스인사이더〉에 말했다.

밀레니얼 세대 남성들은 지나치게 바쁜 업무로 아버지 역할을 할 수 없는 문제에 대해 불만의 목소리를 높이고 있다. 레인간스는 자신이 이끄는 회사에서 일주일에 두 번씩 오후에 자리를 비우고 자녀들과 시간을 보내기로 결심했다. 놀랍게도 그는 시간이 줄었음에도 불구하고 해야 할 업무를 모두 마칠 수 있었다.

레인간스는 업무에서 시간 낭비의 주범이 끝도 없고 지루하며 진빠지게 하는 회의라는 것을 깨달았다. 사실 이런 불만은 흔하다. 나는 최고위 임원들로 이뤄진 청중에게 강연을 할 때 가장 지루했던 경험이 무엇이었는지 자주 묻는다. 세계 어느 나라, 어떤 회사 사람들에게 물어도 같은 대답이 돌아온다. 회의는 기업계의 가장 큰 시간 낭비 요인이다.

먼저 레인간스는 모든 회의를 15분으로 줄였다. 디지털인에이블러는 매일 아침 그날 처리할 업무를 검토하는 미팅을 연다. 직원들은 사적인 대화를 하지 않고 선 채로 회의에 참석하며 처리할 업무를 신속히 결정하여 각 팀에 배정하면 각자의 자리로 돌아가 일을 시작한다.

사무실 안에는 정적이 내려앉고 사람들은 스마트폰을 집어넣는다. 5시간 근무 동안 소셜미디어 활동이나 꼭 필요한 일을 제외한 사적인 통화 및 이메일은 금지된다. 사람들은 집중력에 도움이 되는 조용한 분위기를 인정하고 또 좋아한다. 음악이 있어야 집중이 잘되는 직원들은 헤드폰을 쓴다.

직원들은 하루 8시간 혹은 그보다 오래 일한 것과 동일한 결과를 달성해야 한다. 직원들은 예전과 같은 급여와 휴가 수당을 받는다. 5시간 넘게 근무를 하고 싶더라도 초과근무 수당을 받지는 않는다.

5시간 근무제를 시작하고 나서 레인간스는 갈등 상황이 더 빨리 해결되며 직원들 사이에 잡담 대신 건설적이고 꼭 필요한 대화가 오가기 시작했다는 것을 금세 알 수 있었다. "사람들은 시간 낭비를 원치 않기 때문에 집중력을 유지합니다. 이건 끝없는 배움의 과정이죠." 그가 설명했다. "8시간 근무할 때는 문제를 숨기거나 어영부영 일할 수도 있었어요. 하지만 5시간만 일할 때는 그런 것들이 불가능해요. 자비란 없습니다. 정확히 어떤 영역에 문제가 있고 무엇에 신경을 써야 하는지 적나라하게 드러나거든요. 마치 결점이 있는 곳마다 돋보기를 들이대는 것과 같죠."[25]

레인간스디지털인에이블러의 웹개발자 루카 안잘도Luca Anzaldo는 전 직장에서 하루 최소 9시간씩 일을 했었다. 그는 〈비즈니스 인사이더〉에서 말했다. "내겐 정말 완벽한 제도입니다. 난 계속해서 커피를 만들고 잡담하는 것보다, 5시간 동안 집중해서 일한 다음 다른 활동을 하러 가는 것이 좋아요."[26]

크게 만족한 레인간스는 이 실험을 영구적으로 이어가기로 했다. 그는 독일 리더십 네트워크 셰프사허Chefsache와의 인터뷰에서 다음과 같이 말했다. "내 경험상 긴 근무로는 얻을 것이 하나도 없어요." 레인간스는 근무 시간 단축을 통해 여성이 마미트랙이라는 막다른 골목을 탈출하도록 도울 수 있어 기쁘다고도 했다. "우리 회사에서는 남녀 직원 모두 하루에 5시간 동안 일합니다. 그러므로 개인 사정으로 시간제 근무를 하는 여성들을 덜 가치 있게 여기는 인식도 없어졌죠. 이제 남성도 가족을 위해 오후 시간을 낼 수 있으니 우리는 고전적인 성 역할 분배에 혁명을 일으킨 겁니다"라고 했다.[27]

뇌 촉진제 레인간스디지털인에이블러 직원들은 5시간 근무제를 사랑하지만 팀원 간의 친밀도를 높이는 사적인 대화를 그리워하기도 했다. 그래서 일부 직원들은 금요일 오후마다 자발적으로 모여 함께 음식을 만들고 못 다한 이야기를 나누기 시작했다.

파레토 법칙

결과 중심 문화의 핵심 메시지는 이것이다. '시간을 더 적게 들여 생산성, 만족도, 즐거움을 높일 방법을 알아내라!' 파레토Pareto 법칙을 적용해봐도 좋을 것 같다. 이 법칙은 오직 20퍼센트의 노력이 80퍼센트의 결과를 이룬다는 의미로, 80대 20의 법칙이라고도 알려졌다. 1906년 저명한 이탈리아 경제학자 빌프레도 파레토Vilfredo Pareto가 국가 인구의 20퍼센트가 토지와 부의 80퍼센트를 차지하고 있다는 사실을 관찰한 것을 계기로 이 법칙이 탄생했다.

여러분이 엄청나게 긴 고객사 리스트를 보고 있다고 해보자. 자세히 보면 고객사 대여섯 군데가 전체 수익의 75~80퍼센트를 내고 있을지도 모른다. 모든 고객사들을 관리하느라 녹초가 되도록 일하고 늘 쫓기는 기분을 느끼는 대신, 이 다섯 고객사에 여러분의 시간과 에너지를 집중하면 어떻게 될까? 더 적은 시간에 더 훌륭한 결과를 달성할 수 있을 것이다.

한편, 손이 많이 가는 까다로운 고객사가 여러분의 시간, 에너지, 자원을 80퍼센트나 잡아먹으면서 회사 이익의 20퍼센트에만 기여한다면 그곳과는 거래를 끊는 것이 좋다. 그렇게 하지 않는 것은 번 아웃 증후군으로 가는 티켓을 스스로 끊는 것이나 다름없다.

그러므로 스스로에게 물어보자. 내 하루의 20퍼센트를 이루면서 80퍼센트의 즐거움을 주는 것은 무엇일까? 내 활동의 20퍼센트를 차지하면서 80퍼센트의 에너지를 주는 것은 무엇일까? 가족과 친구 중 어떤 20퍼센트의 사람들이 80퍼센트의 애정과 지원을 내 삶에 보낼까?

결과 중심 문화를 도입하기 위한 7단계 청사진

대부분의 회사들은 일이 잘 안 풀릴 때 또 다른 '훈련'을 도입한다. 그렇게 하지 말고, 어떻게 일터를 바꿔야 더 나은 결과를 얻을 수 있을지 고민해보자. 언제나 그렇듯 사람을 바꾸는 것보다는 일터를 바꾸는 쪽이 더 쉽다.

하지만 이런 변화를 시작하기 전에 팀 사람들에게 어떤 일을 할 것이며 왜 그래야 하는지 설명해야 한다. 결과 중심 문화로 효과를 본 다른 회사들의 사례를 공유하라. 이런 문화적 변화의 장점을 이해한 이들은 더 열정적으로 참여할 것이다.

항상 사람을 바꾸는 것보다는 일터를 바꾸는 것이 더 쉽다.

근무 시간 단축을 시도할 때 적용해 볼 수 있는 7가지 단계를 소
개한다.

1단계: 시범 운영 해보기

소규모 파일럿 프로그램을 운영함으로써 이 '실험'을 통제할 수
있다. 혹시 생각처럼 잘 진행되지 않는다면 직원들의 불평을 최소화
한 상태에서 원상 복귀할 수도 있다.

식품 및 생활용품 대기업 유니레버Unilever는 2020년 12월에 4일
근무제를 시작했다. 유니레버는 시범 케이스로 뉴질랜드 지사를 골
랐고 직원 81명은 급여 삭감 없이 4일 동안 근무하기 시작했다. 대
표이사 닉 뱅스Nick Bangs는 "이번 시도로 유니레버가 직원과 회사
양쪽에게 실질적 혜택을 주는 업무 방식을 채택한 첫 번째 글로벌
기업이 되길 희망한다"라고 말했다.[28]

2단계: 기본 규칙 세우기

다음과 같은 규칙들을 세우면 생산성에 도움이 될 것이다.

- 근무 중 소셜미디어 금지
- 근무 중 휴대전화 꺼두기
- 잡담은 최소화하기
- 근무 중 사적인 통화나 이메일 자제

• '정숙 공간'으로 지정된 곳에서는 조용히 하기

주의를 분산시키는 것들이 없고 조용하여 집중이 잘 되는 업무 공간을 만들어야 한다. 대신 직원들이 동료를 방해하지 않고 자유롭게 대화를 나눌 수 있는 공용 공간도 필요하다. 직원들이 정숙을 유지하거나 사람들을 방해하지 않도록 노력하지 못한다면 칸막이 없는 사무실 형태는 적합하지 않다.

뇌의 양식 단축 근무를 시도할 예정이라면 영양가 있는 아침 식사로 든든하게 하루를 시작하자. 베리류는 뇌 기능을 활성화하는 데에 아주 좋다. 신선한 블루베리와 딸기로 스무디를 만들거나 오트밀 혹은 통밀 시리얼에 베리를 섞어 먹어도 좋다. 〈신경재생연구Neural Regeneration Research〉는 '최근 임상 연구에 따르면 베리류는 노화와 관련된 신경 변성 질환을 예방하고 운동 및 인지 기능을 향상시킨다'라고 보고했다.[29]

3단계: 결과물 검토하기

직원들에게 이 조치의 목적이 월급이나 복지의 축소 또는 직원들을 향한 기대치를 낮추려는 것이 아님을 주지시켜야 한다. 상호 동의한 결과물을 내놓을 능력이 없는 직원들은 회사에 남을 수 없다.

생산성, 이익, 고객 만족도, 직원 및 고객 유지율, 병가 일수 등의 핵심성과지표KPI를 추적하라. 지표가 훌륭하다면 더 과감한 시도를 할 수치적 근거를 확보한 셈이다. 지표가 좋지 않을 경우에는 내용을 재정비하거나 시범 운영하기 전으로 되돌아갈 수도 있다.

유니레버는 시드니공과대학교에 4일 근무 시범제의 경과를 추적하고 평가해달라고 의뢰했다. 1년 후 유니레버는 평가 결과에 따라 전 세계 15만 명 이상 직원들을 대상으로 이 제도를 확대할지 결정할 것이다.

4단계: 회의 제한하기

회의를 유용하고 생산적인 시간으로 탈바꿈시킬 정보들

- 회의 시간은 15분이나 그 이하로 설정하라.
- 회의에 꼭 필요한 사람만 초대하자. 단순히 참여를 위해 아무나 초대하지 말자.
- 자신이 회의에 필요하지 않다고 판단하거나 그 회의가 쓸데없이 시간을 뺏는다고 느끼는 이들이 회의실을 나설 수 있는 권한

을 줘라.

- 타이머를 사용해 참가자의 발언을 최대 2분으로 제한하라.
- 모든 참가자들에게 안건을 간결하게 설명하라.
- 직원들이 자기 일을 마치면 퇴근할 수 있도록 회의 시간은 오전으로 정하라.
- 이메일로 회의를 대체할 수 있다면 그렇게 하라.

깜짝 놀랄 사실 〈MIT슬론매니지먼트리뷰MIT Sloan Management Review〉에 따르면 기업 임원들은 일주일에 23시간을 회의에 쓴다.[30]

5단계: '24시간 연락 가능'이라는 요구를 없앨 것

직원들에게 하루 온종일 이메일이나 문자에 응답할 수 있어야 한다고 요구하지 말아라. 이것은 사생활 침해이고 사람들을 방해하는 행위일뿐더러 사안은 생각만큼 그렇게 급하지도 않다. 그 대신, 고객사들에게 직원들이 언제 연락을 받을 수 있으며 정확히 어떤 수단으로 연락해야 하는지를 명확하게 알려주게 하라. 그와 비슷하게 회사 내 직원끼리 또는 상사나 부하와 연락을 취할 때에도 명확한 경계가 필요하다.

슈테판 아르스톨이 타워패들보드에서 5시간 근무제를 시작했을 때 그는 근무 시간이 반으로 줄어든 여파로 수익도 절반으로 줄지 않을지를 가장 걱정했다. 그러나 영업시간이 짧아졌음에도 불구하고 고객들의 문의 전화 숫자는 동일했고, 주문량은 증가했다.

뇌 촉진제 짧은 근무 시간을 실시할 때 문제가 될 수 있는 한 가지는, 누군가 아플 경우 다른 팀원이 아픈 사람과 자신의 업무를 동시에 처리해야 한다는 것이다. 모든 사람이 최대 효율로 일하는 팀에서는 아무도 대타 역할을 할 여유가 없을지도 모른다. 필요할 때 잠깐씩 도와줄 프리랜서 네트워크를 잘 관리하면 이런 문제에 대처할 수 있을 것이다.

6단계: 기술로 효율 높이기

자동화할 수 있는 것은 전부 자동화하자. 그것이 바로 더 짧은 시간에 더 많은 것들을 달성하게 할 열쇠다. 포장이나 출고 프로그램을 사용하여 창고 관리 시간을 절감하라. 고객 지원 페이지에 비디오 튜토리얼이나 자주 묻는 질문을 올려서 직원들에게 연락하지 않아도 고객 스스로 문제를 해결할 수 있게 하라.

짧은 근무 시간의 묘미는 회사가 직원의 성과에 지장이 없도록 혁신과 기술을 이용하여 힘든 일을 처리할 방법을 찾게 하는 것이다.

7단계: 때로는 유연해지기

직원들에게 근무 시간이 유동적일 수 있다는 점을 알려야 한다. 성수기 등의 이유로 평소보다 더 오랫동안 업무를 해야 할 때도 있다는 점을 인지하게 하자. 그것 또한 전반적인 근무 시간 단축 조치의 한 조건이다. 직원들의 급여는 일한 시간이 아니라 성과에 의해 좌우된다.

테스토스테론이 높은 팀원은 더 오래 일하는 것을 좋아할지도 모른다. 에스트로겐이 높은 신경 지문 유형은 가족과 시간을 보내는 쪽을 선호할 것이다. 성과를 달성한 이상 그 누구도 죄책감을 느끼게 하거나 불이익을 당해서는 안 된다. 목표에 대한 기대치를 명확하게 세우되 직원들이 그것을 달성하는 과정에는 많은 유연성을 허락하라.

집중과 몰입 배우기

여러분의 직장이 실제로 일 중심 문화를 버리고 결과 중심 문화를 채택했으며 근무 시간을 단축하기로 했다고 상상해보자. 처음에는 그저 좋게 느껴지겠지만 곧 불안감이 엄습할지도 모른다. 근무 시간의 1분 1초를 모두 활용한다는 것은 어떤 의미일까? 40분 걸리던 일을 30분 안에 처리해야 한다면 회의 시간에 잠시 멍하니 있거나 콘퍼런스 콜에서 동료가 지루한 이야기를 늘어놓는 동안 몰래 인스타그램을 열어보는 것도 어려워질 것이다. 생각만 해도 지루하지 않은가?

짧은 시간 안에 더 많은 일을 성취하기 위해 집중력을 높인다는 개념이 무시무시하게 느껴질 수도 있겠지만, 사실은 아주 즐겁고 보람찬 일이다. 다음 장에서 '재미, 두려움, 집중'이라는 3가지 키워드를 중심으로 그렇게 만드는 방법들을 알아보겠다.

뇌 친화적인 인터뷰

슈테판 아르스톨
타워패들보드 및 타워전기자전거Tower Electric Bikes CEO

2012년 사업가 슈테판 아르스톨은 ABC 방송의 〈샤크탱크〉에 출연하여 자신의 회사를 홍보하고 마크 큐반의 투자를 따냈다. 그는 2015년 젊은 회사 타워패들보드에 5시간 근무제를 도입하면서 비즈니스계를 깜짝 놀라게 하기도 했다. 그해 타워는 미국에서 가장 빠르게 성장하는 기업으로 Inc.500 리스트 239위를 차지했다. 현재까지 3천만 달러 이상의 매출을 올린 타워는 〈샤크탱크〉가 배출한 가장 성공적인 기업 중 하나가 됐다.

한편 슈테판은 그의 인기 있는 저서 《5시간 노동》에서 짧은 근무 시간이 회사의 수익성을 높일 수 있었던 비결을 공유하고 그의 영향력 있는 아이디어를 전파했다.

프레데리케 아르스톨 씨의 책을 처음부터 끝까지 다 읽었는데, 정말 좋았어요. 혹시 근무 시간을 단축하고 나서 성별 다양성이 향상되었나요?

슈테판 우리 회사에서는 한 번도 성별 다양성이 문제된 적 없어서 잘 모르겠네요. 우리 회사 임원은 대부분이 여성이고, 여성 직원의 비율이 남성보다 높아요. 난 갓 대학을 졸업한 사람들을 채용하길 선호한답니다. 온라인 마케팅은 끝없이 진화하기 때문에 아직 배움의 자세를 유지하는 사람들이 필요하거든요. 또 우리는 성적이 높은 사람들을 찾죠. 타워에서 가장 일을 잘하는 직원들이 바로 이런 A+ 학생들이거든요. 그들은 정말 유능해요. 난 언제나 똑똑한 사람들 중에서도 가장 똑똑한 이들을 찾는데, 솔직히 말해서 그런 그룹의 여성은 남성보다 상대적으로 기회가 적죠. 그러니 오히려 우리에겐 가장 똑똑한 여성을 데려올 기회가 많아지는 겁니다.

프레데리케 한부모 가정의 아빠인 슈테판 씨는 근무 시간을 단축하고 어떻게 삶의 질이 높아졌나요?

슈테판 1인 사업가로 시작한 초창기에는 스스로 일할 시간을 정했어요. 아들이 야구 경기에 나가거나 다른 사정이 생기면 오후 1시나 2시에 퇴근하기도 했고, 또 어떤 때는 '안 돼. 일을 해야만 해. 이번 경기는 가지 않는 것이 좋겠어'라고 생각하기도 했죠. 마음속에 늘 이런 갈등이 있었어요.

난 회사가 얼른 자리를 잡을 수 있도록 숨 가쁘게 일했어요. 하지만 2014년 무렵에는 성과가 아주 좋아서 조금 더 유연한 스케줄에 맞춰 일할 수 있었죠. 그런데 이제 직원들을 거느리기 시작하니까 다른 사람들은 아직 열심히 일하고 있는데 혼자 퇴근하기가 미안하더군요.

그러다 보니, 스타트업이라면 으레 그러듯 고되게 일하는 문화를 굳이 유지할 필요가 있을까라는 생각이 들었어요. 만약 정말 스마트한 사람들을 뽑아서 나와 같은 근무 일정을 제공하면 어떻게 될지 궁금했죠. 모두가 오후 한 시에 퇴근한다면 아이들의 야구 경기에 빠짐없이 참석하지 못할 이유가 없겠죠. 더 이상 마음속으로 갈등하지 않아도 되고요.

프레데리케 5시간 근무제의 가장 큰 장점은 무엇인가요?

슈테판 짧은 근무 시간은 번아웃을 예방해요. 아주 중요한 사실이죠. 시간을 집약적으로 사용하면 집중을 해야만 하고 결국 쉴 시간이 생기게 돼요. 그런 제약이 없으면 나 같은 사람들은 밤낮 가리지 않고 자신을 혹사시킬지도 몰라요. 쉬지 않고 고되게 일하다 보면 효율도, 성과도 떨어지죠.

프레데리케 슈테판 씨는 짧아진 근무 시간 덕분에 '집중 배당금'을 거둬들일 수 있었겠네요. 또한 내가 '전략적 휴식'이라고 부르는 시간을 확보할 수도 있고요.

슈테판 맞아요. 그런데 내가 얻은 가장 신기한 교훈은 사람들이 돈이나 짧아진 근무 시간에 관심이 없다는 거예요. 사람들이 더 관심을 갖는 건 자신의 목적에 얼마나 부합하는가예요.

프레데리케 그게 무슨 뜻일까요?

슈테판 5시간 근무는 순조롭게 진행되고 있었어요. 그런데 갑자기 직원 절반이 회사를 떠나더군요. 그때 이 근무제가 우리 회사 문화를 깨뜨렸다는 사실을 깨달았어요. 직원들이 행복했고 회사 실적도 좋았으니 전부 괜찮다고 생각했지만 사람들은 예전보다 훨씬 더 쉽게 회사를 떠났죠. 그건 스타트업 회사에서 동고동락하며 쌓는 강력한 유대를 더 이상 기대할 수 없었기 때문이었어요. 함께 전쟁터에 나가듯 누군가와 아주 가까워지는 경험 말이죠. 사람들이 회사를 떠나는 건 사실 함께 일하던 동료들을 떠나는 것이거든요. 기존의 강렬한 스타트업 문화에서 잡담이나 사귐 없이 일에 열중하는 문화로 전환하니, 유대감은 훨씬 약해졌고 그만두기가 더 쉬워진 겁니다.

프레데리케 슈테판 씨는 어떻게 대처하셨나요?

슈테판 우리는 효율성 중심 문화를 구축하고 생산성 측정 도구도 만들어냈지만 직원들 사이의 유대는 잃었어요. 그래서 난 1년에 4개월, 여름에서 가을까지만 5시간 근무를 실시하기로 했습니다. 나머지 기간은 스타트업 근무 시간을 유지했고요. 그렇게 하니 5시간 근무의 혜택을 유지할 수 있었죠. 직원들은 더 빨리 일을 처리하고 주문을 이행할 방법을 알아내기 위해 열심히 궁리해야 했거든요. 다른 한편으로는 스타트업 문화의 이점도 다시 누릴 수 있게 됐고요.

이 조치에 실망을 표하거나 권리를 빼앗겼다며 불평하는 직원들도 적지 않았어요. 그래서 5시간 근무제를 회사 수익과 연결시켰죠. '만약' 수익이 늘고 있다면 기간제로 5시간 근무를 진행하는 겁니다. 이제 직원들은 이 제도가 다 함께 쟁취해야 할 특권이라는 사실을 알죠. 타워의 실험은 여전히 진행 중입니다. 효과가 없는 부분은 수정하고, 효과가 있는 부분은 유지해야죠.

프레데리케 정말 멋진데요!

슈테판 근무 시간 단축은 팀이 함께 노력해서 수익을 높였을 때 받을 수 있는 보너스입니다. 이렇게 우리는 직원들의 권리 주장 문제를 완화시키고 회사 문화를 개선합니다. 스타트업 문화는 함께 고생을 나누는 것이니까요. 안 그런가요? 5시간 근무는요? 그리 큰 고생이라 할 수 없죠.

4^장

재미, 두려움, 집중

인터뷰 **제닌 슈바르타우**
티센크루프 글로벌 학습 및 개혁 책임자

얼마나 달성할 수 있는지에 집중하지 말고, 얼마나 푹 빠질 수 있는지에 집중하라.

레오 바바우타 *Leo Babauta*

나는 안절부절못하고 있었다. 조금 있다가 생애 첫 TEDx 강연인 '최고의 성과를 위한 신경과학'을 시작할 예정이었다. 리허설을 셀 수 없이 많이 했고 강연 날짜보다 훨씬 전에 TEDx 팀에게 어떤 기술적 도움이 필요한지도 미리 알려둔 상태였다. "다 잘 될 거야." 나는 아이패드를 손에 들고 강연장에 들어가면서 계속 중얼거렸다. 무대 위에 있는 거대한 스크린에 내 발표 자료가 떠오르는 순간이 무척이나 기대됐다.

꾀죄죄한 기술팀 남자가 케이블을 몇 개 들고 느릿느릿 다가왔다. 하지만 내 아이패드에 맞는 케이블은 없었다. "걱정 말고 아이패드 이리 주세요. 연결해서 무대에 세팅해 놓을게요. 뒤에 가서 좀 쉬시죠." 나는 마지못해 태블릿을 넘겨주고 무대 뒤편으로 갔다.

20분 후 나는 무대 옆에 서서 대기하기 시작했다. 철석같이 믿고 있던 아이패드가 강연대 위에 놓인 것을 보니 얼마나 안심이 됐는지 모른다. 나는 심호흡을 한 뒤 자신 있게 무대 위로 올라서며 자기소개를 시작했다. 청중들은 내 농담에 웃기도 하고 내가 전하는 메시지에 진심으로 집중하는 것 같았다. 그리고 나는 아이패드를 들고 펜슬로 첫 번째 그래프를 그리기 시작했다. 헌데 스크린에는 아무것도 나타나지 않았다.

맙소사! 나는 가까스로 얼굴에 미소를 고정한 채 생각했다. 다시 한번 해봤지만 화면은 여전히 텅 비어있었다. 나를 비추는 스포트라이트와 천 명 가까이 되는 청중들의 시선이 따갑게 느껴졌다. 나는 돌진해오는 거대한 트럭 헤드라이트 앞에서 발발 떠는 사슴이 된 기분이었다. 그러다가 어느 이유에선지 정신이 확 들었다.

"좋습니다. 화면 없이 그냥 진행하죠." 나는 이렇게 말하고 강연을 이어나갔다. "우리 뇌는 때로 너무 심심해서 최고의 성과를 발휘하지 못하기도 합니다. 뇌는 게으름뱅이거든요. 따분한 회의 같은 상황에서는 최고 성과를 낼 수 없다는 뜻이죠. 또 어떤 때는 너무 큰 스트레스 때문에 우리 사고가 정지되기도 한답니다. 방금 전에 제가 그랬던 것처럼 말이죠!"

청중들이 웃음을 터뜨렸다. 나를 비웃은 것이 아니라 나와 함께 웃은 것이다. 난처한 상황에 대한 공감과 이 문제를 어떻게든 극복해보려는 강한 의지가 청중의 마음을 움직인 것 같았다. 그 순간 놀랍게도 나는 최고의 성과를 낼 수 있는 상태에 돌입해 있었다. 무대에 있는 동안 재치 있는 농담, 즉흥적인 아이디어, 새로운 통찰 같은 것들이 머릿속에 퐁퐁 솟아나기 시작했다. 솔직히 그전까지는 리허설을 너무 많이 해서 그런지 지루함마저 조금 느꼈었다. 그런데 예기치 않은 기술 문제가 발생하여 꼭 필요한 양의 아드레날린 분비를 촉진하자 나는 '몰입' 상태에 빠져들었다.

나중에 다른 지역의 TEDx 스태프가 내게 다가와 물었다. "강연 중에 아이패드가 잘 작동하지 않은 건 극적인 효과를 내려고 일부러 의도한 건가요?" 나는 "아니요"라고 대답하면서 '하지만 그랬던 거라면 좋았겠네요'라고 속으로 생각했다.

최고 성과란 여러분의 능력을 최대치로 발휘하면서 일하는 즐거운 경험을 말한다. 이때 여러분의 뇌는 신경화학물질의 훌륭한 조합을 만들어 별 힘을 들이지 않고도 지금 하는 일에 완전히 푹 빠지게 해줄 것이다. 여러분은 순간에 충실해지고 삶에 애정이 넘칠 것이며, 시간 가는 줄 모를 수도 있다. 연구에 따르면 우리 정신이 이런 상태에 있을 때는 생산성이 '다섯 배'나 높아진다.[1] 이 상태를 '몰입flow'이라고도 한다.

올바른 조합

TEDx 강연에서 겪은 대혼란은 나를 최고로 성과를 낼 수 있는 상태에 몰아넣었다. 그 이유는 내가 도파민이 높아 늘 새로운 것을 찾는 감각 추구자sensation seeker이기 때문이다. 나는 롤러코스터를 즐긴다. 강연날 겪었던 기술적 난관은 집중력을 가다듬기에 딱 적당한 양의 두려움을 일으켰다.

나는 에스트로겐과 옥시토신도 높은 신경 지문 유형으로, 사람들과 관계맺는 것을 아주 좋아한다. 더 이상 아이패드에 의지할 수 없었을 때 나는 청중들과 정서적 공감대를 형성해야만 했다. 당시 나는 발표를 망치지 않으려면 관계를 쌓아야 하며, 그것도 아주 빠르게 그래야 한다는 것을 알았다. 아주 재미있는 경험이었다. 내 감정을 진솔하게 나누자 사람들은 긍정적으로 반응했고 나는 에너지와 기쁨을 얻을 수 있었다.

하지만 이점이 중요하다. 내가 경험한 재미와 두려움은 '내' 신경 특성에 적합한 조합이었다. 만약 세로토닌이 높은 사람이 나와 비슷한 정도의 두려움을 무대에서 느꼈다면 에너지가 생기는 것이 아니라 강연에 지장이 생겼을지도 모른다. 이 유형의 사람들은 놀이동산에 들어온 최신 롤러코스터는 타지 않으려 할 것이다. 내가 그 사람들보다 더 잘났다는 뜻이 아니라 그저 우리의 신경 지문이 서로 다르다는 것이다. 각 신경 지문 유형의 사람들이 뇌의 특성을 최대로 활용하여 최고의 성과를 낼 수 있으려면 두려움, 재미, 집중이 저마다 다른 비율로 조합되어야 한다.

몰입이란 무엇인가?

최고 성과를 '몰입'이라고 부르기도 한다. 몰입은 우리가 에너지와 집중력을 유지한 채로 어떤 활동에 완전히 빠져있는 정신 상태다. 어떤 이들은 이를 '무아지경'이라고도 표현한다. 몰입은 개인과 집단 모두에게 모두 일어날 수 있으며 그와 관련된 내용은 10장에서 자세하게 다룰 것이다.

우리 대부분은 뇌의 특성을 최대로 발휘할 때 찾아오는 흥분감을 알아차릴 수 있다. 더 이상 시간의 흐름이 느껴지지 않고 의구심이나 자의식이 증발되며 지금 하는 일에 완전히 빠진 기분이 든다. 꼭 지금 하는 일과 사랑에 빠지는 것과 같다. 이 짧은 마법 같은 순간에 여러분의 일은 세상의 중심이 된다.

맥킨지가 수행한 연구에 따르면 우리 생산성은 몰입 상태에서 다섯 배 높아진다.[2] 원할 때마다 이 상태에 들어갈 수 있다면 어떻게 될지 상상해보라. 픽사Pixar나 SAP 같이 선견지명이 있는 회사들은 직원이 책상에 앉아 보내는 시간에 연연하는 대신 몰입 상태에 들어가는 법을 가르치는 것이 훨씬 중요하다는 사실을 인정한다. 일 중심 문화를 결과 중심 문화로 바꾸려는 회사들은 직원이 더 적은 시간 안에 더 많은 것을 달성할 수 있도록 몰입을 가르쳐야 한다.

뇌의 양식 아난다미드는 마리화나의 향정신성 화합물인 THC와 같이 우리 뇌의 수용체에 결합하는 신경전달물질이다. '아난다미드 anandamide라는 단어의 어원은 '황홀'이나 '기쁨'으로 번역되는 산스크리트어 'ananda'이다. 아난다미드 수치를 높여주는 식품으로는 사과, 블랙베리, 다크 초콜릿이 있다.

몰입한 당신의 뇌

우리가 몰입 상태에 빠지면 뇌에서 신기한 일들이 일어나기 시작한다. 먼저 우리 '내면의 비평가'가 자리 잡은 구역인 전전두피질이 비활성화되면서 자기 불신과 불안감이 사라진다.

그 다음에는 오른쪽 두정엽이 비활성화 되는데, 이 뇌 영역은 우리 개인의 자아를 다른 자아들과 구별하는 역할을 한다. 그래서 몰입에 빠진 등산가들이 산과 내가 하나가 되었다고 말하고, 서퍼들은 자신이 곧 파도가 된 기분이라고 말하는 것이다.

뇌는 강력한 신경전달물질을 내뿜기 시작한다. 도파민, 노르에피네프린이 폭발하면 고도의 집중력이 생기고 흥분과 긍정적인 기분을 느끼게 한다. 아난다미드가 솟구치며 강렬한 집중력을 발휘하게 하고 틀에 벗어나 생각하거나 브레인스토밍하는 능력이 강화된다. 아난다미드는 수평적 사고력, 즉 동떨어진 아이디어들 사이에서 연관성을 찾아내는 능력을 신장시킨다. 따라서 몰입했을 때는 패턴을 알아보는 능력이 높아지거나 깨달음의 순간을 맞이할 수 있다. 엔도르핀이 상승하면 쾌감이 생기고, 그 기분 좋은 느낌은 아름다운 몰입의 순간에 머무를 동기가 된다.

노르에피네프린NE은 노르아드레날린이라고도 불리며 스트레스 호르몬과 신경전달물질의 역할을 동시에 한다. 노르에피네프린 활동이 왕성해지면 기억 형성 및 복구 능력과 주의력이 강화된다.

노르에피네프린은 행복을 느끼게 하기도 한다. 카페인은 뇌의 노르에피네프린 활동을 촉진하며 일부 기분 전환용 약물들은 노르에피네프린과 도파민을 인공적으로 증가시켜 희열을 느끼게 한다.

마지막으로 여러분이 몰입 상태에서 서서히 빠져나올 때는 세로토닌과 옥시토신이 분비되면서 편안한 느낌이 든다. 같이 일하던 팀과 함께 몰입 상태에 빠졌다면 아주 특별한 능력과 생산성을 함께 경험한 후 흥분이 서서히 가라앉는 동안 유대감이 생기고 서로를 향한 호감을 느낄 수 있을 것이다.

깜짝 놀랄 사실 내 고객들은 최고 성과를 위해 신경전달물질 촉진제를 먹어도 되냐는 질문을 많이 한다. 내 대답은 언제나, "안돼요!"이다. 두뇌는 아주 복잡하게 얽히고설킨 시스템이기 때문에 우리가 억지로 특정 신경전달물질의 수치를 높일 경우 다른 물질이 억제되면서 예기치 못한 악영향이 생길 수 있다. 언제나 자연스러운 것이 최고다.

몰입이 당신의 마음을 활짝 연다

몰입은 기분만 좋아지게 하는 것이 아니라 우리로 하여금 마음을 열게 하는 매우 생산적인 상태를 만들기도 한다. 몰입 상태에서 '자아' 의식을 잃었을 때 우리는 더 개방적인 자세로 그 전에는 반대했을지 모르는 타인의 아이디어를 수용하기도 한다. 몰입 전문가 스티븐 코틀러Steven Kotler는 반대 의견을 떠올리거나 수평적 사고를 시도함으로써 기업의 혁신을 촉발할 수 있다고 이야기했다.[3]

어떤 사람들이 특히 몰입을 잘할까? 바로 에스트로겐이 높은 신경 지문 유형이다. 신경과학자들은 확산텐서영상DTI, Diffusion Tensor Imaging을 이용하여 여성의 뇌 양쪽 반구의 연결이 남성보다 더 활성화되어 있다는 사실을 알아냈다. 이는 여성들이 수평적 사고에 뛰어난 경향이 잘 나타나는 이유로 볼 수 있다.[4] 여성을 더 많이 고용하고 그들의 사고방식을 존중함으로써 일터에서 수평적 사고의 장점을 누릴 수 있다.

테스토스테론이 높은 신경 지문을 가진 사람들은 찬찬히 깊이 생각하는 에스트로겐 유형의 동료들을 답답해할 수 있다. 충분히 이해할 만하다. 내 남편은 에스트로겐 유형인 내가 마음속에서 각종 아이디어가 진열된 쇼핑몰을 꼼꼼히 둘러보는 동안 테스토스테론이 높은 뇌를 질질 끌고 뒤를 따라다니며 인내하는 법을 배웠다. 남편은 결국 내가 결론에 다다를 것이며 그것이 좋은 결정일 때가 많다는 사실도 안다. 내가 반대 의견들을 신중히 검토하고 심사숙고하면서 통찰을 찾는 중이라는 것을 이해하기 때문이다.

뇌 식히기 우리가 스트레스를 받으면 뇌는 진폭이 작고 빠른 베타파를 내보낸다. 몰입 상태가 되면 뇌는 더 크고 느린 알파파를 생성하며, 이때 우리 정신은 기분 좋고 몽롱한 상태가 된다. 우리가 더 깊이 몰입하기 시작할 때는 알파파와 함께 진정 효과가 있는 느린 세타파가 방출된다. 세타파는 가장 파동이 빠르고 감지하기 어려운 감마 진동을 위해 뇌를 준비시킨다. 감마파는 우리를 깨달음의 순간과 창의적인 아이디어로 이끈다.

재미, 두려움, 집중으로 몰입 일으키기

이전 장에서 우리는 일부 기업이나 국가들이 일 중심 문화를 버리고 결과 중심 문화로 전환하고 있다는 것을 배웠다. 그들은 생산성과 직원 만족도 향상을 위해 근무 시간을 단축했고 결과는 아주 훌륭했다. 직원들이 단축된 근무 시간으로 시간적 압박을 느끼면서 일찍 집에 가기 위해 '집중 업무'에 전력을 다하는 동안 극도로 생산성을 높이는 '집중 배당금'이 생길 수 있다.

하지만 도대체 어떻게 더 많은 일을 더 짧은 시간 안에 처리한다는 걸까? 몰입이란 가뭄에 콩 나듯 운 좋게 나타나는 기이한 현상일 뿐일까?

이제부터 엄청난 비밀을 하나 알려주겠다. 여러분은 이렇게 생산성을 마구 높여주는 몰입을 '계획적으로' 일으킬 수 있다! 크게 성공한 사람들은 이 사실에 근거한 삶을 산다. 나는 고객들에게 필요할 때마다 몰입에 빠져 집중 배당금을 거두는 법을 가르친다. 누구나 그렇게 할 수 있다.

몰입 상태에 있음을 명백하게 느끼게 하는 3가지 신경화학물질은 도파민(재미), 노르에피네프린(두려움), 아세틸콜린(집중)이다. 사실 진짜로 필요한 건 재미와 두려움 두 가지다. 적정한 수준의 재미와 두려움만 있다면 집중은 자연스럽게 따라올 것이다. 이제 재미, 두려움, 집중으로 우리 뇌를 해킹하여 원할 때마다 몰입에 빠지는 방법을 알아보겠다.

업무에서 재미를 느낀다고?

재미에 대해 먼저 얘기해보자. 업무가 재미있어야 할 이유는 무엇일까? 회사가 일을 하라고 돈을 주는 것이지 재미있게 놀라고 돈을 주는 것은 아니지 않은가?

우리가 재미를 느낄 때 주요 뇌 촉진제인 도파민이 분비된다. 뇌에 도파민이 가득하면 더 신속하게 사고하고 학습할 수 있기 때문에 환상적인 효과가 일어난다. 언제나 모두를 웃게 했던 내 동료를 기억하는가? 웃음은 도파민을 폭발시키고 도파민은 집중을 도우니, 절대 이런 사람들을 놓치지 말자.

언젠가 나는 최고위급 임원들에게 재미, 두려움, 집중을 주제로 강연을 했다. 사람들이 '최고 성과' 강연을 들으러 회의실에 모여드는 동안 나는 노트북을 세팅하고 있었다. 임원들이 속으로 투덜대는 소리가 들리는 것 같았다. 내가 지루한 파워포인트 프레젠테이션으로 오전 내내 그들의 진을 빼놓으리라고 생각한 것이 분명했다.

나는 간단히 자신을 소개한 후 노트북을 보려고 등을 돌렸다. 언뜻 보니 사람들은 잽싸게 휴대전화를 꺼내 맹렬한 속도로 화면을 스크롤하거나 터치하고 있었다.

나는 조용히 웃음을 삼켰다. 그들은 앞으로 이곳에서 무슨 일이 벌어질지 전혀 모르는 눈치였다. 곧 스티븐 브라운Stephen Brown이 회의실을 발칵 뒤집어 놓을 예정이었다.

스티븐은 거의 언제나 청바지에 후드티 차림이며 턱수염을 기른 느긋한 성격의 남자다. 그가 커다란 가방을 어깨에 걸치고 느릿느릿 회의실 안으로 들어오자 임원들은 아주 잠깐 눈길을 주고는 다시 휴대전화에 시선을 고정했다. 스티븐을 내 운전기사나 무거운 짐을 들어주는 사람쯤으로 생각한 것 같다.

사실 스티븐은 파이어워킹인터내셔널Firewalking International의 창립자다. 그는 공인 파이어 워커(불 위에서 걷는 사람)로서 큰 성공을 거뒀고 세계 곳곳에서 훈련이나 팀 빌딩 프로그램을 이끈다. 스티븐은 사무실 안에서 불을 지폈을 때 사람들의 이목을 이끌어 눈총을 받지 않을 수 있도록 회사에 적합한 특별 세팅을 고안했다.

스티븐은 가방을 내려놓고 빈 와인병을 꺼낸 다음 바닥에 힘껏 부딪혀 깨뜨렸다. 쨍그랑! 이제 그는 병을 하나 더 꺼내서 또 다시 바닥에 깨뜨렸다. 와장창!

임원들은 휴대전화를 떨어뜨릴 뻔했다. 그들이 놀라서 스티븐을 바라보는 동안 나는 웃지 않으려 애쓰며 차분하게 서 있었다.

쨍그랑! 병 하나가 또 깨졌다. 스티븐은 바닥이 온통 유리 조각으로 덮일 때까지 와인병을 깨뜨렸다. "안녕하세요 여러분. 이제 일어나서 몸을 좀 움직일 시간입니다." 그가 느릿느릿 말했다. 내가 신발을 벗어 던지자 임원들이 나를 빤히 쳐다봤다.

"어서요!" 내가 말했다. "신발을 벗어 주세요." 나를 향한 시선들은 더 강렬해졌다.

"농담이 아니에요. 이제 움직입시다. 날 따라오세요." 나는 단호히 말하고 스타킹 신은 발로 조심조심 발걸음을 뗐다. 그동안 스티븐은 깨진 유리 위를 살살 걷는 방법을 보여주고 있었다. 사람들은 나를 따라 유리 조각 위에서 걷기 시작했고 곧 시끌벅적하게 웃으며 서로를 붙잡고 매달렸다. 약간의 두려움과 재미가 생기자 모든 사람들이 눈앞의 과제에 완전히 집중했다.

 놀라움이나 새로운 것들이 우리의 도파민 수치를 높인다. 여러분이 놀라움을 느낄 때마다 뇌는 도파민을 분비한다. 또한 여러분이 무언가 새로운 것을 보거나 경험할 때에도 뇌는 도파민을 분비시키는 방식으로 반응한다.

도파민을 빠르게 높이는 법

업무 중에 빨리 도파민을 높일 수 있는 네 가지 방법을 소개한다.

1. 회의 시간을 극적으로 줄여라. 지루한 회의에 오래 앉아 있는 것만큼 도파민을 낮추는 행위는 없다.
2. 운동을 하라. 45분 동안 강렬하게 집중한 후에는 일어나서 15분 동안 운동을 하자. 밖에 나가 산책을 하든 헬스장에 가서 스쿼트를 하든 도파민을 끌어올릴 수 있는 활동을 하라.
3. 좋아하는 개그 프로그램으로 유튜브 플레이리스트를 만들자. 여러분을 박장대소하게 만들 무언가를 5분 동안 시청하라.
4. 낙천적이고 긍정적인 사람들을 채용하라. 면접에서 불평을 많이 하는 등의 '에너지 흡혈귀'들을 가려내라.

자기 일을 사랑해야 한다

한 가지 경고를 하고 싶다. 여러분이 자신의 일을 싫어한다면 이 모든 것들이 아무런 효과가 없을 것이다. 진정으로 사랑하는 일을 찾기가 쉽지 않다는 것은 안다. 하지만 가장 성공한 사람들이 하나같이 자기 일을 사랑하는 건 우연의 일치가 아니다. 그들은 도파민 열차에 올라타 재미있고 신나게 일하면서 맞닥뜨리는 도전에서 긍정적 자극을 받는다.

우리가 자기 일을 싫어하면 뇌는 도파민에 굶주리게 된다. 여러분은 일하는 내내 자신을 억지로 끌고 가는 기분이 들 것이다. 진정한 즐거움에서 비롯되는 도파민 자극이 없다면 몰입을 시작하고 자신의 잠재력을 끌어올리는 것이 불가능하다.

내가 할 수 있는 최선의 뇌 친화적인 충고는 여러분의 마음을 사로잡는 일과 직장을 찾으라는 것이다. 그런 일을 찾기 전까지는 퇴근 후 저녁시간이나 주말을 더 재미있게 보내는 연습을 하라. 그것이 뇌에 주는 긍정적인 효과를 알아차릴 수 있을 것이다.

또 한 가지, 노련한 사람들은 더 수월하게 몰입할 수 있다. 일에서 몰입을 경험하고 싶다면 능숙해지도록 노력해야 한다. 프로 운동선수나 예술가들은 자신이 하는 일을 좋아하고 동시에 자기 능력의 한계를 확장하려고 노력하기 때문에 몰입을 더 잘 경험할 수 있다.

재미는 보는 이의 눈에 달려있다

누군가가 재미있어하는 일이 다른 신경 지문 유형에게는 미치게 하는 일일 수도 있다. 친구가 어떤 활동을 재미있다고 하지만 여러분은 눈곱만큼도 그런 느낌을 못 받을 때가 있을 것이다. 여러분이 잘못된 것이 아니다. '스스로'에게 그런 도파민 자극을 줄 수 있는 다른 무언가를 찾아야 한다.

최근에 내 친구 몇몇이 요가를 극찬하며 자신들의 삶이 어떻게 바뀌었는지를 말해줬다. 친구들은 마음이 차분해지고 자세가 교정되었음은 물론 다리 근육도 탄탄해졌다고 열성적으로 이야기했다. "나도 등록할래!" 나는 단박에 말했다.

나는 요가로 단련된 친구들의 탄탄한 다리를 떠올리며 신나게 첫 수업에 들어갔다. 하지만 수업 시간은 내 생에 가장 길게 느껴졌던 60분이 됐다. 요가를 배우는 내내 한 생각이라곤 '언제까지 지루한 음악을 들으며 이 지루한 자세를 유지해야 하지?' 뿐이었다.

기억할지 모르겠지만 나는 에스트로겐과 도파민이 높은 신경 특성을 지녔고 롤러코스터를 사랑한다. 나는 요가 수업이 끝난 후 그동안 쌓인 스트레스 호르몬을 없애기 위해 격렬한 달리기를 하러 나가야 했다.

여섯 살 답지 않게 차분하고 조용한 내 딸 베니타의 이야기를 안 할 수가 없다. 어느 날 딸을 데리러 갔는데, 같은 반 친구 엄마가 다가와 물었다. "베니타, 주말에 토미의 생일파티에 올 거니? 토미가 엄청나게 기대하고 있어!"

베니타가 대답했다. "너무너무 죄송하지만 참석하지 못할 것 같아요. 약속이 있거든요."

그 엄마는 내게 윙크하고는 말했다. "이런, 약속이 있다니! 도대체 어떤 약속이니, 베니타?" "제 방이랑 약속했어요." 베니타가 진지하게 말했다. 나는 그 엄마가 어떻게 반응해야 할지 고민하는 동안 간신히 웃음을 억눌렀다.

많은 아이들에게 주말 생일파티란 한 주 내내 설레는 마음으로 고대하는 행사다. 아이들은 케이크와 풍선이 장식된 곳에서 달달한 간식에 취해 친구들과 뛰어다닐 그날만을 기다릴 것이다. 하지만 내

딸에게 주말의 하이라이트는 자기 방에서 그림 그리기와 만들기를 하며 몇 시간씩 보내는 것이다. 베니타는 종이, 풀, 반짝이로 내게 화려한 지갑을 만들어주거나 어린 동생들의 장난감을 만드는 것을 세상에서 제일 좋아하는 예술가다.

여러분의 본능을 믿고, 자신의 신경 지문 특성을 존중해주며, 지금 하는 일에 애정을 갖자!

뇌 식히기 몰입에 빠지려면 반드시 자기 자신에게 친절해져야 한다. 스콧 배리 카우프만 박사는 내게 이렇게 설명했다. "내 고객들이 몰입하는 데 어려움을 겪는 이유는 대개 스스로에게 너무 엄격하기 때문입니다. 자신에게 너그러워지거나 서서히 익숙해질 시간을 충분히 주지 않는 거죠. 나는 사람들이 스스로 거는 시간 제약을 없애려고 노력합니다. 어떤 때는 역할극을 통해 그들에게 아무런 압박도 없다고 믿도록 돕기도 하죠. 우리는 전전두피질이 심한 자아비판을 하지 않도록 그 영역의 활동을 감소시켜야 해요. 그러려면 전전두피질도 여러분이 하는 일에 푹 빠져 그것과 하나가 되게 해야 합니다."

최적의 스트레스 포인트 찾기

몰입을 시작하려면 재미를 느껴야 한다. 하지만 스티븐 브라운의 유리 걷기에서 잘 드러났듯 우리에게는 약간의 두려움 또한 필요하다. 놀랍게도 우리가 최고의 성과를 발휘할 수 있는 순간은 지금 하는 일이 내 능력과 완전히 맞아떨어질 때가 아니다. 우리는 할 일에 비해 능력이 조금 모자라게 느껴지거나 약간 무서울 때 최고의 성과를 가장 잘 발휘할 수 있다. 발표를 잘할 자신이 없어 걱정된다면 지금이 바로 집중해야 할 때다.

우리 뇌는 도전받은 기분이 들 때 긍정적인 '두려움' 화학물질인 노르에피네프린을 분비한다. 차가운 물에 다이빙하거나 스팀 사우나를 하다가 눈 더미 속으로 뛰어들었을 때 느껴지는 짜릿함을 아는가? 그것이 바로 노르에피네프린이다. 노르에피네프린은 우리가 조금 겁나는 경험을 했을 때 기분 좋은 자극을 준다.

노르에피네프린은 더 빨리 생각하게 해주며, 선뜻 도전에 응하도록 돕기도 한다. 뇌는 게으름뱅이라는 것을 기억하라. TEDx에서 아이패드가 작동하지 않았을 때 내가 그랬듯 우리가 두려움을 느끼지 않는다면 뇌는 최고 성과 모드에 돌입하지 않을 것이다.

여러분이 전혀 두려움을 느낄 수 없다면 일이 지겨워지고 집중하기도 어려워진다. 반대로 일에서 너무 스트레스를 받으면 버거워진 우리 뇌는 쳇바퀴 위의 햄스터처럼 정신없이 달리는 통에 더 이상

고차원적인 사고를 하지 못할 것이다.

우리에게는 저마다 '최적의 스트레스 포인트'가 있다. 이는 우리가 도전을 자각하고 집중력을 발휘하지만 그 일에 압도되지는 않는 지점을 말한다. 여러분이 일관되게 최적의 스트레스 포인트에 다다르는 법을 터득할 수 있다면 지루하거나 과한 스트레스를 받는 사람들보다 훨씬 좋은 성과를 낼 수 있을 것이다.

다음의 그래프는 성과와 스트레스 사이의 흥미로운 관계를 보여준다. 그림에서 알 수 있듯, 스트레스가 전혀 없다고 최상의 성과를 발휘할 수 있는 것이 아니다. 또한 스트레스를 너무 많이 받아도 성과는 급격히 하락한다. 그래프 곡선의 정점이 여러분의 최고 성과 지점이다.

그림1 재미, 두려움, 집중

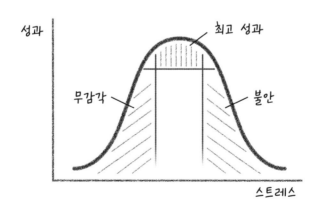

신경 지문과 두려움

가장 효과적으로 성과를 높여줄 두려움의 정도는 사람마다 제각
각 다르다. 다음 그래프에서 곡선의 꼭대기는 여전히 '최고 성과'를
의미한다. 이 그래프를 보면 에스트로겐과 세로토닌이 높은 신경 특
성의 경우 스트레스 정도가 상대적으로 낮을 때 최고 성과에 도달할
수 있다는 것을 알 수 있다. 그와 반대로 테스토스테론이나 도파민
이 높은 신경 지문 유형은 스트레스가 더 많아야 최고 성과에 이를
수 있다.

앞에서 배웠듯, 테스토스테론과 도파민 신경 지문 유형은 나머지
사람들이 죽을 듯이 힘들어하거나 최소한 긴 낮잠을 원할 만큼 스

그림2 신경 지문 유형별 최적의 스트레스 포인트 차이

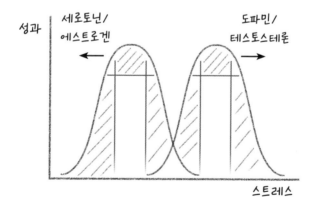

트레스가 높은 환경에서 더 일을 잘할 수 있다. 이 그래프를 보면 왜 그런지 정확히 알 수 있다. 그들의 뇌가 몰입에 빠지려면 더 많은 두려움이 필요하기 때문이다.

서로 다른 뇌를 존중하자

최적의 스트레스 지점은 팀의 관리자라면 꼭 알아둬야 할 귀중한 개념이다. 이제 여러분은 어떤 팀원들이 활약하는 동안 다른 이들은 녹초가 되어 나가떨어지는 이유를 이해할 수 있을 것이다. 테스토스테론 유형에게 적정한 자극이 되는 스트레스 수준은 에스트로겐 유형에게 진을 쏙 빼는 수준일 것이다. 이것은 누군가의 재능, 기술, 생산성과는 상관이 없다. 신경 지문이 달라짐에 따라 스트레스를 처리하는 방식도 달라지는 것뿐이다. 여러분이 동료보다 더 많은 스트레스를 감당할 수 있다고 해서 그들보다 더 '나은' 것은 아니다. 그저 다른 것이다.

신경 지문이 다르면 몰입에 필요한 설정도 달라진다. 어떤 사람들은 조용한 사무실에서 문 닫고 혼자 일해야 최고 성과에 도달할 수 있다. 또 어떤 사람들은 북적거리는 장소에서 노트북을 두드리는 동안 더 수월하게 몰입하기도 한다.

여러분은 팀원 각자의 신경 지문을 존중하고 그에 맞게 스트레스 수준을 조정하여 몰입을 효과적으로 도울 수 있다. 혹시 여러분의 상사가 직원들을 극도의 스트레스에 몰아넣어야 일을 잘할 것이라고 생각하는 사람이라면 지금 설명한 정보를 무기로 그에게 맞설 수 있길 바란다.

 생물학적 관점에서 인간은 늙어갈수록 스트레스 내성이 약해지긴 하지만 경험을 활용해서 그 부분을 보완할 수 있다. 우리는 다양한 경험을 바탕으로 불안과 두려움을 더 잘 다루는 법을 터득하고 최적의 스트레스 포인트를 더 잘 유지할 수 있게 된다.

굶주린 곰 같은 상사

예전에 날 정말 미치게 했던 상사가 한 명 있었다. 우리는 정기적으로 새벽 비행기를 타고 고객사가 있는 지역에 가서 아침에 사무실이 열리자마자 프레젠테이션 준비를 시작하곤 했다. 그런데 내 상사는 비행 전날 밤이 되기 전까지는 파워포인트 자료를 거들떠보지도 않았다.

나는 항상 몇 주씩 전에 발표 초안을 제출해 두었다. 상사의 서류

함에 그 자료가 있었지만 그는 자세히 검토하거나 다듬을 생각이 없는 것 같았다. 그 발표에 수십만 달러가 걸렸든 말든 소용없었다. 나는 걱정으로 제정신이 아니었고 상사는 더할 나위 없이 침착했다.

결전의 날 하루 전 저녁 8시가 되면 상사는 어김없이 만면에 미소를 띠고 내 사무실에 나타났다. "자, 그럼 자료를 같이 볼까?"라고 외치는 그는 마치 겨울잠에서 막 깨어난 굶주린 곰 같았고 어디선가 으르렁 소리도 들려오는 듯했다. 갑자기 상사에게는 자료 수정에 대한 아이디어가 무궁무진하게 떠오르는 모양이었다.

나는 정말로 화가 나기 시작했다. 미리미리 자료를 완성하려고 열심히 노력한 것이 무색하게도 마감 직전에 수정사항을 반영하느라 밤을 지새워야 할 판이었다. 잠도 못 잔 채 비행기에 올라타 고객을 만나러 가야한다니!

결국 나는 그를 앉혀놓고 '재미, 두려움, 집중' 개념을 설명했다. 심지어 성과와 스트레스에 관한 그래프까지 그려줬다. 테스토스테론과 도파민 유형의 경우 집중에 필요한 재미와 두려움의 자극을 얻을 수 있으니 밤을 지새우는 것이 신나는 일일 수도 있다. 게다가 상사는 잠을 거의 못 자도 다음날 일하는 데 전혀 무리가 없는 사람이기도 했다.

하지만 나처럼 에스트로겐과 도파민이 높은 유형에게 이런 방식은 스트레스를 유발하고 완전히 지치게 한다. 내가 최상의 컨디션으로 발표하기를 원했다면 상사는 마감 직전의 검토를 건너뛰고 충분한 수면을 취하게 해줬어야 했다. 결국 우리는 상사가 만족할 때까지 밤새도록 자료를 수정하기로 동의했다. 물론 그 혼자서 말이다. 대신 나는 발표할 때 임기응변을 발휘하여 변경 사항에 대처하겠다고 약속했다.

나는 밤 비행기를 타는 것이 너무 힘들다는 이야기도 했고 결국 하루 먼저 출발하여 호텔에서 충분히 잠을 자는 것으로 합의했다. 다음날 아침에는 내가 먼저 일찍 고객사 사무실에 가서 프레젠테이션에 필요한 준비 작업을 해두기로 했다. 이 방식은 우리 모두에게 효과가 좋았다.

이 이야기의 교훈은 무엇일까? 자신의 최고 성과에 도달하기 위해 필요한 것들은 스스로 챙겨야 한다는 것이다.

아세틸콜린, 집중력의 성배

재미와 두려움을 이리저리 시험하면서 집중에 제일 효과적인 마법의 조합을 찾아보길 권장한다. 우리가 집중할 때 뇌에서는 '집중' 신경화학물질인 아세틸콜린ACh이 분비된다. 아세틸콜린은 마치 스포트라이트 같아서 주의를 분산시킬만한 것들은 어둠 속에 남겨놓고 가장 중요한 아이디어에만 빛을 비춰준다. 두려움과 재미가 없다면 여러분의 게으름뱅이 뇌는 아세틸콜린을 분비하지 않을 것이고 집중하기 어려울 것이다.

업무에 잘 집중할 수 없다면 스스로에게 물어보자. 두려움 수준이 충분한가? 재미 수준은? 두려움과 재미 수준이 적당해지면 자연스럽게 아세틸콜린이 분비될 것이다.

또한 여러분은 몰입에도 더 잘 빠지는 자신을 발견할 것이다. 몰입은 명상과 비슷하다. 우리가 명상 자체를 연습할 수는 없지만, 그 대신 가만히 앉아 눈을 감고 호흡에 유의하며 정신을 가다듬는 연습을 할 수는 있다. 흔들림 없이 정신을 집중하다 보면 차츰 명상의 황홀경에 들어갈 수 있게 된다. 마찬가지로 여러분이 일에 집중하면 몰입의 황홀한 상태에 천천히 들어갈 수 있을 것이다. 그럴 때 우리는 진정한 즐거움을 느낄 수 있다.

뇌 식히기 명상을 수련하는 사람들은 몰입도 더 잘한다. 명상 애플리케이션 헤드스페이스Headspace 공동창업자인 앤디 퍼디컴Andy Puddicombe은 말했다. "우리가 목적을 성취하려면 조금이라도 집중할 수 있는 능력이 반드시 필요하지만 집중력과 마음의 안정을 유지하는 것이 어려울 수도 있다. 그럴 때 명상과 마음챙김이 빛을 발한다. 우리가 마음을 훈련하여 현재에 충실하고 편안함을 유지한다면 맑은 정신과 차분함, 만족스러운 상태를 지속시킬 수 있을 것이다. 그렇게 정신이 분산되지 않은 채 집중하는 법을 훈련하면 몰입을 경험할 확률이 올라간다."[5]

휴대전화는 어떻게 우리의 집중력을 빼앗는가

테니스 선수 세레나 윌리엄스Serena Williams가 윔블던 결승전에 나와 휴대전화를 꺼내고 문자를 보내는 장면을 상상할 수 있는가? 경기 중에 무서운 집중력을 발휘하는 그녀가 그런 행동을 하는 모습은 터무니없게 느껴진다. 아마 윌리엄스는 경기장 절반이 무너져 내려도 아랑곳않고 상대에게 발리슛을 꽂아 넣을 것이다. 그런데 비즈니스계의 상황은 다르다. 가장 전문적이고 유능한 사람들도 여전히 휴대전화가 끊임없이 주의를 분산시키도록 놔두고 있다.

우리는 하루 평균 110번씩 휴대전화를 체크한다.[6] 이 행위는 우리 뇌의 일부 영역, 특히 집중을 관장하는 전대상피질을 오그라들게 만든다. 끊임없이 온라인 상태를 유지할 경우 IQ가 일시적으로 10점 정도 낮아진다고 한다.[7] 사람들은 좀처럼 휴대전화를 내려놓지 못해 집중에 어려움을 겪는다. 도대체 왜 그럴까?

우리는 지루하거나(재미 부족) 스트레스를 받을 때(두려움 과다) 도피기제escape mechanism로서 스마트폰을 사용한다. 휴대전화를 체크하는지 여부로 우리가 몰입에 빠질 수 있을지 없을지를 손쉽게 구분할 수 있다. 뇌는 한 번에 두 가지 일을 효율적으로 처리할 수 없다. 어떤 사람들은 그것이 가능하다고 생각하겠지만 연구에 따르면 우리가 멀티태스킹을 했을 때 실수 빈도가 50퍼센트 늘어나고 일을 마치는 데 걸리는 시간도 50퍼센트 늘어난다고 한다.[8]

우리는 왜 휴대전화에 중독될까?

스탠퍼드대 교수이자 저명한 신경내분비학자인 로버트 사폴스키 Robert Sapolsky는 우리가 휴대전화를 놓지 못하는 이유로 '혹시' 만큼 우리를 잘 중독시키는 것은 없기 때문이라고 말했다. 우리가 SNS에서 새 알림을 받을 때마다 타인과의 상호작용이라는 보상이 주어질 '가능성'으로 인해 도파민이 소량 분출된다. 어떤 때는 정말 보상이 있지만 그렇지 않을 때도 있다. 하지만 "도파민에게 중요한 건 쾌감이 아니라 쾌감에 대한 기대다. 행복 그 자체가 아닌, 행복에 대한 추구다"라고 사폴스키 교수는 설명했다.

로버트 사폴스키는 목적지향적인 행동을 가장 잘 유도하는 것은 간헐강화intermittent reinforcement **일관되지 않고 간헐적으로 보상이 주어지는 것, 옮긴이 주**라고 설명했다. 우리는 일이 따분해질 때 휴대전화를 들고 자극을 찾기 시작한다. 스트레스가 너무 심해질 때도 휴대전화를 들고 잠깐이나마 근심 걱정이 없는 세계로 도피하고 싶어 한다.

그 욕구를 충족시킬 때마다 여러분은 먹이를 주듯 휴대전화 중독을 강화시키는 셈이다. 뇌에는 가소성이 있기 때문에 주의력 지속 시간은 감소할 수밖에 없다. 우리는 이메일이나 소셜미디어에 정신을 뺏기며 끊임없이 멀티태스킹을 한다. 가소성이 있는 우리 뇌는 '나는 단 한 번도 주의력을 오래 집중시킬 필요가 없었어. 그러니 집중력을 길러야 할 이유도 없지'라고 생각할 것이다.

주의력 지속 시간을 늘리고 싶다면 휴대전화를 끄고 서랍에 넣어둬라. 꼭 필요하다면 한 시간에 5분씩만 체크하고 다시 집어넣어야 한다. 레인간스디지털인에이블러와 같이 결과 중심 문화로 전환한 회사들은 직원들이 사무실에 오자마자 휴대전화를 치워두게 한다.

 뇌 촉진제 휴대전화를 잠시 꺼두는 시간대를 정해보자. 막연하게 휴대전화 사용 시간을 줄이겠다고 말하는 대신 '언제-어떻게'를 포함한 법칙을 만들어라. 예를 들어 '저녁 시간이 되면 휴대전화 끄기' 또는 '집중 업무를 할 때는 휴대폰을 45분 동안 꺼두기'와 같은 규칙을 정하는 것이다. 이런 간단한 기법을 실행의도implementation intention라고 부른다.

나 홀로 회의

여러분은 이미 내가 회의를 그다지 좋아하지 않는다는 것을 알고 있을 것이다. 하지만 내가 정말 좋아하는 회의가 하나 있다. 바로 자기 자신과 하는 회의다. 나는 이것을 '나 홀로 회의'라고 부른다. 여러분은 이 시간 동안 다른 사람들의 요청을 들어줄 수 없다. 휴대전화를 끄고, 문이 있다면 닫아둬야 한다.

이 회의의 목적은 몰입 상태에서 집중 업무를 처리할 시간을 의식적으로 빼두는 것이다. 중요한 발표를 준비하거나 해결해야 할 중대한 문제가 있을 때 이 '나 홀로 회의'를 일정에 넣어라.

어떤 회사들은 팀 차원에서 이런 조치를 하기 시작했다. 그들은 '집중 금요일'을 지정하고 그날엔 어떠한 회의도 잡지 않는다. 직원들은 아무 방해 없이 제대로 집중할 수 있는 하루를 선물 받는 것이다. 여러분이 칸막이 없는 사무실 같은 공간에서 일한다면 집중하기 더 어려운 것이 당연하다. 또한 개방된 공간이 너무 많으면 소통은 오히려 줄어든다. 왜일까?

사람들이 집중을 위해 숨으려고 하기 때문이다. 하버드 경영대학원 연구에 따르면, (개방된 사무실에서) 공간의 경계를 없애버리면 협동과 집단지성이 오히려 감소할 수 있다고 한다.[10]

전략적 휴식

여러분이 몰입 상태에 빠지는 데 능숙해지면 '전략적 휴식'이 필요해질 것이다. 몰입은 에너지를 굉장히 많이 소모한다. 우리가 몰입하는 동안 뇌 속에서는 신경전달물질들이 휙휙 돌아다니며 성과를 최대치로 끌어올려준다. 따라서 몰입에서 빠져나왔을 때는 쉬는 시간을 정하여 신경전달물질들을 보충하고 신경 균형을 회복해야 한다.

전략적 휴식이 있어야 높은 성과를 유지할 수 있다. 최고의 성과를 출력하는 강렬한 시간 후에 회복함으로써 다음번에 조금 더 수월히 최고 성과에 도달할 수 있을 것이다. 운동선수들은 하루 24시간 온종일 훈련하지 않는다. 휴식 기간을 정해두기 때문에 성과를 극대화할 수 있는 것이다.

안타깝게도 비즈니스 세계에 있는 우리들 대부분은 그렇게 하지 못한다. 조금이라도 멈추는 시간을 가지면 죄책감이나 게으름을 피우는 느낌이 든다. 쉬는 시간 하나 없이 일을 하고서는 에너지가 소진되어 극심한 피로를 느끼면서, 기분이 엉망이고 집중할 수 없는 이유를 궁금해 한다.

절대로 전략적 휴식에 죄책감을 느껴선 안 된다. 이 또한 몰입 사이클의 한 부분이다. 시간을 내서 재충전하는 것은 게으른 것이 아니며 정기적으로 최고의 성과를 내고 싶다면 꼭 필요한 부분이다.

진지하게 휴식을 대하는 사람이 다른 이들보다 앞서나갈 수 있다.

나는 기조연설 후에 늘 스파를 예약해 둔다. 청중 앞에서 45분 내지 1시간 연설을 하려면 몰입 상태를 유지할 수 있어야 한다. 또한 강연 장소로 이동하고 많은 사람들을 만나며 수많은 질문에 답을 하다 보면 녹초가 되기 일쑤다. 그래서 나는 마사지나 사우나 예약을 잡는 방식으로 전략적 휴식 시간을 마련한다. 대부분의 스파는 24시간 전에 취소 통보를 해야 하기 때문에 빠져나갈 수 없는 휴식 일정을 잡아둠으로써 나는 그 시간 동안 뇌를 재충전할 수 있다.

다음 장에서 우리는 휴식과 재충전을 위해 양질의 수면을 취하고 건강한 식단을 유지하며 운동하는 방법을 알아볼 것이다. 여러분은 원할 때마다 몰입 상태에서 일을 하려면 정확히 어떻게 전략적 휴식을 활용해야 하는지 배우게 될 것이다.

뇌 친화적인 인터뷰

제닌 슈바르타우
티센크루프 글로벌 학습 및 개혁 책임자

나는 2009년에 티센크루프 아카데미에서 '지속 가능한 최고 성과' 프로그램을 진행하면서 당시 감독자로 있던 제닌 박사를 만났다. 현재 그녀는 티센크루프 글로벌 학습 및 개혁 책임자이기도 하다. 티센크루프 아카데미는 이 독일 다국적 대기업의 사내 교육과 조직 발전의 보금자리이며 박사는 티센크루프 아카데미의 초창기 콘셉트에 대한 자문을 제공하다가 2008년도에 회사에 합류했다. 그때부터 박사와 열정적인 팀은 티센크루프 아카데미를 회사 개혁의 원동력으로 발전시켜왔다.

프레데리케 박사님이 보시기에 최고 성과 프로그램의 특별한 점은 무엇인가요? 이 프로그램의 효과는 어떠했나요?

제닌 프레데리케 씨는 일터를 뇌 친화적이고 생산적인 환경으로 탈바꿈시킬 수 있는 실용적인 방안들을 알려줬죠. 당신은 개인의 최고 성과와 관련된 뇌 이론을 설명했고 그것을 삶과 업무 환경에 적용시키는 방법을 자세히 알려줬어요. 우린 실천하기 쉬운 운동도 해보고 뇌에 좋은 영양식을 먹어봤으며 마음챙김, 뉴로피드백, 감정 조절을 연습하기도 했죠. 모든 사람들이 각자 집에 돌아가서 적용해볼 수 있는 것들을 많이 배웠어요.

프레데리케 제 기억엔 운동에 별로 감흥이 없는 참가자들도 있었던 것 같아요.

제닌 어떤 60세 참가자는 이렇게 말했죠. "신이 내가 더 빨리 움직이길 원했다면 내게 바퀴를 달아줬을 거요." 그분은 평생 한 번도 스포츠를 해본 적이 없었어요. 그런데 프로그램이 끝날 때 즈음엔 어찌나 열의가 생겼는지 조깅을 시작했더군요. 그분은 일단은 2분만이라도 달리고 쉬었다가 또 다시 2분씩 달려보라는 조언을 따르다보니 어느새 조깅 마니아가 됐다고 해요.

또 프레데리케 씨의 프로그램에는 '밖에 나가 걸으며 쉬는 시간'이 정기적으로 배정되어 있었죠. 그때 걷기의 에너지 충전 효과가 얼마나 대단한지 알게 되었어요. 그때부터 우리 팀은 일상에 그런 시간을 넣기 시작했답니다. 우리는 1대1이나 1대2 미팅을 할 때 날씨가 괜찮으면 밖을 거닐며 회의를 해요.

프레데리케 박사님의 삶에 특별한 영향을 준 부분이 있었나요?

제닌 네, 명상은 우리 뇌에 정말 좋은 작용을 많이 하더군요. 프레데리케 씨의 프로그램이 끝난 후 난 MBSRMindfulness Based Stress Reduction, (마음챙김 기반 스트레스 감소) 코스에 등록했어요. 그건 자신을 위한 가장 잘한 일들 중 하나죠. MBSR 덕분에 나에게는 과하게 집중하는 문제가 있다는 걸 알아낼 수 있었죠. 그 당시에는 명상이 지금처럼 보편적이지 않았고 아마 난 명상에서 해결책을 찾으려는 생각을 전혀 못했을 거예요. 명상을 시작하고 수면, 삶의 질, 인간관계가 개선되었고 내 삶에 긍정적인 변화가 생겼답니다. 그때부터 내 경험을 친구들, 고객, 선임 관리자들에게 전파하기 시작했죠. 많은 사람들이 내가 건넨 제안을 실천했어요. 아마 이런 생각을 했겠죠. '음, 제닌은 이성적이고 효율적인 사람이니까 그녀가 명상을 한다면 분명 뭔가 이점이 있을 거야.'

우리 팀에서는 MBSR을 기반으로 업무에 맞게 개량한 마음챙김 프로그램을 시작했어요. 다 함께 프로그램을 검토하고 매일 명상하는 시간을 가지기로 했죠. 명상용 방석도 사고 매일 오전 11시 45분에 자료실에 모여 10분 씩 명상을 했어요. 물론 모두는 아니지만 명상을 아예 습관으로 만들어버린 사람들도 꽤 있답니다. 그 다음에는 회사 전체 직원과 팀에게 이 프로그램을 제안하기 시작했어요. 이제 이 프로그램은 그 어느 때보다 더 인기가 많죠.

프레데리케 티센크루프에서는 어떻게 사고 다양성 문제에 대처하나요?

제닌 우리가 아카데미를 위해 사무실 공간을 재설계하면서 원했던 것은 다양한 뇌 유형들이 선호하는 업무 방식을 수용하는 것이었어요. 그래서 설계를 할 때 직원들에게 물어봤죠. "어떻게 일하고 싶나요?" 우리는 서로 다른 업무 스타일을 수용할 수 있는 다양한 공간을 설계했어요. 개방된 공간, 정숙해야 하는 공간, 사람들이 편안히 만나 대화할 수 있는 공간, 더 격식 있게 협업할 수 있는 공간 등이 있지요.

어떤 환경을 원하는지 묻는 질문도 했어요. 덕분에 아주 다채로우면서도 자극이 과하지는 않은 공간이 만들어졌어요. 사무실에는 자연을 반영한 다양한 공간들이 있어요. 바다, 숲, 사바나 같은 것들이죠.

프레데리케 와! 사람들이 새 공간에 어떻게 반응했나요?

제닌 반응은 아주 뜨거웠답니다. 난 사무공간이 재설계된 후 모든 것이 바뀌었다고 생각해요. 벽들이 허물어지자 팀 분위기에 즉각적인 변화가 생겼어요. 예전엔 혼자 일하던 사람들이 함께 일하기 시작했죠. 전에는 사일로silo 같이 차단된 곳에서 일했지만 새 사무실 덕분에 우리는 더 많이 소통하고 완전히 새로운 기분으로 일할 수 있었어요. 팀이 단합하기 시작하니 마치 친구들과 한 그룹이 된 느낌이 들더군요. 나는 사무실에 가는 것이 꼭 친구들이 모여 있는 거실에 들어가는 기분이라고 늘 말해요. 정말 멋진 기분이죠.

우리 회사에는 '비치the beach'라고 불리는 공간이 있어요. 나무로 된 벽에 서핑보드가 걸려 있고, 사람들은 커다란 테이블에 노트북을 가지고 둘러앉아 일해요. 전형적인 스타트업 분위기죠. 이 공간을 좋아하는 사람들이 많은 한편, 또 너무 격식이 없다고 생각하는 사람들도 있어요. 그래서 원하는 이들에게는 책상과 모니터가 따로 제공되고 닫혀 있는 공간을 줍니다. 신기하게도 계획 단계에서는 이 개방된 공간이 가장 수요가 없는 곳이었는데 지금은 가장 인기 있는 장소가 됐어요. 사람들은 그곳에 가는 걸 정말 좋아해요.

프레데리케 박사님은 유연 근무제도를 실시하고 있지요?

제닌 네, 우리 팀 안에서 모든 직원은 스스로 일정을 짜요. 어떤 사람들은 9시에서 5시까지 일하고, 또 어떤 사람들은 저녁 시간에 일한 뒤 다음 날 늦게 출근하기도 하죠.

프레데리케 우리 프로그램의 '브레인 푸드brain food'를 경험하고 나서 생긴 변화도 있나요?

제닌 그럼요! 프로그램이 진행되는 동안 컨디션이 더 좋았던 것이 실제로 느껴졌기 때문에 사무실에서도 그런 상태를 유지하고 싶었죠. 세미나나 행사가 있으면 하루 종일 거기서 제공되는 음식으로 배를 채워야 하는데 당이 많은 음식이 대부분이죠. 그런데 프레데리케 씨의 프로그램에서 우리는 견과류, 과일이나 다른 건강한 간식과 식사의 효과를 경험했어요. 온종일 음식을 먹으면서도 몸이 가뿐할 수 있다는 건 정말 대단한 깨달음이었답니다. 이제 우리는 사무실이나 프로그램에서 가급적이면 브레인 푸드를 제공하려고 노력해요. 케이크 같은 것들은 최소한으로 줄이고요.

5^장

신경 균형 돌보기

인터뷰 **아리아나 허핑턴**

스라이브글로벌 CEO

그녀를 자게 하라. 잠에서 깨고 나면 세상을 뒤흔들 것이다.

나폴레옹 보나파르트 *Napoleon Bonaparte*

내가 이 장을 쓰려고 책상 앞에 앉기 전에 어떤 뇌 친화적인 준비를 했을까? 밤에 충분히 잠을 잔 후, 집 주변의 아름다운 숲에서 힘차게 걸으며 햇빛을 쬐고 삼림욕도 했다. 나는 집에 와서 제일 좋아하는 간식인 캐슈너트와 말린 크랜베리를 한 줌 준비하고 자리에 앉아 그것들을 오독오독 씹으며 적어둔 메모들을 읽기 시작했다.

이렇게 묻고 싶은 사람들도 있을 것 같다. "신경과학자라면서 정말 그게 다예요? 당신이 말하던 집중 업무를 위한 준비가 고작 그런 것들이라고요?"

음, 그렇다. 여러분이 잘 먹고 잘 자고 운동을 하면 신경화학적으로 최적의 균형 상태를 이룰 수 있을 것이다. 신경 균형을 잘 챙기면 몰입하고 최고의 성과에 도달하기가 더 쉬워진다.

한 예로 우리가 운동을 하면 도파민 분비가 촉진되어 사고와 학습에 도움이 되고 아이디어를 더 잘 떠올릴 수 있게 된다. 일하면서 어떤 문제에 가로막혀 나아가지 못하거나 불안과 초조함을 느낀다면 산책을 하러 가라. 헬스장을 찾는 건 더더욱 좋다. 15분간 일립티컬 머신을 타거나 웨이트를 하고 다시 자리에 앉으면 뇌 화학물질이 솟구쳐 집중과 몰입을 도울 것이다.

마인드컨트롤이 필요할 때는 몸을 쓰자. 사람들은 정신력으로 마음을 제어하려고 한다. 그런데 명상 같은 활동은 훌륭한 수행법이지만 숙달하기까지 시간이 오래 걸릴뿐더러 어려워하는 이들도 많다. 그와 달리 몸을 쓰면 아주 빠르게 뇌에 긍정적인 영향을 일으킬 수 있다. 이 장에서 우리는 강력한 신체와 뇌의 관계를 심도 있게 탐구하고 뇌를 들여다보며 최고의 성과에 도달하게 하는 법을 배울 것이다. 그렇게 하면 여러분의 정신 능력뿐만 아니라 건강과 삶의 질도 함께 향상될 것이다.

또한 우리는 파타고니아Patagonia나 티센크루프처럼 일터에 신체 운동과 적절한 휴식을 통합시킨 뇌 친화적 기업들의 사례를 알아볼 것이다. 회사들이 이런 조치를 하는 이유는 생산성, 다양성, 인재 유지율을 높일 수 있기 때문이다.

피트니스와 집중력의 관계

사람들은 신체를 단련하려면 헬스장에 가서 운동을 하고, 정신을 단련하려면 낱말풀이 같은 활동을 해야 한다고 생각한다. 이처럼 신체와 정신을 분리하는 개념은 운동이 뇌에 직접적인 혜택을 주지 못한다는 잘못된 전제를 기초로 한다. 실제로 연구 결과에 따르면 그 혜택은 아주 풍성하다.

매일 앉아서 일하는 남성들이 에어로빅을 하자 뇌 혈류량이 크게 개선됐다. 뇌 혈류량은 기억력 및 전반적인 뇌 기능과 관련 있다는 사실이 최근 연구에서 밝혀졌다.[1] 스탠퍼드대학교 연구진이 난폭하게 뛰어다니는 쥐들에게서 혈액을 채취해 활동량이 적은 쥐들에게 주입하자 아주 놀라운 일이 벌어졌다. 게으름뱅이 쥐의 뇌에서 급성

염증 수치가 그 즉시 상당량 감소한 것이다. 연구자들은 '이 발견을 통해 운동하는 사람들의 뇌에 소염 효과가 생기며 그것이 뇌 건강에 유익하다는 사실을 알 수 있었다'라고 적었다.[2]

어린이들의 경우 운동과 학업의 긴밀한 연관성을 나타내는 증거가 늘고 있다. 미국 질병통제예방센터Centers for Disease Control는 '신체 활동이 학생들의 인지기능, 태도, 행동을 비롯하여 학업 성과 향상에 중요한 모든 측면에 영향을 줄 수 있다'라고 보고했다.[3]

선견지명이 있는 학교들은 학생들의 신체 단련을 보장하는 데 힘을 쏟는다. 예를 들어 하이델베르크에 있는 독일계 미국인 국제학교 International School of the German-American Institute에 다니는 학생들은 아침마다 30분간 단체 체조를 하고 수영 강습을 들을 수 있다. 교실에는 학생들이 다양한 자세로 앉거나 심지어 서서 수업을 들을 수 있도록 세심하게 가구가 배치되어 있다. 이 학교의 교감인 잉그리드 슈톨츠Ingrid Stolz는 "이런 변화를 일으키는 것은 놀랍도록 쉽습니다. 사람들은 아이들의 시간표에 운동을 넣으려면 돈이 엄청나게 들 것이라고 생각하지만, 사실은 누구나 아주 적은 예산으로 그렇게 할 수 있죠"라고 말했다.

집중력과 운동에 이렇게 강력한 연관성이 있음에도 불구하고 여전히 어떤 회사들은 직원들이 헬스장에서 시간을 '낭비'한다며 눈총을 주곤 한다. 그런 회사들은 운동, 건강한 음식, 햇빛, 휴식을 향한 신체적 요구를 소홀히 하도록 종용한다. 직원들은 지나치게 오랜 시간 일하지만 돌아오는 결과물은 점점 더 나빠지기만 할 것이다. 그들이 완전히 지쳤고 건강도 상했기 때문이다.

이런 분위기가 팽배하면 회사의 사고 다양성도 저해되기 마련이다. 건강을 방치한 채 스스로를 몰아붙이는 경향은 테스토스테론이나 도파민이 높은 신경 지문 유형에게서 더 많이 나타난다. 그래서 다른 신경 지문 유형들은 이처럼 건강에 해로운 일터를 떠날 확률이 더 많다.

뇌 촉진제 직원들이 회사에서 뇌와 생산성에 유익한 운동을 하게 만들고 싶다면 에스컬레이터를 없애고 계단을 설치하라. 또 직원들이 잘 먹기를 원한다면 건강한 간식과 점심 식단을 제공하라.

이런 방식으로 변화를 장려하는 것을 '넛징nudging'이라고 한다. 이 개념은 2017년에 노벨경제학상을 받은 행동경제학자 리처드 탈러Richard Thaler가 만들었다. 탈러가 연구로 입증한 바에 따르면 변화를 일으키는 최고의 방법은 사람들이 스스로 원하는 방식으로 자연스럽게 행동할 수 있는 환경을 조성하는 것이었다. "어떤 행동을 유도하려면 실천하기 쉽게 만들어야 합니다. 카페테리아 계산대에 과일을 놓아 보세요"라고 탈러는 말했다.[4]

마트들은 영악하게도 넛징을 잘 활용할 줄 안다. 계산대 주변에 잡지나 사탕 등을 배치하여 줄을 서느라 지루해하는 사람들이 돈을 더 쓰도록 유혹하는 것이다.

파도가 칠 때는 서핑을

뇌 친화적인 회사는 직원이 운동을 하면 건강해질 뿐만 아니라 생산성이 높아진다는 것도 안다. 파타고니아는 직원들이 스포츠 활동을 하면서 즐거운 시간 보내는 것을 적극적으로 권장한다. 그것도 회사에서 말이다! 파타고니아 창립자 이본 쉬나드Yvon Chouinard는 《파타고니아, 파도가 칠 때는 서핑을》이라는 책을 써서 수많은 독자들의 사랑을 받았으며, 이 책은 파타고니아의 정신적 매뉴얼로도 잘 알려져 있다.

책에서 쉬나드는 '일은 재미있어야 한다. 우리 회사는 직원들이 남에게 피해를 주지 않고 업무를 처리할 수 있는 한 언제나 유연 근무를 허용해왔다. 서핑에 진심인 사람은 다음 주 화요일 2시에 서핑을 하겠다는 식으로 계획을 세우지 않는다. 그저 파도, 조수, 바람이 알맞을 때 서핑을 하러 갈 뿐이다'[5]라고 이야기했다.

파타고니아는 직장과 삶의 균형을 새로운 차원으로 끌어올렸다. 캘리포니아 주 벤투라에 위치한 파타고니아 본사는 매일 아침 화이트보드에 그날의 파도 상황을 보고한다. 직원들이 화이트보드를 체크하러 가는 길에 지나치는 풍경은 포도 덩굴 아래에 설치한 피크닉 테이블에 앉아 사내 카페에서 산 유기농 간식을 먹으며 일하는 동료들의 모습이다.

"매일 바다에 들어가면 훨씬 일이 잘 되더라고요." 파타고니아의 리테일 마케팅 코디네이터 대니엘 에게Danielle Egge는 금발머리를 올려 묶고 파도에 뛰어들면서 〈워싱턴포스트〉 리포터에게 이야기했다.[6] 네바다주 리노에 있는 파타고니아 물류센터 직원들도 무료 요가 수업, 유기농 카페, 무상 킥보드와 스케이트보드 같은 혜택을 누리고 있으며 뒷문으로 나가면 하이킹 코스를 이용할 수도 있다.

물론 파타고니아 같은 아웃도어 기업이 직원들에게 스포츠, 햇빛, 영양가 있는 간식을 권장하는 것은 어찌 보면 당연하게 느껴지기도 한다. 하지만 그렇다고 해서 회사의 수익성이 낮은 것은 결코 아니다. 2008년 이래로 파타고니아는 규모가 두 배, 이익이 세 배 성장했으며 2019년에는 매출 8억 달러를 달성했다.

파타고니아가 전 세계에 거느린 직원 2천여 명은 회사에 충성을 다한다. 파타고니아의 직원 유지율은 매우 훌륭하며 이직률도 최저 수준이다. 직원들의 신경 균형을 챙기는 것이 파타고니아에게 이로운 건 분명하다. 하지만 사무실에 묶여 전형적인 방식으로 일하는 직장인들도 같은 효과를 누릴 수 있을까?

백악관에서 파타고니아로

오바마Obama 백악관 대변인실에서 일하던 애덤 페처Adam Fetcher
는 매일같이 긴긴 시간을 일하던 활기찬 워커홀릭이었다. 페처는 늘
머리맡에 스마트폰을 두고 잤고 하루 중 어느 때든 급한 문제가 생
기면 즉각 응답했다. 잠을 거의 자지 않았고 운동도 멀리했다.

"날마다 치즈버거 같은 것들을 먹고 밤늦게 위스키를 마셔대니
살이 찌더군요." 페처는 〈워싱턴포스트〉 리포터 브리지드 슐테Brigid
Schulte에게 말했다. "그렇게 일하는 것이 정치판에서 앞서나갈 유일
한 방법이라고 생각했죠. 모든 사안에 일일이 관여하려 하다 보니까
30분 정도 연락을 차단하고 운동하러 가는 것조차 어려웠어요."[7]

그가 파타고니아에서 글로벌 커뮤니케이션팀을 맡기로 했을 때,
파타고니아의 건강한 새 동료들은 그가 일주일도 못 버틸 것이라고
놀려댔다. 하지만 페처는 그곳에 남았다. 천천히 서핑과 암벽등반을
배웠고 자전거 타기와 요가도 시작했다. 또한 몇 년 만에 처음으로
친구들과 시간을 보내기도 했다.

뇌 촉진제 파타고니아는 직원들이 밖에 나가 자연과 교감하도록 의식
적으로 노력한다. 나는 파타고니아 유럽, 중동, 아프리카 지역 인사

총괄 에블린 도일Evelyn Doyle과 '지구 대학교Earth University'에 관해 이야기를 나눴다. 이 프로그램은 유럽 전역의 다양한 부서 직원들이 함께 자연에 들어가 자연을 통해, 그리고 자연과 함께 배우게 하는 프로그램이다. 도일은 지구 대학교가 직원들의 삶의 질을 높여줄 뿐만 아니라 서로 다른 부서 간의 소통을 촉진하여 신제품이나 여타 개선 사항에 대한 아이디어를 얻게 한다고 설명했다.

페처를 가장 놀라게 한 것은 새로운 라이프스타일이 자신의 성과에 미친 긍정적인 영향이다. "물론 난 누가 봐도 열심히 일하는 사람이에요. 하지만 예전과 비교했을 때 업무의 질이 훨씬 높아졌죠. 이제는 어떤 결정을 하기 전에 충분히 생각할 시간을 가진답니다. 하루 온종일 연락에 응하는 상태를 더 이상 유지하지 않아요"라고 페처는 슐트에게 말했다.[8]

파타고니아의 직장과 삶의 균형에 대한 여러 노력들을 우스꽝스럽게 여겼던 기업 리더들도 이제는 관심을 보이기 시작했다. 다른 똑똑한 기업들도 생산성과 인재 유지를 위해 일터에서 운동하는 것을 권장한다. 구글은 200개 이상의 클래스를 제공하는 피트니스 센터를 운영하며, 그 중에는 '너드nerd를 위한 댄스교습' 같이 숫기가 없는 이들에게 유용할 만한 수업들도 있다. 또 구글 캠퍼스에는 보

체bocce 경기장, 볼링장, 롤러 하키장까지 마련되어 있다. 클리프바
앤컴퍼니Clif Bar & Company는 직원들이 매일 30분간 운동하도록 지원
금을 지급하기도 한다.

뇌 식히기 전 세계 700군데 회사를 조사한 스탠퍼드대학교 경제학자
닉 블룸Nick Bloom은 '생산성이 높고 빠르게 성장하며 관리가 잘 되
는 회사들은 직원들에게 더 매력적인 직장과 삶의 균형 잡힌 복지를
제공한다'라는 사실을 발견했다.[9]

쥐들과 근력 운동

우리는 운동이 뇌에 미치는 긍정적 영향을 너무나 과소평가한
다. 대형 제약사들은 치매 치료제에 수백만 달러를 투입했지만 지금
까지 개발된 그 어떤 약품도 운동만큼 치매 진행을 늦추지 못한다.
〈뉴잉글랜드의학저널The New England Journal of Medicine〉에 따르면 규
칙적인 댄스가 치매 발병 위험을 76%까지 감소시키며 이는 독서로
얻는 효과의 두 배에 달한다.[10]

최근 〈응용심리학회지Journal of Applied Psychology〉는 쥐의 꽁무니에 무거운 추를 달고 사다리를 오르게 한 실험을 소개했다. 이 설치류들은 사다리 꼭대기에 도달하면 보상으로 후르트링을 받았다. 이렇게 몇 주간 근력 운동과 사다리 오르기를 한 후, 쥐들은 기억력 센터에는 새 뉴런을 생성했으며 신경가소성을 높인다고 알려진 유전 표지와 효소들이 가득해졌다.[11]

쥐들의 근육만 단련된 것이 아니라 사고력도 향상된 것이다. 근육질의 쥐들이 지구를 점령하는 영화의 한 장면을 연상시키는 이 실험은 운동이 얼마나 뇌를 잘 자극하는지 알려주는 좋은 지표다.

우리 인간도 뇌 친화적인 일터에 비슷한 무언가를 설치해볼 수있을 것이다. 물론 보상으로는 더 건강한 간식을 제공해야겠지만. 나는 회계부서의 폴린이 10킬로그램짜리 중량조끼를 입고 복도의 사다리를 올라타서 천장에 달린 그래놀라를 향해 손을 뻗는 모습을 생생히 그려볼 수 있었다.

운동이 우울증을 이긴다

운동은 기분을 좋아지게 하는 도파민 분비를 촉진하기 때문에 우울증의 강력한 적수이다. 미국 국립보건원NIH, National Institutes of Health은 임상적 우울증을 앓는 50세 이상 성인 150명을 대상으로 연구를 진행했다. 미국 국립보건원은 참여자들을 두 그룹으로 나눠

한쪽에는 항우울제를 투여하고 다른 한쪽은 에어로빅 프로그램에 참여하게 했다. 16주 후 각 그룹을 관찰한 결과, 우울증 증상은 '사실상 동일한 수준으로' 개선되었다고 한다. 미국 국립보건원은 '우울증 치료제의 대안으로 운동 훈련 프로그램을 고려할 수 있다'라고 결론지었다.[12]

여러분이 우울증을 앓고 있다면 꼭 헬스 전문가를 만나보길 권한다. 하지만 지금 복용하는 항우울제를 단칼에 끊어선 안 된다. 운동을 무기로 우울증과 싸우고 싶다면 먼저 담당 정신과 의사와 상의해야 한다.

아침 운동

언제 운동을 해야 할까? 가능할 때마다 해야 한다. 하지만 뇌가 최고 성과를 내도록 준비시킨다는 관점에서는 업무를 시작하기 전에 운동하는 것이 가장 이상적이다.

시간이 부족하거나 아침형 인간이 아닌 사람들은 걸어서 또는 자전거를 타고 사무실에 출근해보자. 통근 거리가 너무 멀면 지하철이나 버스를 타러 오고 가는 길에 자전거를 타는 방법도 있다. 여러분 각자가 사무실 책상에 앉기 전에 잠깐 운동할 방법을 찾아낼 수 있을 것이라고 믿는다.

우리가 걷거나 자전거를 타는 동안 뇌는 도파민을 잔뜩 받고 사람들은 생기와 기쁨을 느낀다. 도파민은 '재미, 두려움, 집중' 중에 '재미'를 맡는다. 운동 후 책상에 앉으면 한결 집중하기가 쉬워진 느낌이 들 것이다.

또한 운동을 하면 신경가소성을 높이는 뇌 유래 신경영양인자가 분비된다. 그러면 학습 능력이 강화되며, 새 뉴런의 생성과 뉴런 간 연결이 촉진된다. 운동은 체내에 축적되어 우리를 신경질적이고 예민하게 만드는 스트레스 호르몬을 내쫓는 데 도움이 되기도 한다. 간단히 말해 기분 좋게 사무실에 들어가서 쌩쌩한 정신으로 업무에 돌입하고 싶다면 일하기 전에 운동을 하라.

일본은 매일 이른 아침 라디오에서 체조 음악을 내보낸다. 일부 회사에서는 전직원이 이 음악에 맞춰 함께 체조를 한다고 한다. 1990년대에 일본에서 일했던 내 강연 에이전트는 당시 음악을 들으며 운동을 하려고 동료들과 함께 모였던 시간이 애틋한 기억으로 남아있다고 했다.

그냥 운동을 하는 것보다 음악에 맞춰 운동할 때 뇌에 자극이 더 많이 간다. 이런 즐거운 의식에 함께 참여하는 팀은 더 잘 성장할 수 있을 것이다.

신경가소성neuroplasticity은 뇌가 일평생 적응하고 변화하며 학습하는 능력을 말한다. 운동은 신경가소성을 높이며 인지력 감퇴를 예방하는 데 도움이 된다.

앉아서 생활하는 습관은 흡연만큼 해롭다

근무 동안 운동할 짬을 마련할 수 있다면 즐거움과 생산성이 높아질 것이다. 저항 밴드(공간을 거의 차지하지 않는다), 케틀벨, 트램펄린, AB롤러, 밸런스보드 같은 재미있는 운동 기구들을 사무실에 갖다 놓자. 빨리 걷기, 웨이트, 스쿼트, 바이셉 컬, 푸시업을 해도 좋다. 그러고 나서 스스로에게 얼마나 활력이 넘치고 집중력이 높아졌는지 알게 되면 깜짝 놀랄 것이다.

나는 고객들에게 면대면 미팅을 산책 미팅으로 바꾸고, 걸으면서 팀즈Teams나 줌Zoom 회의를 하라고 권한다. 스탠퍼드대학교 연구에 따르면 걷기는 창의력을 60퍼센트나 끌어올린다. 이 연구에서 실내든 외부든 걸었던 참가자들은 그냥 앉아서 문제를 푼 사람들보다 창의적인 답변을 2배나 많이 내놓을 수 있었다. 연구자들은 사람들이 일주일에 세 번 45분 씩 걸으면 뇌 연결성과 인지 능력이 개선된다는 사실을 알아냈다.[13]

습관 쌓기habit stacking는 작은 업무들을 하나로 묶어 루틴으로 만들고 그 루틴을 아침 산책과 같이 이미 만들어 놓은 습관에 연결하는 것이다.

걷기는 습관 쌓기에 안성맞춤이다. 예를 들어 여러분은 자신이 하루에 몇 통의 전화를 받는지 따져보고 그중에 몇 개를 걷기와 연결시킬 수 있다. 나는 일주일에 한 번씩 강연 에이전트를 만날 때 사무실 밖에서 산책을 하며 대화를 나눈다. 이 시간에는 언제나 우리의 생산성이 높아지고 긍정적인 대화가 오가며 최고의 아이디어가 번뜩인다. 여러분도 아침에 걸어서 출근할 때 음성사서함을 확인하거나 좋아하는 팟캐스트를 들어보자.

뇌 촉진제 근무 틈틈이 짧은 운동으로 집중력에 불을 지펴라.

- 휴대전화를 '비행기 모드'로 설정하여 이메일, 문자 등의 주위

분산 요소들을 차단하라.

- 휴대전화 타이머를 45분으로 맞추고 집중 업무에 몰두하라.
- 타이머가 울리면 다시 15분을 설정하라.
- 15분 동안 운동하라.
- 반복하라.

자전거를 타는 경영 구루

내 친구 제이미 앤더슨Jamie Anderson은 유명한 기조연설자이자 〈파이낸셜타임스Financial Times〉로부터 '경영 구루guru'라는 별명을 선사받은 조직 심리치료사다. 10대 시절 그는 호주 최강의 젊은 사이클리스트 중 한 명이었으며 그 후에는 비즈니스 경영 분야에서 아주 성공적인 커리어를 쌓아 40세 즈음에는 전략 경영 분야의 최상급 전문가로서 경영 저널에 기고하고 일류 경영대학원에서 강의를 하기도 했다. 하지만 그는 무언가 놓친 기분이 들었다.

앤더슨은 내게 말했다. "스스로에게 물었지. 진정한 성공은 어떤 모습일까? 그러다가 내가 얼마나 운동선수 시절을 그리워했는지 깨달았어." 그는 아내와 자녀들의 응원 속에서 다시 자전거를 타기 시작했다.

"사이클 훈련을 받으면서, 자전거를 타는 것과 사상가로 사는 것이 서로 충돌하지 않는다는 생각이 들기 시작했어. 두 가지는 사실 완전히 양립할 수 있었지. 자전거를 오래 타다 보면 고립 상태에서 깊은 생각에 잠길 수 있는 귀중한 시간이 확보되더라고. 내 최고의 아이디어들은 대부분 비바람 속에서 자전거를 타는 동안 떠올린 것들이더군."

앤더슨은 가족을 부양하면서도 일주일에 20시간 씩 자전거를 탈 수 있는 방향으로 커리어를 재설정하기로 했다. 그는 기조연설자가 되는 데 집중하고 성공적으로 책을 출간했으며 TEDx 강연 시리즈로 인기를 끌기도 했다. 또 앤더슨은 이탈리아에서 개최된 세계 마스터 사이클링 게임World Masters Cycling Games에 참가하여 아내와 자녀들의 환호 속에 빠르게 결승선을 통과하고 동메달을 따냈다.

앤더슨은 스포츠와 자신의 커리어를 완벽하게 융합시켰다. 그는 동료나 고객들과 화상회의를 하면서 주당 6~8시간씩 실내 자전거를 탄다. 또 그는 힘차게 페달을 돌리면서 음성사서함 듣기, 일정 업데이트, 이메일 답장 등의 간단한 업무들을 처리하기도 한다.

"난 라이딩복을 입고 페달을 구르며 전 세계 청중들에게 기조연설을 한 적도 있어." 그가 킬킬대며 말했다. "그런데 말이야, 지식 노동자들에게 건강한 신체는 사치재가 아닌 필수재라고 생각해." 그가 덧붙였다.

뇌 촉진제 근무 중에 운동과 재미의 일석이조를 누리게 할 간단하고 저렴한 두 가지 방법을 소개한다.

1. **트램펄린** (50~150달러) - 미니 트램펄린 위에서 점핑 운동을 하면 골밀도가 높아진다.
2. **책상 자전거** (50~200달러) - 하루에 15분씩 페달을 돌린 직원들은 일주일에 500칼로리 이상을 소모했다. 또한 그들은 정신이 맑아지고 피로감을 덜 느꼈다고 답했다.[14]

업무 후 운동으로 마무리하기

운동하기 '적합'하거나 '부적합'한 시간은 따로 없다. 저녁 시간대를 선호한다면 그때 운동하면 된다. 자녀들과 농구를 하거나 함께 수영장에 뛰어드는 것도 좋다. 아니면 배우자와 느긋하게 산책을 하거나 저녁 식사 후에 자전거를 타러 가라. 저녁 운동을 하면 사랑하는 이들과 시간을 보내면서 그들도 함께 몸을 움직이게 하기 좋다.

업무 후 운동은 근무 시간에 축적된 스트레스 호르몬을 해소하는 데에도 좋다. 다만 너무 늦은 시간에 운동하는 것은 수면에 방해가 되므로 피해야 한다. 서서히 긴장을 풀고 본격적으로 잠자리에 들 준비를 하는 시간도 필요하다.

 짧은 운동도 효과가 아주 좋다. 단 5분만 투자해도 여러 가지 운동을 할 수 있다. 다음의 5분짜리 코스를 시도해보고 칼로리를 태우는 느낌이 드는지 아닌지 직접 확인해보자.

- 1분 동안 제자리 팔 벌려 뛰기
- 1분 동안 버피
- 1분 동안 제자리 뛰기
- 1분 동안 스쿼트
- 1분 동안 스트레칭

수면 부족을 자랑하지 말자

테스토스테론과 도파민이 높은 유형의 고객들은 운동을 더 해야 한다는 말을 듣고 열의에 가득 차서는 아침 운동을 위해 한 시간씩 일찍 알람을 맞추곤 했다. 자연히 수면 시간은 6시간에서 5시간으로 줄어들었고, 곧 그들은 내게 전화를 걸어 피곤해 죽겠다고 하소연하며 운동은 성과에 해로운 것이 분명하다고 말했다.

독자들이여, 여러분은 슈퍼맨이 아니다! 우리는 하루에 6~8시간 수면을 취해야 하며, 그 누구에게도 예외는 없다. 잠이 부족한 사람들은 머리에 안개가 낀 듯이 멍한 상태로 생활할 것이고 그런 상태에서는 당연히 최고 성과에 도달하기 어렵다.

안타깝게도 기업 임원들 사이에서는 잠을 별로 안 잔다고 으스대는 것이 유행인 것 같다. 전 야후 사장 마리사 메이어는 자신이 네 시간만 자고도 끄떡없는 사람이라고 이야기했고, 애플 CEO 팀 쿡Tim Cook은 새벽 5시에 헬스장에 간다고 했다. 패션 디자이너 톰 포드Tom Ford는 인터뷰에서 자신이 늘 창의적인 생각에 사로잡히기 때문에 하루에 3시간만 잔다고 은근히 자랑하기도 했다.

나는 이런 우스꽝스러운 유행을 바꾸고 싶다. 밤에 충분히 잠을 자지 않는 임원들은 최상의 컨디션을 망칠 뿐만 아니라 스스로를 지치게 하고 있다. 그 어떤 올림픽 운동선수에게 물어봐도 전략적 휴식은 최고 성과를 위해 없어서는 안 될 요소라고 말할 것이다. 전설적인 수영 선수 마이클 펠프스Michael Phelps는 한 기자회견에서 자신의 경기 후 루틴을 설명했다. "이제 마사지를 받고 차가운 얼음물에 몸을 담근 후 집에 가서 뻗어버릴 겁니다."[15]

깜짝 놀랄 사실 | 미국암학회American Cancer Society가 실시한 설문 조사에 따르면, 1959년~1960년에 출생한 성인 1백만여 명 중 여섯 시간 밑으로 잠을 자는 이들의 비율은 2퍼센트 남짓이었다. 그와 달리 미국 국민건강면접조사National Health Interview Survey가 2004년에 조사한 바에 따르면 성인 인구의 약 30퍼센트가 여섯 시간 또는 그보다 적게 수면을 취했다.[16] 즉 수면 부족에 시달리는 인구가 28퍼센트 증가한 것이다.

자면서도 배울 수 있다

회사에서 가장 영리하고 예리한 임원이 되고 싶다면 충분히 잠을 자라. 학습이나 새로운 정보를 처리하는 과정 대부분은 우리가 잠든 사이에 일어난다.

우리는 이 사실을 꽤 최근까지도 알지 못했다. 수면의 목적을 알아내지 못해 골머리를 앓던 과학자들은 1991년 한 동물 연구에서 수면이 기억 형성과 학습에 필수적인 역할을 한다는 사실을 우연히 발견했다. MIT 교수 매슈 윌슨Matthew Wilson은 쥐의 머리에 전극을 부착하고 쥐들이 미로 속을 다니며 길을 찾아가는 동안 일어난 뇌 활동을 기록했다.

어느 날 미로 실험이 끝난 후, 윌슨은 쥐들이 아직 장비에 연결된 상태에서 잠시 데이터를 분석하려고 자리를 비웠다. "그런데 갑자기 쥐가 미로 속을 돌아다닐 때와 동일한 뇌 활동 소리가 들려왔다. 하지만 쥐들은 잠들어 있었다"라고 그는 〈MIT 뉴스MIT News〉에 전했다. 쥐들의 뇌 활동 기록을 분석한 윌슨 교수와 팀은 깜짝 놀랐다. 잠든 쥐들은 머릿속에서 미로 달리기를 재연하고 있었기 때문이다. 쥐들이 '자면서' 미로의 패턴을 외우고 학습하고 있었던 것이다.[17]

깜짝 놀랄 사실 하버드 의과대학Harvard Medical School 수면의학과 데이터 분석에 따르면, 5시간 미만으로 수면을 취할 경우 기대수명이 15퍼센트 감소한다. 이를 평균 기대수명 78세에 대입한다면 거의 12년이 줄어드는 셈이다.

추가 연구에서 우리가 잠을 자는 동안 기억은 '시스템 통합' 과정을 거친다는 사실이 밝혀졌다. 취리히대학교 연구에 따르면 수면은

'기억 통합을 최적화하는 뇌 상태'라고 한다. 연구자들은 '수면은 대부분 뇌를 위한 것이다'라고 결론지었다. 또한 우리가 잠자는 동안 뇌에서는 코르티솔 같은 스트레스 호르몬이나 활성산소에 대한 해독 작용이 일어난다는 사실도 확인됐다.[18]

신경과학자이자 수면 전문가인 매슈 워커Matthew Walker는 그의 베스트셀러 《우리는 왜 잠을 자야 할까》에 이 획기적인 연구를 소개했다. 워커는 수면이 학습 능력을 강화하고 우리 감정을 재측정하며 면역체계를 회복시키고 신진대사를 원활하게 하며 식욕을 조절한다고 언급했다.[19]

여러분이 건강과 날씬한 몸매를 유지하고 생산성을 높이면서 평생 학습자가 되고 싶다면 충분한 수면을 취해야 한다.

쪼그라든 햄스터의 고환

내 고객들 중에는 잠을 잘 자거나 시차를 극복하려고 멜라토닌을 자주 복용하는 이들이 있다. 물론 그건 내가 시베리아 햄스터의 쪼그라드는 고환 이야기를 들려주기 전까지의 행동이다. 스탠퍼드대학교 신경생리학자 앤드루 휴버먼Andrew Huberman은 시베리아 햄스터들에게 멜라토닌을 주입하고 그것이 햄스터들의 생체 리듬에 끼치는 영향을 관찰했다.

휴버먼은 팀 페리스 쇼Tim Ferriss Show 팟캐스트에서 이렇게 말했다. "시베리아 햄스터들에게는 햄스터치고는 아주 인상 깊은 고환이 있답니다." 그러나 휴버먼의 팀은 이 햄스터들에게 멜라토닌을 정기적으로 투여하고 나서 놀라운 합병증을 발견했다. "햄스터들의 고환이 쌀알만한 크기로 쪼그라든 겁니다"라고 휴버먼은 말했다.[20]

멜라토닌의 가장 강력한 효과 중 하나는 사춘기를 지연시키는 것이다. 아이들이 어릴 때는 멜라토닌이 자연적으로 생체 리듬을 조절하여 너무 일찍 사춘기가 찾아오는 것을 예방한다. 아이들이 사춘기에 가까워지면 멜라토닌 수치가 감소하고 에스트로겐과 테스토스테론이 높아져 2차 성징이 발달하기 시작한다.

수면 부족을 알아내는 방법

자신에게 수면이 부족한지 알아내는 방법은 무엇일까? 워커는 그의 저서에서 다음을 확인해보라고 했다. '첫째, 아침에 일어난 후 오전 10시나 11시 쯤 다시 잠에 들 수 있는가? 만약 그렇다면 수면의 양 또는 질, 혹은 둘 다 부족한 것일 수 있다. 둘째, 정오가 되기 전까지 카페인을 섭취하지 않고도 최적의 컨디션을 유지할 수 있는 가? 그렇지 않다면 당신은 만성 수면 부족 상태를 스스로 치료하고 있는 중일 수 있다.'[21]

워커는 2017년 〈가디언Guardian〉에 말했다. "6~7시간보다 적게 잠을 자는 것이 지속되면 면역체계가 무너지고 암 발병 확률이 두 배 이상 높아집니다. 그런데도 사람들의 수면 시간은 큰 폭으로 줄어들었죠. 통근 및 근무 시간이 늘어나 잠잘 시간을 빼앗기고 있습니다."[22]

안타깝게도 나는 회사들이 늦게까지 회식에 참여한 직원들에게 다음날 아주 이른 시각부터 훈련을 받게 하는 사례를 많이 봐왔다. 심지어 뉴욕에 본사를 둔 한 미국 회사가 유럽 회사를 인수하고 나서 유럽 직원들에게 미동부 시간에 맞춰 일하도록 요구한 사례도 있다. 6시간의 시차가 있는 유럽 직원들에게 이런 조치는 밤늦은 시간까지 미국 직원들과 회의를 하라는 뜻이었다. 그래서 우리는 수면 부족이 생산성에 얼마나 끔찍하게 해로운지 널리 알려야만 한다.

생체 리듬의 노예

내 고객 중 한 임원은 자꾸만 새벽 다섯 시 반에 잠을 깨곤 했다. 그는 그 사악할 정도로 이른 시간에 결코 일어나고 싶지 않았지만 좀처럼 잠에 다시 들 수도 없었다. 결국 그는 가만히 침대에 누워서 괴로워해야 했다.

나는 그에게 자신의 생체 리듬에 저항하지 말고 그것을 받아들이라고 제안했다. 생체 리듬은 우리의 몸속에서 수면과 기상 사이클을 조절하는 선천적인 시계이다. 우리는 자신의 생체 리듬을 마음대로 제어할 수 없다. 사람들은 태어날 때부터 유전자의 영향을 받아 밤 부엉이가 되거나 아침 종달새가 되거나 그 중간에 속하게 된다. 전체 인구의 절반 정도가 중간 지점에 있어서 큰 어려움 없이 자연스레 눈이 떠지거나 잠드는 시간을 한 시간 내외로 조정할 수 있다.

나는 고객의 침대 곁에 조명과 에스프레소 추출 기계를 놓고 커피 원두도 넉넉히 준비하게 했다. "새벽 다섯 시 반에 눈이 떠졌을 때 당신이 할 일은 버튼 두 개를 눌러 몸을 완전히 깨우는 거예요. 그러면 출근 전에 아침 운동을 할 시간이 생길 거예요." 나는 그에게 말했다.

나는 그가 커피 효과를 톡톡히 볼 것이라 확신했다. 얼마 안 가서 그는 다섯 시 반에 침대에서 뛰쳐나와 힘찬 운동을 하고 하루 종일 좋은 컨디션을 유지하기 시작했다.

우리 일터에 사고 다양성과 생산성이 높아지길 원한다면 직원들이 각자의 생체 리듬에 맞는 일정을 짜게 해야 한다. 아침 종달새들은 일찍 일어나 얼른 일을 처리한 뒤 서핑을 하러 가게하고, 밤 부엉이들은 느긋하게 일터에 나와 더 오래 머물게 하는 것이다.

충분한 수면을 취하는 법

정신없이 일하는 커리어 우먼이자 동시에 다섯 아이의 엄마이기도 한 나는 충분한 수면에 각별히 신경을 써야 한다. 내 수면 관련 정보를 소개하니 여러분도 한번 시도해보면 좋겠다.

아침 수면 팁

- 일어나자마자 커튼을 활짝 열고 밖에 나가서 햇빛을 쬐라. 햇빛은 하루를 시작하는 데 필요한 코르티솔과 도파민 분비를 촉진한다. 또한 햇빛은 세로토닌을 분비시키며 이것은 해가 지면 '수면 호르몬'인 멜라토닌으로 바뀐다.
- 아침에 커피를 마시는 습관이 있다면 기상 후 한 시간이 지날 때까지 기다리자. 어떤 전문가들은 첫 커피를 마시는 시간을 조금 늦춰서 코르티솔 및 도파민 분비가 촉진되는 시간과 카페인이 최고치가 되는 시간이 겹치지 않게 하는 것이 좋다고 이야기한다.
- 가능하면 운동을 하라. 아침 운동이 생체 리듬의 시동을 걸어주고 밤에도 더 잘 자게 해준다. 햇빛 아래에서 운동할 수 있다면 더더욱 좋다.
- 난감한 주제의 대화는 오전에 하라. 하루가 끝날 즈음엔 모든 감정을 다 해결하고 떠나보낼 준비가 되어 있어야 한다.

점심 수면 팁

- 낮잠을 자라. 2~30분 낮잠을 자면 신경가소성이 촉진된다. 하지만 30분 이상 자면 저녁에 잠들기가 어려울 수 있다.
- 오후 두 시 이후에는 되도록 카페인을 피하고 대신 햇빛과 운동으로 에너지를 충전하라. 카페인은 몸을 회복시키는 깊은 밤 수면에 우리가 생각하는 것보다 더 많은 지장을 준다. 〈수면국제학술지Sleep Medicine Reviews〉는 하루 중 어느 시간에 카페인을 섭취하든 총 수면 시간이 줄어들고 인지된 수면의 질이 낮아진다고 했다. 카페인의 영향을 받으면 뇌파가 느린 깊은 수면 시간이 줄어들며 각성 시간은 늘어난다.[23]
- 오후 늦게 밖에 나가 붉은 태양 빛을 쬐라. 황혼 무렵 태양 빛이 낮게 깔릴 때 나오는 붉은 빛은 우리 몸에게 하루를 마무리하라는 신호를 준다.

뇌의 양식 불면증으로 고생하는 사람들은 혹시 저탄수 다이어트를 하고 있지는 않은지 생각해보자. 우리 뇌가 잠에 들고 수면 상태를 유지하려면 세로토닌이 필요하고 몸이 세로토닌을 생성하려면 탄수화물이 필요하다. 단백질이 풍부한 점심을 먹고 오후에는 맑은 정신으로 깨어있자. 저녁 식단에는 수면에 도움이 되도록 구운 얌Yam이나 현미같이 혈당 지수가 낮은 탄수화물을 추가하자.

저녁 수면 팁

- 미디어 디톡스를 하라. 저녁 식사 후 뉴스를 시청하지 말고 산책하러 나가라. 뉴스는 너무 자극적으로 제작되는 경우가 많다. 오죽하면 언론계에 '피가 터질 때가 곧 특종 기사가 터질 때다 When it bleeds, it leads'라는 말이 있을까.

- 밤에 컴퓨터로 작업할 때는 블루라이트 차단 안경을 쓰고 저녁에는 휴대전화와 각종 화면이 야간 모드로 전환되도록 설정하라. 이런 기기가 내뿜는 블루라이트는 멜라토닌을 억제하며 멜라토닌이 낮으면 잠들기 어렵다. 그러나 낮 동안에는 컴퓨터나 다른 기기의 블루라이트를 차단할 필요가 없다. 블루라이트는 우리를 기민하게 해준다.

- 잠들기 세 시간 전에 휴대전화의 알람을 끄자. 그 시간대에 오는 이메일이나 문자는 다음날 처리해도 된다.

- 심신을 안정시키는 허브차를 마셔라. 캐모마일, 라벤더, 패션플라워를 비롯한 일부 허브차에는 쉽게 잠들고 수면을 유지하게 하는 진정 효과가 있다.

- 침실을 완전히 어둡게 유지하거나 안대를 사용하라. 우리 뇌의

송과선에 멜라토닌을 생성하라는 신호를 주려면 완전한 어둠이 필요하다. 침실로 빛이 조금만 새어들어도 몸이 자연스럽게 수면에 드는 과정이 지체될 것이다.

 뇌 식히기 알코올은 잠드는 것을 돕지만 수면을 유지하는 것은 더 어렵게 한다. 술을 마시면 잠을 유도하는 신경화학물질 아데노신이 증가하여 졸음을 느끼게 한다. 하지만 잠든 후에는 체내 알코올 대사 과정에서 아데노신 수치가 빠르게 내려간다. 아데노신이 줄어들면 잠에서 깰 수 있고, 다시 잠을 청하기도 어려울 수 있다.

꿈나라 여행

나는 일부 뇌 친화적인 직장들이 직원에게 생체 리듬에 맞는 일정을 짜게 해준다는 사실을 전할 수 있어 감격스럽다. 또 어떤 회사들은 수면캡슐이나 낮잠실을 도입하기도 했다. 이렇게 꿈나라 여행에 동참하는 다음과 같은 회사들이 있다.

- **구글** – 거대 테크기업 구글은 낮잠을 위한 수면캡슐을 설치했다. 이 최첨단 캡슐에는 빌트인 음향 시스템이 갖춰져 있어 직원들이 원할 때 편안한 음악을 들으면서 잘 수 있다.
- **나이키**Nike – 포틀랜드, 오리건 본사 직원들은 조용한 방에서 자거나 명상을 할 수 있다. 또한 나이키는 직원들이 생체 리듬에 맞게 일함으로써 생산성을 높일 수 있도록 유연 근무제를 제공한다.
- **P&G**Procter & Gamble는 저녁이면 어두워지는 조명 시스템을 설치해서 직원들이 긴장을 풀고 하루를 마무리하도록 돕는다.
- 벤앤제리스 본사에는 낮잠실이 있다.

어느 신경 지문 유형이든 스포츠, 수면, 간식, 햇빛이 충분하면 일을 더 잘할 수 있다. 테스토스테론과 도파민이 높은 신경 지문 유형은 왕성한 도파민 시스템으로부터 자극을 너무 많이 받기 때문에 운동이나 수면 없이도 충분히 잘할 수 있다고 생각한다. 하지만 그들은 사실 배우고 일하는 능력을 손상시키면서 동시에 수명까지 단축시키고 있다.

우리가 생산성과 신경 지문 다양성을 높이고 싶다면 스트레스를 숭배하고 피로에 집착하는 일터를 없애버려야 한다. 직원들이 충분한 수면을 비롯한 양질의 삶을 누릴 수 있게 하는 뇌 친화적인 일터야말로 그 무엇보다 뛰어난 다양성 프로그램이다.

━━ 아리아나 허핑턴

스라이브글로벌 CEO

허핑턴포스트를 세우고 2년 여가 흐른 어느 날, 아리아나 허핑턴은 극도의 피로로 쓰러지면서 책상에 부딪혀 광대뼈가 부러지는 사고를 당한다. 베스트셀러를 15권이나 출간한 작가이기도 한 그녀는 자신이 심각하게 지친 상태라는 사실을 깨닫고 그때부터 휴식의 힘을 존중하기 시작했다. 2016년, 그녀는 허핑턴포스트와 AOL에서 물러나, '스트레스와 번아웃을 종식시킬 과학 기반 솔루션'을 제공하는 회사인 스라이브글로벌을 설립했다. 또한 그녀는 저서 《수면혁명The Sleep Revolution》에서 최상의 컨디션과 기량을 회복시켜주는 잠의 힘을 찬양했다.

허핑턴은 번아웃을 두고 성공을 위해 치를 수밖에 없는 대가라고 하는 집단 망상을 없애버릴 것이라고 말했다. 스라이브는 자사의 AI 기반 행동 변화 플랫폼을 통해 개인과 조직이 삶의 질, 생산성, 회복탄력성을 향상시키도록 돕는다. 스라이브가 제시하는 마이크로 스텝micro step은 건강과 생산성을 높이는 작은 과학적 단계들로, 40개국 이상 100여 개 기관 직원들이 실천하고 있으며 그 범위는 최전방 콜센터 직원부터 다국적 기업 임원들까지 다양하다.

프레데리케 직원들에게 충분히 휴식하고 스트레스 줄이는 법을 배우게 하면 생산성과 혁신이 개선되죠. 어떻게 하면 이 사실을 리더들에게 알릴 수 있을까요?

허핑턴 리더들은 수면이 우리 건강과 생산성에 여러 방면으로 영향을 끼친다는 것을 점점 깨닫고 있어요. 《수면 혁명》이라는 책을 썼을 때만 해도 신문의 '라이프스타일' 같은 면을 제외하고는 잠에 관한 글을 좀처럼 볼 수 없었죠. 하지만 지금은 스포츠나 비즈니스 코너에서도 그런 글을 잘 볼 수 있어요.

스라이브글로벌을 세우고 보니, 비즈니스 리더들을 비롯한 사람들에게 수면의 중요성을 설득할 일은 별로 많지 않더군요. 사람들은 이미 잠의 중요성은 물론, 자신이 충분히 잠을 못 잔다는 것도 알아요. 다음 단계는 단순한 인식에서 행동으로 넘어간 뒤 사람들이 잠의 중요성을 아는 만큼 잘 잘 수 있도록 돕는 것이었습니다. 현대 사회에서는 그러기가 쉽지 않죠. 그건 제가 스라이브글로벌을 세운 이유이기도 했어요. 사람들이 웰빙과 생산성에 유익한 습관을 만들고 유지하도록 돕고 싶었죠.

우리와 만난 리더들은 마음가짐을 바꿨어요. 이제 그들은 웰빙이 단순히 어떤 복지가 아닌, 성공의 필수 전략이라는 사실을 압니다. 리더들 대부분은 이 부분을 이해하며 행여나 의구심을 품었던 사람들도 과학적 근거들을 보고 나면 마음을 돌립니다. 사람들은 웰빙이 따뜻하고 어렴풋한 느낌의 무언가가 아니라 과학과 데이터에 기초를 둔 개념이란 것을 깨달았죠. 리더가 성장을 지속시킬 수 있는 최고의 방법은 자기 자신이 지속 가능한 삶을 영위하고 직원들도 그렇게 할 수 있게 지원하는 것입니다.

프레데리케 특히 여성들은 가정을 지키며 커리어를 이끄는 것이 너무 어려운 나머지 직장을 떠나곤 합니다. 그에 따라 회사들은 여성이 선사하는 사고 다양성을 잃게 되죠. 회사들이 이 문제에 더 잘 대처하여 성별 다양성의 혜택을 얻을 방법은 무엇일까요?

허핑턴 지금 여성들은 직장과 가정에서의 성공 중 하나를 억지로 선택해야 하는 상황에 놓여있어요. 하지만 우린 더 잘할 수 있습니다. 비즈니스 리더들은 일하는 여성들을 도와야 하며 여성들이 온 힘을 바쳐 일하고 있다는 사실을 단순히 인정하는 걸 넘어 격려해줘야 해요.

　사람들이 24시간 내내 일해야 한다는 부담을 느끼지 않고 업무가 끝난 후에는 작별인사를 하고 집에 가서 충분히 수면을 취할 수 있게 해줘야 합니다. 또한 특히 여성과 워킹맘들이 커리어의 성공과 가정의 행복 중 하나를 고르지 않아도 된다고 느끼게 해줘야 해요. 그렇게 하면 회사는 직원들의 회복 탄력성을 길러줄 수 있을 겁니다. 이것은 삶의 질을 높이기 위해 힘쓰겠다는 슬로건을 거는 것에서 끝나는 것이 아니라 웰빙이 회사의 핵심 가치가 되는 문화를 조성한다는 의미죠.

프레데리케 허핑턴 씨가 제일 좋아하는 마이크로 스텝은 무엇인가요? 그것을 실천하면서 삶이 어떻게 나아졌나요?

허핑턴 내가 제일 좋아하는 마이크로 스텝은 잠자기 전에 모든 기기들을 침실 밖으로 내보내는 거예요. 휴대전화는 놀라운 도구지만 양질의 수면을 위해 치워버려야 하는 온갖 것들의 보관소이기도 하죠. 해야 할 일 목록, 메일함, 우리의 걱정거리 같은 것들 말이에요. 침실 밖에서 휴대전화를 충전하는 것과 같이 아주 단순한 행동으로도 큰 차이를 만들 수 있어요. 푹 자고 나서 휴대전화처럼 잘 충전된 상태로 깨어나 더 나은 결정을 내리고 생산성을 높이는 거죠.

프레데리케 직장과 삶의 건강한 균형을 통해 다양한 인재들을 유지하는 데 도움이 될 만한 마이크로 스텝에는 무엇이 있을까요?

허핑턴 아마도 내가 가장 많이 받는 질문은 어떻게 직장과 삶의 균형을 유지하냐는 것일 거예요. 그런데 우리 스라이브 직원들은 균형에 초점을 맞추지 않아요. 애초에 '직장과 삶', '웰빙과 생산성'이 반대선상에 있다고 생각하지 않으니 균형을 맞출 필요도 없죠. 이것들은 모두 같은 곳에서 한 방향으로 함께 움직여요.

우리는 직장과 삶의 '통합'을 추구합니다. 이는 인간성을 키우는 일터 및 삶의 양식을 만들어나간다는 의미죠. 그렇게 하면 인생의 목표와 커리어의 목표 중 하나만 선택하지 않아도 됩니다. 우리가 업무 밖에서 가장 소중하게 여기는 것들은 숨기거나 회사에 양해를 구하거나 사무실에 들어서기 전에 점검해야 할 성공의 장애물이 아닙니다. 번아웃은 성공을 위해 반드시 치러야 하는 대가가 아니에요. 직장과 삶이 통합될 때 웰빙은 우리를 성공으로 이끌 연료가 됩니다.

건강한 습관을 쌓는 데 도움이 될 과학적인 마이크로 스텝 네 가지를 소개할게요. 일상에서 이 단계들을 실천하면 신체적, 정신적 웰빙이 촉진될 겁니다.

1. 하루의 마무리를 선언하라. 설령 할 일을 다 끝내지 못했더라도 말이

다. 효율적으로 우선순위를 설정한다는 것은 끝내지 못한 작업이 있어도 불안해하지 않고 재충전 시간을 가짐으로써 다음날 업무에 복귀했을 때 기회를 포착할 만반의 준비를 갖추는 것이다.

2. 자기 전에 60초 동안 다음 날 할 일 세 가지를 적어라. 연구에 따르면 이미 끝낸 작업이나 지나간 일들을 되돌아보는 것보다 앞으로 해야 할 주요 우선순위를 적어두는 것이 더 빨리 잠드는 데 좋다. 아침에 일어나면 그 목록을 참고하여 일에 열중하라.

3. 하루에 5분씩 명상할 시간을 빼둬라. 들숨과 날숨에 집중하며 호흡하면 긴장이 풀어지고 현재에 더 집중할 수 있다. 이것을 기반으로 여러분은 덜 예민해지고 회복 탄력성이 늘어나 자신의 가장 나은 모습에 한 발자국 더 가까워질 수 있을 것이다.

4. 일주일에 단 몇 분만이라도 좋아하는 일을 할 시간을 정해둬라. 우리가 중요한 회의나 병원 예약을 놓치지 않듯이 이 시간을 존중해야 한다. 그렇게 하면 자신에게 기쁨을 주는 일들을 우선시하는 법을 차츰 익힐 수 있을 것이다.

6장

스트레스를 이롭게
만드는 법

인터뷰 **후베르투스 마인케**

BCG 전무이사 겸 수석 파트너, 서유럽, 남미, 아프리카 지역 회장

나태함은 즐겁지만 괴로운 상태다.
우리가 행복하려면 무언가를 하고 있어야 한다.

마하트마 간디 *Mahatma Gandhi*

5장에서 배웠듯 스트레스가 무조건 나쁜 것은 아니다. '좋은 스트레스'는 '재미, 두려움, 집중' 중에서 '두려움'에 해당하며 우리가 즐겁게 몰입하여 최고의 기량을 발휘하도록 돕는다.

좋은 스트레스는 활력을 느끼고 살아있음을 만끽하게 하는 스트레스다. 그런 효과를 내기 위해 필요한 스트레스의 양은 사람마다 다르다. 여러분의 신경 지문 유형이 무엇이며, 여러분이 '감각 추구자'인지 아니면 '깊은 사색가'인지에 따라 달라진다.

어쨌든 이 사실을 강조, 또 강조하고 싶다. 강건한 정신을 유지하고 아침에 힘차게 침대를 박차고 나올 수 있길 바란다면 계속 이 책을 읽으면서 스트레스가 자신을 방해하지 않고 이로운 작용을 하도록 만들 방법을 알아보자.

단기 스트레스 vs 장기 스트레스

사실 짧게 지나가는 스트레스는 우리의 에너지, 성과, 건강에 도움이 된다. 우리가 스트레스를 느끼는 첫 30분 동안에는 면역체계가 강화된다. 단기 스트레스는 노르에피네프린과 도파민을 폭발시키고, 우리가 본격적으로 일에 착수할 때 기분 좋게 집중할 수 있도록 도울 것이다.

단기 스트레스를 발생시킬 수 있는 재미있는 방법으로는 찬물 샤워, 15분간의 고강도 인터벌 트레이닝 등이 있다. 심지어 30분 안에

화해할 수만 있다면 여러분의 소중한 사람과 잠깐 말다툼을 하는 것도 효과가 있을 것이다.

하지만 스트레스가 30분 이상 지속되면 면역 반응이 줄어들기 시작하며 약 한 시간이 되면 여러분의 면역체계는 정상기준치로 돌아오게 된다.

스트레스가 한 시간 넘게 이어지면 면역체계가 억제된다. 이는 만성적인 장기 스트레스가 정신과 신체 건강을 해치는 이유 중 하나다. 높은 스트레스 레벨이 30분 아래로만 유지될 수 있도록 노력하라. 기억하자. 단기 스트레스는 좋은 것, 장기 스트레스는 나쁜 것.

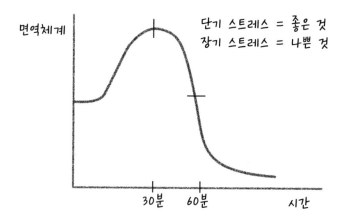

그림3 단기 스트레스 VS 장기 스트레스

뇌 촉진제 나는 매일 찬물 샤워를 하거나 시원한 물에 몸을 담근다. 그렇게 하면 기분이 아주 좋아지기 때문이다. 찬물은 우리 부신을 자극하여 노르에피네프린을 분비하게 하고 뇌에 활력을 주는 도파민 시스템을 활성화한다. 한 연구에서 참가자들이 대략 섭씨 15도 냉수에 목까지 몸을 담그자 단 몇 분 만에 노르에피네프린이 530퍼센트, 도파민이 250퍼센트 증가했다.[1] 찬물 샤워나 목욕은 불안을 낮추고 에너지와 면역력을 높이며 기분을 좋아지게 하고 장수에도 도움이 된다.

샤워 마지막에 시원한 물을 끼얹거나 욕조 안에 얼음주머니를 넣어보자. 몸을 찬물에 노출시키는 양을 매일 조금씩 늘려가라. 상쾌한 기분 전환을 하려다가 동상을 입을 순 없으니 말이다.

스트레스 받거나 지루하거나

2020년에 실시한 미국 직장 내 태도Attitudes in the American Workplace 설문조사에 따르면 근로자의 80퍼센트가 스트레스를 느끼며, 그중에 절반은 그 정도가 극도의 피로와 고통을 느끼는 수준이라고 한다.[2] 많은 이들이 업무 스트레스로 불면증에 시달린다고 보고했으며 응답자의 25퍼센트는 종종 소리 지르고 싶은 충동을 느낀다고 답했다.

한편, 갤럽연구소Gallup Institute는 직장인의 약 3분의 2가 너무 한가한 나머지 무료함과 지루함을 느낀다고 보고했다.[3] 이런 결과를 보면 스트레스를 받거나 지루함을 느끼는 직장인들이 아주 많은 것이 분명하다. 그런 삶은 참으로 불행할 것이다. 하지만 '수단과 방법을 가리지 않고 업무 스트레스를 줄여라'라고 말하는 것은 무의미하다. 또한 임원실에 잔잔한 음악을 틀어놓고 점심 식사 후에 단체로 낮잠을 자게 할 필요도 없다. 우리는 스트레스와 지루함을 더 섬세하게 이해할 수 있어야 한다. 이제 이 주제를 더욱 자세히 알아보도록 하자.

스트레스는 뇌를 수축하게 한다

과도한 스트레스는 문자 그대로 우리 뇌를 쪼그라들게 한다. 2018년에 진행된 한 연구에서 고도의 스트레스로 인한 코르티솔의 급증은 뇌 부피 감소 및 기억 손상과 관련 있다는 사실이 확인되었고 그 연관성은 특히 여성에게서 두드러졌다.[4]

우리가 극도의 스트레스를 겪으면 전전두피질이 운영을 중단하기 때문에 제대로 생각하거나 똑똑한 결정을 내리기가 어려워진다.

그 대신 뇌 중심부 깊숙이 존재하는 기저핵이 우리를 지배하기 시작한다. 기저핵은 우리가 평생 쌓아온 전문성과 습관이 자리 잡은 곳이다. '그냥 자전거 타는 것이랑 똑같다It's just like riding a bike'라는 영어 표현은 자전거 타는 법을 한번 배워놓으면 그 능력이 우리 기저핵에 영구 보관된다는 사실에서 유래되었다. 군인, 소방관, 파일럿을 포함하여 극도의 위험을 다루는 직종에 종사하는 사람들은 기저핵이 우리를 점령했을 때 나오는 자동 반응으로 생명을 구할 수 있도록 혹독한 훈련을 받는다.

왜 어떤 뇌들은 스트레스에 더 강할까

테스토스테론이 높은 남성과 여성은 나머지 유형보다 더 스트레스를 잘 다루는 것 같다. 테스토스테론이 신경보호 작용을 하여 스트레스 한계점을 높인다는 사실이 한 가지 원인이 될 수 있다.[5] 그들은 테스토스테론의 둔화 작용으로 더 많은 스트레스를 받아들일 수 있을지도 모른다.[6] 물론 성과에는 여전히 악영향이 있겠지만 이런 사람들은 상대적으로 두려움이나 불안을 더 천천히 느끼고 번아웃을 느끼기까지도 더 오래 걸릴 것이다.

반대로 뇌의 테스토스테론 시스템 활동이 감소하면 사람들은 불안과 두려움에 더 민감해진다. 한 흥미로운 연구에서는 여성이 테스토스테론을 복용했을 때 '놀람 반응startle response, (큰 소음 같은 것들에

209

반사적으로 보이는 반응으로서 사람들이 얼마나 쉽게 스트레스를 받는지 알게 하는 지표가 된다)'이 감소되기도 했다.[7] 테스토스테론은 남녀 모두에게 있지만 평균적으로는 남성의 테스토스테론 수치가 여성보다 열 배 가량 높다. 한편, 여성은 테스토스테론의 효과에 더욱 민감한 것으로 보인다.[8] 과학자들은 여전히 스트레스와 테스토스테론의 복잡한 관계를 탐구하는 중이다.

이 점은 확실하게 하겠다. 에스트로겐이 높은 남녀가 테스토스테론이 높은 남녀만큼 일을 잘할 수 없다는 뜻은 아니다. 단지 에스트로겐이 높은 사람들은 더 적은 양의 스트레스로 최고 성과에 도달하고, 더 적은 양의 스트레스로 번아웃을 겪을 수 있다는 의미다. 여러분이 일시적으로 스트레스 저항력을 높이고 싶다면 근력 운동으로 테스토스테론을 솟구치게 하여 높아진 자신감을 누리면 된다. 나는 일주일에 세 번씩 웨이트 운동을 할 때마다 슈퍼우먼이 된 기분을 느낀다. 최소한 두 세 시간 동안은 말이다.

깜짝 놀랄 사실 2021년 〈직장 내 여성〉 보고서에 따르면 일하는 여성의 42퍼센트는 '자주' 또는 '거의 항상' 번아웃을 느끼며 이는 남성 응답자에 비해 7퍼센트 높은 수치이다.[9]

스트레스가 더 오래 가는 유형은?

스트레스 생리학 분야 전문가 로버트 사폴스키는 평균적으로 여성에게 스트레스 반응이 더 오래 지속되며, 남성은 더 빨리 기준치를 회복한다고 했다. 유튜브 조회 수 100만 이상인 그의 강의 영상에서 사폴스키 교수는 우리가 배우자나 애인과 다툰 뒤에 상대의 사과를 받아도 여전히 화가 풀리지 않을 수 있다고 말했다. 그는 학생들에게 남자와 여자 중 어느 쪽이 더 오래 분노를 느낄 것 같은지 물었다.

교수는 "강렬한 교감신경 자극이 원상태로 회복되기까지 걸리는 시간에는 확연한 남녀 차가 있습니다"라고 말했다.[10] 그러고는 남성과 여성 중에 누가 화를 풀기까지 더 오래 걸릴지 손을 들어 표시해보라고 했다. 학생들은 웃음을 터뜨렸고 "네, 맞아요. 여자들이 더 오래 걸리는 편이죠"하고 동의했다.

우리는 '남녀간 스트레스 경험 방식의 차이'라는 주제로 이야기하기를 두려워해왔다. 그것이 자칫하면 여성에게 리더를 맡기지 않을 구실로 쓰일 수 있기 때문이다. 하지만 나는 이 주제를 논할 새로운 방식을 제안하고 싶다. 여성은 어느 면으로 보나 남성만큼 똑똑하고 창의적이며 유능하다. 다만 평균적으로 여성은 더 낮은 스트레스 지점에서 최고 성과에 도달할 수 있다.

여성의 스트레스 반응은 보살핌과 어울림

게다가 여성에게는 특히 오늘날 직장에서 더 빛을 발할 만한 스트레스 반응이 있다. 남성은 스트레스를 받았을 때 공격 태세를 갖추게 하는 호르몬과 화학물질의 세례를 받는다. 반대로 여성의 경우에는 유대감 호르몬인 옥시토신이 분비된다. 똑같이 스트레스를 받아도 여성들은 더 친근해지고 남성들은 경계심이 커진다.

지금은 적이 나타났다고 목을 베어버릴 수 있는 시대가 아니니 타협을 이끌어내고 갈등을 줄이는 여성의 스트레스 반응이 더 가치 있을지도 모른다. 하지만 유대감 스트레스 반응이 흔치 않은 비즈니스 세계에서는 이것을 '약함'의 표시나 '회유책'으로 오해하고 묵살해버리기도 한다.

이런 여성의 스트레스 반응은 캘리포니아대학교의 저명한 심리학 교수 셸리 테일러Shelley Taylor가 2000년에 처음 설명했다. 테일러 교수는 "여성의 스트레스 반응은 행동학적으로 '보살핌과 어울림tend and befriend'이라는 패턴을 보인다"라고 말했다.[11] 테일러는 '투쟁-도피fight or flight' 개념이 인정받은 건 연구에서 여성에 대한 편견이 있었기 때문이라고 주장했다. 투쟁 도피-반응은 사실 '인간 전체'가 아닌 '남성'의 반응이었다는 것이다.

테일러는 과학 연구가 남성이나 수컷 중심으로 진행되어왔다고 지적했다. 남성이 선택된 한 가지 이유는 여성의 몸이 생식계로 인해 호르몬 체계가 더 복잡하기 때문이다. 단순히 남성을 피실험자로 연구하는 것이 더 편리했던 것이다. 미국 국립보건원은 2017년이 되어서야 미국 국립보건원 기금으로 수행하는 의학 연구에 여성과 소수자들을 포함시킬 것을 요구했다.

지루함이란 무엇일까?

거물 CEO인 내 고객은 지루해하고 있었다. 하지만 그는 이 들뜨고 신경질적인 기분이 어디서 오는지 알 수 없었다. 내가 그에게 좋은 스트레스가 부족하기 때문이라고 설명하자 그는 두 가지를 결정했다. 첫째로는 따분하게 만드는 회의와 사람들을 피하기로 했으며 둘째로는 새로운 큰 도전을 찾기로 했다. 그는 자신의 회사를 다른 회사 몇 군데와 합병하고 그 어느 때보다 큰 기업을 이끌고 있다. 더 많은 스트레스를 받으며 훨씬 더 행복하게 산다.

토론토 요크대학교 소속 심리학자 존 이스트우드John Eastwood는 2012년에 지루함boredom이라는 단어의 실용적 정의를 발전시키는 작업에 착수했다. 그와 팀은 수백 명에게 지루하다는 것이 어떤 느낌인지를 묻고, 지루함이란 '만족스러운 활동을 향한 욕구 불충족'이라고 결론지었다.[12]

신경과학자로서 나는 지루해하는 사람들이 도파민을 갈구한다는 점을 덧붙이고 싶다. 도파민 시스템을 발동시키는 데 필요한 흥분을 얻지 못하면 서서히 피 말리는 지루함의 고문이 시작된다.

이스트우드는 "사람들이 지루해지면 내면에서 부정적인 반추의 악순환을 반복할 확률이 높아집니다"라고도 말했다. 또한 따분한 직원들이 업무에서 실수를 더 많이 하며 생산성도 더 낮다는 사실을 발견했다. "만약 당신이 항공 관제사거나 원자력 발전소 점검사라면 이건 정말 심각한 문제가 되겠죠." 이스트우드가 말했다.[13]

지루해서 죽을 수도 있을까?

연구자들은 지루함과 약물 남용, 도박, 과식, 심지어 조기 사망의 상관관계를 확인했다. 브리티시화이트홀 II British Whitehall II 연구는 공무원들에게 삶에 관한 질문을 하고 그 답변을 20여 년 후 공무원들의 사망 기록과 비교했다. 연구원들은 삶이 아주 지루하다고 응답한 이들이 그렇지 않은 사람보다 더 젊은 나이에 사망할 확률이 높았다는 사실을 발견했다.[14]

지루함은 인생의 목적을 탐색하게 하거나 우리를 극단적으로 몰아가기도 한다. 사회심리학자 바이낸드 반 틸버그Wijnand Van Tilburg는 실험에서 참가자들을 지루하게 만들자 그들의 정치적 관점이 더 극단적으로 변했다는 사실을 발견했다. '지루한 사람은 무언가의 의미를 재정립하고 싶어 한다. 그 과정에서 좌파 대 우파 같은 방식의 극단적 신념을 추구하는 것이 의미의 원천이 되기도 한다'라고 결론

지었다.[15]

깜짝 놀랄 사실 버지니아대학교 연구자들은 피실험자들을 빈방에 두고 발목에 전기 충격을 주는 버튼을 누르는 것 외에 다른 일은 하지 못하게 했다. 그러자 참여자의 거의 절반이 스스로를 감전시켰다.

"전기 충격은 아주 강하진 않았으며 심한 정전기 수준이었습니다. 조금 아프긴 했죠." 사회심리학 교수 티머시 윌슨Timothy Wilson은 BBC 방송의 〈네이키드 사이언스Naked Science〉에서 말했다. "참가자들은 지루함을 못 이긴 나머지 차라리 전기 충격이라도 느끼고 싶어 했던 것 같습니다." 어떤 피실험자는 15분 동안 전기 충격 버튼을 190번이나 눌렀다. "그가 도대체 왜 그랬는지 잘 모르겠네요." 윌슨이 말했다.[16]

톰 크루즈과 오프라 윈프리

도파민 시스템 활동이 왕성한 사람들은 스트레스 내성이 강한 반면 지루함에 대한 내성은 약할 것이다. 그런 사람들은 늘 자극을 갈망하는 감각 추구자이며 스카이다이빙 같은 활동을 사랑한다. 세로토닌 시스템이 더 활발한 사람들은 스트레스 내성이 낮고 지루함을 더 잘 견딜 수 있을 것이다. 그런 사람들은 내가 '깊은 사색가'라고 부르는 유형이며 편안한 거품 목욕 같은 것들을 하며 시간 보내기를 좋아한다.

오프라 윈프리Oprah Winfrey가 2005년에 톰 크루즈Tom Cruise와 진행한 인터뷰 명장면을 아직 보지 못했다면 지금 당장 유튜브를 켜라. 톰 크루즈는 인터뷰 도중에 소파에서 방방 뛰며 새 연인 케이티 홈즈Katie Holmes에 대한 사랑을 표현한다. 나는 이 인터뷰야말로 깊은 사색가 윈프리와 감각 추구자 크루즈의 각기 다른 성향을 가장 선명히 드러내주는 훌륭한 사례라고 생각한다.

윈프리는 인내심 있고 격려를 잘하는 경청자로 대중에게 인식된다. 그녀는 가장 편안한 파자마나 부들부들한 수건 같은 것들을 찾아 팔로워들에게 알려주기를 즐긴다. 한편 크루즈는 7,500미터 상공에 떠 있는 비행기에 매달리거나 두바이에 있는 높이 820미터의 부르즈 할리파를 기어오르는 등의 아찔한 스턴트 장면을 대역 없이 찍는 대담한 영화배우다. 윈프리의 토크쇼에서 이 두 사람의 만남은 꽤 흥미로운 광경이었다.

감각 추구sensation seeking는 뇌의 도파민 시스템과 관련 있는 유전적 성격 특성이다. 감각 추구자들은 새롭고 강렬한 경험을 원하며 그것을 위해 위험을 감수한다. 감각 추구는 유전되며 약물 남용의 위험성과도 관련 있다.

업무에서 감각 추구

감각 추구가 나타나는 양상은 신경 지문의 호르몬 측면에서 에스트로겐과 테스토스테론이 얼마나 높은지에 따라 달라진다. 테스토스테론 혹은 도파민이 높은 신경 지문의 감각 추구자들은 극한의 도전을 원한다. 테크 스타트업에 다니던 소피 래드클리프Sophie Radcliffe는 지루함 때문에 직장을 떠났고 '한 번뿐인 삶, 제대로 살자!'라는 새로운 만트라를 정했다. 소피는 보르네오 정글을 통과하는 어드벤처 레이스를 완주하고 자전거로 24시간 내에 런던에서 파리를 주파했다. 2014년에는 자전거로 스위스 알프스 산맥을 오르고 동시에 알프스가 있는 8개국의 가장 높은 산들을 등반한 기록을 최초로 세우기도 했다.[17]

나 역시도 감각 추구자이긴 하지만 에스트로겐과 도파민이 높은 신경 지문이기 때문에 내가 암벽다이빙을 하는 모습을 볼 수는 없을 것이다. 그 대신 나는 집을 떠나 타국에 있는 대학에 진학한다고 선언하여 깊은 사색가인 우리 엄마를 경악하게 한 적이 있다. 나는 다섯 개 국가에서 학위를 땄고 이탈리아어, 스페인어, 스웨덴어, 독일어, 영어, 프랑스어에 능숙해졌다. 난 여전히 여행하고 외국어로 말하기를 좋아한다.

업무에서 감각 추구자들의 관심을 붙잡으려면 마감 기한을 설정하고 순환 근무 기회를 제공하며 점점 더 어려운 업무를 배정해줘야한다. 이 유형은 프로젝트에서 강한 추진력과 에너지를 발휘할 수 있지만, 체계성이 부족하거나 지나치게 무모해지기도 한다. 그러므로 질서를 유지하고 차질 없이 일을 진행시키는 깊은 사색가를 같은 팀에 넣어주자.

깊은 사색가는 다가가기 쉽고 긍정적이며 신뢰 넘치는 환경을 조성할 수 있으므로 훌륭한 상사가 될 것이다. 이들은 HR 영역에서 빛을 발한다. 사람들을 무대 중심에 올려놓을 줄 알며 그들의 필요를 채워주는 데 관심을 가지기 때문이다.

언젠가 내가 한 포춘500 기업에게 이 내용이 담긴 기조연설을 했을 때 그 회사 CEO와 CFO가 복도에서 나를 붙들고 말을 걸었다. "우리가 함께 일하는 것이 그토록 어려웠던 이유를 드디어 알아냈습니다." CEO는 손가락으로 CFO를 가리키며 외쳤다. "그녀는 무슨 일이든 미리 계획하고 싶어 하고, 나는 즉흥적으로 처리하는 걸 좋아하죠. 이제 보니 난 뭔가를 미리 계획하는 게 눈물 날 정도로 지루했던 거예요."

CFO도 맞장구를 쳤다. "맞아요! 이제 우린 서로에게 불만을 품는 것이 아니라 서로를 이해할 수 있게 되었답니다."

스트레스와 지루함을 관리하는 3가지 방법

다음에 걸쳐 우리는 스트레스와 지루함을 건강하게 관리할 수 있는 세 가지 방법을 자세히 알아보고자 한다. 아래의 순서대로 적용해볼 것을 권장한다.

1. **상황을 바꿔라** – 경계선, 거절, 자주성의 힘
2. **신체를 사용하라** – 햇빛과 생체 리듬으로 신경 균형을 회복하라.
3. **뇌를 써라** – 명상, 감사, 감정에 이름표 붙이기는 효과가 좋지만 터득하는 데 시간이 걸린다. 이미 스트레스가 충만한 사람들에게는 이런 과정이 부담스러울 수 있으므로 상황 바꾸기와 신체 사용하기 기법을 먼저 시도해보길 권한다.

나는 고객들에게 늘 이렇게 말한다. "전 여러 가지 옵션을 드릴 겁니다. 우리 목표는 그것들을 전부 실천하거나 숙달하는 것이 아니에요. 각각의 기법들을 탐색하면서 어떤 것이 마음에 드는지 알아보세요. 당신이 즐길 수 있고 규칙적으로 실천할 수 있을 것 같은 항목

을 한두 개 선택해 보세요." 여러분도 자신에게 잘 맞는 것을 찾기 바란다.

자신이 아니라 상황을 바꿔라

먼저 여러분을 변화시키려고 하는 자기계발서들을 싹 다 치워버리자. 나는 사람이 아니라 일터를 바꾸라는 이야기를 자주 한다. 이번엔 스트레스와 지루함과 관련하여 나의 가장 확실한 관리 팁을 더한다. '자기 자신이 아니라 상황을 바꿔라.'

이제 종이와 펜을 가지고 책상 앞에 앉아라. 이 활동은 컴퓨터로 하지 말자. 손 글씨 쓰기는 진정 효과를 주는 감각 경험으로 뇌의 정보 처리를 돕는다. 먼저 고객사 회의, 이메일 작성, 출장 등 정기적으로 처리해야 하는 업무 목록을 만든다. 그다음에 4장에 실린 재미, 두려움, 집중 그래프를 그린다. 아니면 내 웹사이트 fabulous-brain.com에서 무료로 제공하는 템플릿을 써도 좋다.

재미, 두려움, 집중 그래프에서 각각의 업무 활동이 들어갈 위치를 찾아 적어라. 어떤 활동이 지루하고 어떤 활동이 스트레스를 주며 또 어떤 활동이 여러분을 몰입시키는지 분명하게 알 수 있을 것이다. 이제 여러분은 성과를 방해하는 활동을 없애는 방법에 대해 브레인스토밍할 수 있다.

한 가지 예를 들어보자. 내 고객 중 한 명은 저녁 9시만 되면 내게 전화를 걸어 최근에 떠올린 훌륭한 아이디어들을 말해주곤 했다. 처음에는 그의 전화를 받았지만 화가 나는 건 어쩔 수 없었다. 하루를 마무리하고 잠들 준비를 하고 싶었던 나는 스트레스가 이만저만이 아니었고, 경계선을 설정하기로 다짐한 뒤 오후 6시 이후에는 어느 고객의 전화도 받지 않았다. 내가 다음 날 아침에야 이 밤부엉이 고객의 음성메시지에 응답하기 시작하자 드디어 그도 눈치를 챈 것 같았다. 더 이상 저녁 시간에는 전화가 오지 않았다.

이것이 바로 우리의 첫 번째 스트레스 퇴치 기술인 '경계선 설정하기'이다.

거절하는 법 배우기

내가 기조연설을 마치고 나서 사람들과 저녁 식사를 하러 가면 꼭 나를 불러 세우고 이렇게 털어놓는 임원들이 있다. "프레데리케, 나는 안 해본 것이 없어요. 명상, 달리기, 요가……. 하지만 어떤 것도 효과가 없었어요! 난 끊임없이 부담을 느껴요. 가슴이 쿵쾅쿵쾅 뛰고 도무지 잠들 수가 없죠. 정신이 나갈 것만 같은데, 어떻게 해야 할까요?"

나는 항상 똑같이 말해준다. "거절하는 법을 배워야 해요."

그 어떤 에너지 관리 기법도 'No'라는 단어만큼 강력하진 않다. 그러나 대부분은 자신의 일과 상호의존적인 관계를 유지하면서 일을 너무 많이 떠안고 순교자라도 된 양 행동한다. 조금 쉬려고 인맥을 쌓을 수 있는 행사에 불참하면 죄책감을 느끼며, 열정이나 팀워크가 부족한 사람으로 비춰질까 노심초사한다. 특히 에스트로겐이 높은 신경 지문 유형은 자신을 뒷전으로 하고 타인의 필요에 집중하는 경향이 있기 때문에 이런 문제를 더욱 많이 겪을 것이다.

여러분의 일이 인생을 갉아먹고 있다면 내 책을 핑계 삼아 상사와 이야기할 시간을 갖기 바란다. 최고의 성과를 낼 수 있도록 뇌 친화적인 경계선을 설정하고 싶다고 이야기하고, '최적의 스트레스 포인트'와 '몰입' 개념을 설명하라. 여러분이 의사소통, 회의, 각종 모임 등의 활동에서 경계를 설정하려는 이유가 일을 더 잘하기 위해서라는 확신을 줄 수 있어야 한다. 함께 목표를 정하되 그것을 달성하는 방식에서는 자율성과 유연성을 요구하라.

어떤 에너지 관리 기법도 'No'라는 말만큼 강력하진 않다.

여러분이 리더라면 직원들이 스트레스 관리에 도움이 필요할 때 여러분을 찾게 해야 한다. 모든 직원이 최고의 능력을 발휘할 수 있도록 뇌 친화적인 일터를 조성해주자. 케케묵은 일 중심 문화가 아닌 결과 중심 문화에 집중하라.

◦◦◦

 세로토닌은 뇌보다 소화관에서 더 많이 분비된다는 사실을 아는가? 사우어크라우트, 케피르, 김치, 된장, 비트 크바스 등 여러분의 입맛에 맞는 발효 식품을 식단에 추가해보자. 이런 음식에는 활력을 주고 기분이 좋아지게 하는 건강한 박테리아가 풍부히 들어 있다. 우리 가족은 직접 만든 진저비어를 즐겨 먹는다.

◦◦◦

YES – NO – YES

윌리엄 유리William Ury는 《No, 이기는 협상의 출발점》의 저자다. 그는 같은 제목의 유튜브 인터뷰에서 워런 버핏이 자신에게 한 말을 들려줬다. "내가 하는 일은 'No'라고 말하는 겁니다. 난 오마하에 있는 사무실 책상에 앉아 투자 건을 하나하나 검토하죠. 정확히 내가 원하는 건을 만나 'Yes'라고 말할 때까지 천 번씩 'No'를 말해요. 일평생 내가 한 일은 'Yes'라고 네다섯 번 이야기한 것이 다인

데, 난 지금 억만장자가 됐죠!"[18]

유리는 '긍정적인 No'가 Yes-No-Yes의 세 가지 구조로 이뤄져 있다고 정의했다.

1. 인생의 최우선 순위에 'Yes'라고 말하라.
2. 'No'라고 할 때는 존중을 담아 명확하게 전달하라.
3. 상대의 필요를 충족시킬 수 있는 것에 '예스'라고 말하라.

상사가 이번 주말에 일을 좀 해달라고 말했다고 해보자. 1번의 Yes 먼저 시작한다. "주말에 가족과 중요한 약속이 있습니다." 그 다음엔 No를 말한다. "그래서 이번 주말에는 일할 수가 없어요." 이제 여러분의 입장에서 상사의 필요를 충족시킬 수 있는 Yes로 마무리 짓는다. "대신 수요일과 목요일에 야근을 해서라도 금요일까지 작업을 마치도록 하겠습니다."

자주성에 깃든 변화의 힘

경계 설정과 거절하는 법을 배우면 우리 삶에 자주성이 생긴다. 자주성이란 삶과 운명의 결정권이 자신에게 있다고 느끼는 것이다. '긍정 심리학positive psychology' 운동의 창시자 마틴 셀리그먼Martin Seligman은 자주성을 3대 기본 심리 욕구 중 하나로 꼽는다.[19]

1. **자주성** – 자유의지에 대한 욕구
2. **능력** – 자신의 환경을 효율적으로 통제하려는 욕구
3. **소속감** – 다른 사람과 소통하고 관계를 맺으며 서로 돌봐주려
   는 욕구

우리의 스트레스 수준은 자주성과 직접적으로 관련 있다. 이것을 잘 드러내는 '충격적인' 동물 연구가 하나 있다. 연구자들은 쥐들에게 무작위로 경미한 전기 충격을 가하는 실험을 했다. 쥐들은 두 그룹으로 나뉘었으며 한 그룹은 충격 장치를 코로 눌러 끌 수 있는 버튼을 받고 다른 그룹은 버튼을 받지 못했다.

두 번째 그룹에 속한 쥐들은 기회가 왔을 때 탈출하지 못하거나 끝내 죽어버렸다. 약한 전기 충격이 쥐들에게 신체적 손상을 입힌 것은 아니었다. 쥐들은 연구가들이 '탈출 불가 스트레스inescapable stress'라고 이름 붙인 증상에 시달렸다. 스스로 충격을 제어할 수 없는 상황 및 두려움에서 오는 극심한 스트레스를 견뎌낼 수 없었고, 우울 증세와 유사한 '학습된 무기력'이라는 행동을 보였다.[20]

인간에게서도 비슷한 실험 결과가 나왔다. 그에 더하여 상사들은 부하 직원과 비교했을 때 똑같이 긴 시간을 근무해도 코르티솔 수치가 더 낮았고 자각하는 스트레스의 레벨도 더 낮았다.[21] 이렇듯 자주성은 주요한 스트레스 완충제다.

일부 뇌 친화적인 기업들은 직원들이 스스로 일정을 짜게 하여

자주성을 높여준다. 이상하다는 생각이 드는가? 티센크루프 글로벌 학습 및 개혁 책임자 제닌 슈바르타우 박사는 그렇게 생각하지 않는다. "우리 팀 사람들은 스스로 일정을 정합니다. 어떤 사람들은 9시에서 5시까지 일하고, 또 어떤 사람들은 저녁 시간에 일한 뒤 늦게 출근하기도 해요." 박사는 내게 말했다. 그녀는 직원들의 만족도와 생산성이 더 높아졌다고 이야기한다.

이제는 너무 많은 사람들이 재택근무의 묘미를 안다. 따라서 회사들은 자주성의 힘을 인정하고 받아들일 수 있어야 한다. 유연성을 확대하지 않는다면 직원들은 사무실로 복귀하지 않고 그만두려 할 것이고, 회사들은 원격으로 일하는 프리랜서들에게 의존할 수밖에 없다. 이런 상황이 팀워크에 해로운 것은 말할 것도 없다. 그러지 말고 유연한 일정과 회의 불참을 허용하고 결과에 더 집중해보는 것은 어떨까?

햇빛 듬뿍 받기

4장에서 여러분은 우리 몸의 건강을 증진시킬 수 있는 여러 방법들을 배웠다. 한 가지를 더 소개하고 싶다. 바로 햇빛을 듬뿍 받는 것이다. 커튼을 활짝 열고 가능하다면 밖으로 나가라. 짬이 날 때에는 밖에 나가 활기차게 산책을 해보자.

햇빛은 기분이 좋아지게 하는 엔도르핀을 자극하며 우리 몸이 산화질소를 생성하게 한다. 산화질소는 혈관을 확장시켜 신선한 산소를 공급받은 피가 뇌로 흘러가도록 신호를 준다. 산화질소가 부족하면 심장병, 당뇨, 발기 부전의 증세가 나타날 수 있으니 햇빛 쬐기를 소홀히 하지 말자.

뇌 식히기 《나는 4시간만 일한다》의 저자이자 사업가인 팀 페리스Tim Ferriss는 매일 아침 3~5분씩 밖에서 줄넘기를 한다. 그는 팀 페리스 쇼Tim Ferriss Show 팟캐스트에서 신경생리학자 앤드루 휴버먼을 인터뷰하면서 그렇게 하면 기분이 아주 좋아진다고 말했다.

"확실히 플라시보 효과는 아니네요. 아침 햇빛에 노출되면 동기부여와 긍정적 기대감을 주는 도파민이 활성화되거든요." 휴버먼이 대답했다.[22]

아침 햇빛을 쬐면 몸 안에서 코르티솔 생산이 촉진된다. 코르티솔은 일명 '스트레스 호르몬'으로 악마 취급을 받아왔으며, TV에서는 '코르티솔을 억제하고 복부 지방을 줄이는' 미심쩍은 보충제들을 떠들썩하게 광고한다. 그런데 사실 코르티솔은 우리의 천연 알람 시스템이며 이 시스템을 깨우려면 햇빛이 있어야 한다. 적절한 수치의 코르티솔은 다음과 같은 작용을 한다.

- 우리 몸의 탄수화물, 지방, 단백질 사용 방식을 관리한다.
- 염증을 줄인다.
- 혈압과 당뇨를 조절한다.
- 수면과 기상 주기를 제어한다.
- 활력을 준다.
- 단기 스트레스 후 신경 균형을 회복시킨다.

다만 우리가 장기 스트레스를 겪으면 몸에 코르티솔이 과도하게 쌓인다. 높은 코르티솔 수치가 유지되면 고혈압, 심장병, 제2형 당뇨, 골다공증 및 다른 만성질환의 위험이 커진다. 코르티솔 과다는 우리 몸에 지방을 저장하라는 신호를 주는데, 이는 장기 스트레스에 대한 원초적 반응이다. 해결책은 TV에서 떠들어대는 보충제가 아니라 햇빛을 많이 받고 스트레스를 관리하는 것이다.

우리가 아침에 코르티솔 시스템을 발동시키면 하루 종일 맑고 상쾌한 기분을 느낄 수 있다. 아침 햇살은 멜라토닌 시스템에 하루의 시작을 알리는 신호를 보내기도 한다. 이 시스템은 이제 약 12시간 후에 수면을 돕는 멜라토닌을 생산해야 한다는 것을 알아챈다.

뇌 촉진제 2021년에 40만 명 이상을 대상으로 수행한 종단 연구를 통해 야외에서 햇빛 쬐기의 중요성이 입증되었다. 햇빛 노출량이 증가할 경우 사람들의 기분 상태와 수면의 여러 측면에서 더 좋은 결과를 예측할 수 있었다.[23]

블루라이트와 레드라이트

태양 빛에 있는 블루라이트는 아침에 개운함과 기민함을 느끼게 해준다. 텔레비전, 컴퓨터, 스마트폰도 블루라이트를 방출하지만 이미 5장에서 언급했듯 낮 동안은 블루라이트 차단 안경을 쓸 필요가 없다. 정신이 또렷하지 말아야 할 저녁 시간대에만 차단 안경을 쓰면 된다. 그러나 그보다는 취침 3~4시간 전에 텔레비전, 컴퓨터, 스마트폰을 자제하여 양질의 수면을 취하는 것이 훨씬 더 좋다.

저무는 해는 건강에 이로운 레드라이트를 내보낸다. 레드라이트는 자연스럽게 긴장을 완화시키며 우리 몸에게 하루를 마무리하고 잘 준비를 하라고 재촉한다. 가능하면 걸어서 혹은 자전거를 타고 퇴근하면서 이 붉은 빛을 쬐라. 집 문 앞에 다다를 즈음이면 편안한 기분을 느낄 수 있을 것이다.

　이런 간단한 방법들은 우리 몸 고유의 생체 리듬에 긍정적인 작용을 할 것이다. 과거의 인간은 야외 생활을 훨씬 더 많이 하며 자연스러운 빛의 변화를 경험했다. 그러나 오늘날 우리는 삶의 약 87퍼센트를 실내에서 보내기 때문에 햇빛과 어둠이 몸에 보내는 중요한 신호들을 놓치고 살아간다. 그러면 코르티솔 수치가 엉망이 되고 건강이 나빠질 것이다.

마법같은 경탄의 효과

　마린 파자니Marin Pazzani는 마터호른산을 다섯 번 등반했다. 63세에도 활발하게 등반 활동을 이어가던 그는 왜 산에 오르냐는 질문을 받았다. "난 경탄을 느끼고 싶거든요."[24] 파자니가 대답했다.

　과학자들은 사람들이 경탄과 경이로움을 느낄 때 염증과 스트레스가 줄어들고 텔로미어telomere가 길어진다는 사실을 알아냈다. 텔로미어는 신발 끈에 달린 보호캡과 유사한 염색체 끝단 부분으로, 염색체끼리 달라붙거나 염색체의 끝부분이 닳지 않도록 보호하는 역할을 한다. 시간이 흐르면서 텔로미어가 짧아지면 염색체들은 손상, 노화, 결국에는 사망에 더 취약해진다. 이제 경탄을 느낀다는 것이 얼마나 중요한지 알겠는가?

　뇌 친화적인 회사들은 사람들이 직장에서 경이로운 경험을 할 기회를 적극적으로 만들려 한다. 나의 고객인 BCG의 소피아 데이비스Sophia Davies는 내가 강연자로 참가했던 팝테크 2.0Poptech 2.0행사에 디지털 아티스트 레피크 아나돌Refik Anadol을 상주 아티스트로 초빙했다. 아나돌은 뇌파를 본떠 만든 물결 모양의 디지털 조각품을 선보여 참석자들로부터 경탄을 자아냈다.

또 다른 글로벌 기업 UBS는 위워크WeWork를 선임하여 뉴저지주 위호켄에 있는 자산운용본부의 거대한 사무공간을 훨씬 매력적인 환경으로 새롭게 디자인했다. 푸릇푸릇한 식물이 가득하고 따뜻한 우드톤으로 포인트를 준 새 캠퍼스에는 다목적 공용 공간, '전용 웰빙 룸', 자연광이 아주 잘 드는 커다란 창들이 있다.

"우리 목표는 위워크와의 협업을 통해 현대적이고 공동체 중심적인 업무 공간을 만들어 직원들의 생산성을 높이고 차세대 인재들을 유치하는 것입니다." UBS 글로벌 자산관리 미주지역 인사 총괄자 마크 몬타나로Marc Montanaro는 〈뉴저지 리얼이스테이트RealEstate〉에서 위와 같이 말했다.[25]

또한 UBS는 직원들이 회사의 훌륭한 예술 수집품들을 감상하도록 장려한다. 이 회사는 2020년에 '디지털 정원사' 제이콥 쿠즈크 스틴슨Jakob Kudsk Steensen의 작업을 공동 지원했다. 그가 제작한 '카타르시스catharsis'는 원시림의 아름다운 모습을 단일 연속 촬영 기법으로 담아낸 작품이다. 관람자들은 북아메리카 숲속에서 녹음한 소리를 배경으로 나무 뿌리가 묻힌 지하에서부터 잎이 무성한 숲 지붕까지 시선을 옮겨가며 황홀한 경험에 빠질 수 있다. 정말 경탄을 불러일으키는 작품이다.

나는 뇌 친화적인 기업들이 오피스에 전시실, 음악 스튜디오, 도서관을 설치하길 바란다. 직원들이 점심시간을 이용하여 그림을 그리거나 동료들과 즉석 합주를 할 수 있다면 스트레스나 지루함 퇴치에 얼마나 유익할지 상상해봐라.

감정에 이름표 달기

스트레스를 해소하고 우리 삶에 더 큰 의미와 기쁨을 채울 수 있도록 설계된 여러 가지 마음챙김 기법들을 탐구해볼 만한 가치가 있다. 나는 개인적으로 '감정에 이름표 달기'를 제일 좋아한다. '자신의 기분을 언어로 표현하는' 이 단순한 활동은 폭넓은 연구를 통해 정서 조절에 도움이 되는 것으로 확인됐다.[26]

우리가 분노 등의 강력한 부정적인 감정에 압도되면 똑바로 생각하기가 어려울 수 있다. 그런 상황에서는 편도체가 시상하부와 부신으로 조난 신호를 보내어 몸에 스트레스 호르몬이 가득해지기 때문이다. 이런 신체 반응을 이끌어 내는 감정으로는 두려움, 분노, 불안, 공격성 등이 있다.

이름표 붙이기를 하면 스트레스 처리 기관이 기존의 편도체에서 이성과 기분 조절을 관장하는 전전두피질로 바뀌고 신체 반응이 재

빨리 진정된다. 단순히 감정에 이름을 붙이는 것만으로 슬픔, 분노, 고통의 강도가 낮아진다는 사실이 뇌 영상 연구를 통해 확인됐다.[27]

'나는 ○○를 느껴'라는 말로 시작하자. 자신의 감정을 아주 구체적으로 파악해야 한다. 내가 느끼는 것은 분노일까 아니면 누군가를 향한 원망일까? 나는 슬픈 걸까 아니면 실망한 걸까? 이건 외로움일까 아니면 비통함일까?

감정에 이름표를 붙이는 행위가 자신의 신체 반응을 어떻게 조절하는지 몸소 느껴보자. 심박수가 정상으로 돌아오고 몇 번 심호흡을 하면 안정을 되찾을 수 있을 것이다. 그런 다음에는 가능하다면 친구에게 자신이 느끼는 감정을 공유하라. 따분한 회의 중에 '너무 지겨워!'라고 문자를 보내는 간단한 행위가 미소를 자아내는 기분 전환이 될 수 있을 것이다. 이제 여러분은 친구가 속상해서 전화를 걸었을 때 어떻게 도와줄 수 있는지 안다. 친구가 느끼는 감정에 이름을 붙이게 하는 것이다.

이름표 붙이기는 연습을 하면 할수록 더 능숙해질 것이다. 인간은 마땅히 자신의 감정을 의식하고 표현하며 공유할 수 있어야 하나, 비즈니스 세계에서 감정을 드러내는 행위는 프로답지 못하다고 인식된다. 하지만 감정은 꾹꾹 억누를수록 폭발하게 되어 있다. 나는 리더들이 누군가를 해고해야 할 때 그 일을 당한 사람들이 말로 심정을 표현하게 하는 것이 매우 중요하다고 조언해왔다. 상담 서비스나 새로운 직업을 소개해주는 건 그 다음에나 할 일이다.

그 외 마음 기반 스트레스 퇴치법

스트레스 관리에 효과가 좋은 마음 기반 기법들을 소개한다.

- **마음챙김 기반 스트레스 완화법**MBSR – 가장 과학적으로 연구된 형태의 마음챙김 훈련인 MBSR은 전전두피질을 활성화시키고 면역체계를 촉진하며 직관력을 향상시키고 뇌의 연결성을 강화한다. 매일 8주 동안만 MBSR을 수행하면 이런 긍정적인 변화들이 일어날 수 있다.
- **감사 연습** – 감사한 것들을 의식적으로 되새기는 사람들은 긍정적인 감정을 더 많이 느끼고 양질의 수면을 취하며 면역체계가 더 튼튼하다. 감사는 도덕 인식이나 가치관을 담당하는 뇌 영역을 활성화시킨다. 또한 기분을 좋게 해주는 신경화학물질 도파민, 세로토닌, 옥시토신을 촉진하기도 한다. 감사를 연습하려면 날마다 삶에 주어진 좋은 것들에 집중하자.
- **최면** – 최면은 집중력을 가다듬어주고 감정 조절 능력과 자신감을 높여줄 수 있다. 스탠퍼드대학교의 데이비드 슈피겔David Spiegel 박사가 이끈 연구팀은 최면이 뇌의 실행 네트워크executive network와 신체 감각을 처리하는 섬엽 영역의 연결성을 높여 집중력을 향상시킨다는 사실을 알아냈다. 그와 동시에 뇌의 현출성 네트워크salience network와 기본 모드 네트워크default

mode network 활동이 감소하여 주의가 덜 분산된 채로 집중력을
유지하도록 돕는다.[28]

사회적 지지 구하기

사회적 지지가 스트레스 대처와 지루함 완화에 얼마나 중요한 역
할을 하는지가 여러 연구에서 확인됐다. 그렇다면 왜 이 장에서 친
구나 동료 관계의 중요성을 알아보지 않았을까? 바로 다음에 오는
7장 '모두에게는 서로가 필요하다'에서 그 부분을 심도 있게 다룰
예정이기 때문이다.

뇌 친화적인 인터뷰

후베르투스 마인케 Hubertus Meinecke
BCG 전무이사 겸 수석 파트너, 서유럽, 남미, 아프리카 지역 회장

마인케 박사는 BCG 서유럽, 남미, 아프리카 지역 회장이며 사내
집행위원회 일원이다. 또한 그는 BCG헨더슨연구소BCG Henderson
Institute의 이사를 맡고 있으며 다보스세계경제포럼World Economic
Forum in Davos에서 BCG를 대표한다.

박사와 나는 유뉴스재단Yunus Foundation을 적극적으로 지원했고 나는 그 인연으로 '후비Hubi, (그의 애칭)'와 친분을 쌓게 됐다. 후비는 영락없는 '감각 추구자'다. 그는 BCG를 위해 온 지구를 누빌 때를 빼고는 늘 등산이나 울트라마라톤을 하며 시간을 보낸다.

프레데리케 박사님이 몽블랑을 오르거나 트레일러닝, 울트라마라톤을 했다는 소식을 듣는 것이 참 즐거워요. 박사님이 큰 도전 없이 무난한 일을 하며 살아야 했다면 아마 제정신을 잃었을 것 같아요. 압박이 있을 때 오히려 더 활기를 얻고 즐기는 타입이신 것 같은데, 맞나요?

후베르투스 그래요, 내겐 정말 중요한 것이 다섯 가지 있어요. 일, 모험, 가족, 영양, 예술이죠. 난 피아노 치기를 아주 좋아하고, 모험이나 달리기를 하면서 스트레스를 이겨낸답니다. 나 자신의 또 다른 모습을 발견하고 늘 새로운 것들을 시도하고 싶어요. 내 롤모델은 최근 15년간 가장 훌륭한 울트라러너로 평가되는 킬리안 호넷Kilian Jornet이죠. 그는 늘 자신을 한 단계 더 높이 발전시킨답니다.

난 언제나 예술을 사랑했어요. 3년 전 베를린의 한 미술관에서 아티스트 두 명을 사귀게 되었는데, 그 덕분에 예술을 향한 흥미가 깊어졌고 이제 예술은 새로운 에너지 원천이 됐죠.

프레데리케 강렬한 신체적 도전과 예술을 향한 애정이 업무 스트레스를 상쇄시킨다는 뜻인가요?

후베르투스 네, 그런 것들이 행복과 건강을 유지시켜주기 때문에 일에서도 최선을 다할 수 있어요. 또 다른 기쁨의 원천은 네 명의 자녀들입니다. 셋은 바이올린을, 다른 한 친구는 첼로를 연주하죠. 4세부터 음악을 시켰는데, 6세가 되니 꽤 듣기 좋은 연주를 할 수 있게 되더군요. 아이들과 함께 연주하는 건 정말이지 멋진 경험이랍니다.

프레데리케 팬데믹으로 해외 출장이 아주 많이 줄어들었을 것 같아요. 과거로 돌아가고 싶으세요, 아니면 이제는 변화가 필요하다고 생각하세요?

후베르투스 사람들이 전처럼 미친듯이 비행을 할 것 같진 않아요. 그때는 다들 너무 무리했던 것 같아요. 내 출장 빈도는 팬데믹 전의 60퍼센트 정도가 될 듯하군요.

프레데리케 기업 리더들은 시차조차 느끼지 말아야 한다는 케케묵은 생각을 바꿀 적기가 바로 지금인 것 같아요. 그런 뒤처진 생각 때문에 똑똑하고 훌륭한 통찰을 지닌 인재들이 극도의 스트레스를 버티지 못하고 회사를 떠나야 했죠. '깊은 사색가'들을 채용하고 승진시키면 더욱 혁신적이고 사고 다양성이 있는 리더십을 만들 수 있을 거예요.

후베르투스 정말 멋진 생각이에요. 예를 들어 어떤 CEO가 늘 시간에 쫓기고 세세한 것들을 검토하기 싫어한다면, 그 사람에게 보고할 때는 늘 세 가지 정도로 간추린 요점만을 전달해야겠죠. 하지만 이런 선형적 소통방식을 고집하지 않았다면 놓치지 않았을 것들이 종종 눈에 들어와요. 요점 세 가지만 가지고 소통해야 하는 상황이 답답할 때가 많죠. 그것만으로는 충분하지 않거든요.

프레데리케 맞아요. 특히 박사님은 다양한 스타일의 CEO들을 보필해야 하는 자리에 있으니, 각 사람들이 가장 잘 '들을' 수 있는 커뮤니케이션 방식을 찾아야 하겠네요.

후베르투스 난 솔직히 대학에서 철학이나 고대 그리스어를 공부하고 싶었는데 부모님이 그렇게 하면 학비를 대주지 않겠다고 하셔서 기계공학을 전공으로 정했어요. 하지만 BCG에 합류하고 나서 다시금 이 회사의 인문학적 측면에 크게 이끌렸죠. 그건 내게 아주 중요한 문제랍니다.

프레데리케 스트레스를 받거나 지쳤을 때는 어떻게 대처하세요?

후베르투스 네 박자 동안 숨을 들이쉬고 여덟 박자 동안 숨을 내쉬어요. 3~4분 동안 이렇게 하면 놀라운 효과가 일어나죠. 길이 많이 막히거나 위기 상황이 닥쳤을 때 해보기 좋답니다. 회의 시간에도 종종 이렇게 숨쉬기를 하는데 아무도 알아채지 못하더군요.

프레데리케 스트레스 반응이 너무 커지기 전에 미리 차단할 수 있는 좋은 방법이네요.

후베르투스 네, 이건 우리가 어딘가에 갇혀있을 때 아주 효과가 좋은 방법이죠. 만약 자유롭게 움직일 수 있다면, 내게 가장 효과가 좋은 건 90분 동안 달리는 겁니다. 밖에 나가 90분 달리기만 할 수 있다면 난 모든 것이 다 괜찮아요.

프레데리케 달리기를 하면 기분도 좋아지고 엔도르핀과 도파민이 많이 생길 거예요.

후베르투스 그리고 빨리 달려야지만 효과가 있는 것도 아니죠. 걷기도 아주 좋아요. 우리는 걷기의 가치를 잊은 것 같지만 위대한 사상가나 철학자들은 모두 산책을 즐겼어요. 간디, 하이데거, 소크라테스 등등.

프레데리케 전 고객들에게 걸으면서 회의를 해보라고 말해요. 우리가 '전방 보행'을 할 때마다 광학 흐름optical flow이 활성화됩니다. 그건 눈으로 보는 장면이 우리를 흘러 지나간다는 뜻이고 그렇게 되면 편도체가 비활성화되면서 스트레스와 불안이 줄어들죠.

후베르투스 무슨 말인지 알아요. 우리가 빙빙 돌며 걸을 때는 앞으로 걸을 때와 같은 긍정적인 효과가 일어나지 않거든요. 이따가 영감이 필요한 동료 한 명을 만나기로 했는데 친구의 예상과 달리 식당에서 보지 않고 우리 집에 오라고 했어요. 그에게 신선한 착즙 주스를 만들어주고 같이 나가서 산책할 생각이에요.

프레데리케 너무 좋네요! 비타민도 섭취하고 몸도 움직이고요.

후베르투스 또 친구의 기대와 다른 새로운 경험을 하게 해주기도 하죠.

프레데리케 뇌를 위한 팁이 가득한 곳으로 동료를 납치하는 셈이네요.

후베르투스 그러니까요! 프레데리케, 난 당신이 하는 일이 정말 멋지다고 생각해요. 당신의 솔루션과 통찰이 많은 리더들에게 도움을 줄 겁니다. 그로 인해 모든 사람을 위한 더 행복한 직장이 만들어지기를 바라요.

7^장

모두에게는 서로가
필요하다

인터뷰 존 메디나
《브레인 룰스》 저자, 분자생물학자

그것을 집단, 네트워크, 부족, 가족 중에 뭐라고 부르든,
또한 당신이 누구든, 당신에겐 그것이 필요하다.

제인 하워드 *Jane Howard*

여러분이 건강을 위해 할 수 있는 가장 중요한 한 가지 일이 무엇이라고 생각하는가? 금연? 금주? 더 열심히 운동하는 것?

사실 우리가 할 수 있는 최선은 인간관계의 질을 높이는 것이다. 〈플로스의학PLos Medicine〉에 실린 '사회관계와 사망 위험Social Relationships and Mortality Risk' 연구에 따르면, 인간관계가 좋은 사람들은 평균 8년을 더 오래 산다고 한다.[1] 하루에 담배를 두 갑씩 피우는 것이나 인간관계가 나쁘고 소외감을 느끼는 것이나 건강과 삶의 질에 전반적으로 미치는 악영향은 거의 같다.

글로벌 코로나 위기 동안 아이슬란드 정부는 격리 중에 외로움을 느끼는 국민들에게 밖에 나가 나무를 껴안으라고 했다. 황당하다고 생각하는가? 하지만 애완동물이나 사람은 물론, 나무 같은 생명체를 껴안으면 뇌 기저부에 있는 콩 모양의 샘인 뇌하수체에 '사랑 호르몬' 옥시토신을 분비하라는 신호가 전달된다.

옥시토신에는 상당한 진정효과가 있으며, 혈압과 코르티솔 수치를 낮추는 데에도 도움이 된다. 또 옥시토신은 우리가 감정을 조절하고 타인과 유대를 쌓도록 돕는다. 수면을 촉진하고 좋은 일상의 긍정적인 기분을 느끼게 하는 효과도 있다. 우리 뇌는 오르가즘 동안 대량의 옥시토신과 도파민을 분비한다. 섹스를 하면 강력한 유대감이 형성되는 이유가 그것이다. 여성이 아기를 낳을 때에도 옥시토신이 아주 많이 분비되어 신생아와 깊은 유대를 쌓게 한다.

옥시토신의 기분 좋은 유대 효과는 뇌 친화적인 일터에서도 귀중한 가치를 지닌다. 우리가 섹스를 하거나 분만을 하거나 동료들을 힘껏 끌어안지 않아도 그 혜택을 누릴 수 있는 방법들이 있다. 이 장에서 나는 '훌륭한 직장 관계를 위한 십계명'을 소개할 것이다. 그것들은 여러분이 일터에서 안전하게 옥시토신을 생성하여 유대와 신뢰는 물론 생산성까지 높일 수 있도록 도울 것이다.

뇌의 양식 비타민 D, 마그네슘, 식이지방이 풍부한 음식들로 옥시토신 수치를 높여라. 관련 식품에는 아보카도, 연어, 버섯, 피망, 토마토, 시금치 등이 있다.

매슬로는 틀렸다

여러분은 아마도 미국 심리학자 에이브러햄 매슬로Abraham Maslow가 1943년에 제시한 욕구 위계 이론을 들어봤을 것이다. 매슬로는 갈증이나 배고픔 같은 '생리적 욕구'를 피라미드의 가장 밑바닥에 배치하고, 인간이 물과 음식에 대한 생존 욕구를 가장 먼저 채우려 할 것이라고 주장했다. 다음으로 인간은 포식자와 적으로부터 안전해지려는 욕구를 느낀다. 기본 욕구와 안전이 보장되고 나면 인간은 친구를 찾고 가정을 이룰 생각을 한다. 매슬로는 사람들이 사회적 욕구를 충족시키고 나서야 비로소 피라미드 꼭대기에 있는 자아실현으로 나아갈 수 있다고 믿었다.

매슬로의 피라미드는 여전히 각종 경영서와 전 세계 리더십 훈련에서 꾸준히 소개된다. 하지만 이 이론은 틀렸다. 피라미드의 가장 아래에는 사회적 욕구가 있어야 한다. 갓 태어난 아기는 숲에 가서 베리류를 따먹으면서 스스로 생존할 수 없으며, 자신을 돌보는 부모와 친척들이 있어야 한다. 사회적 네트워크 안에 속하기 때문에 생존할 수 있는 것이다.

인간은 수천 년 동안 약 150명으로 이뤄진 작은 부족 일원으로 살아가며 서로의 생존을 도왔다. 인간은 동물 포식자들을 만날 때에도 위협 모드로 전환해야 했지만, 진화적 관점에서 가장 위협적인 적은 같은 인간이었다. 인간은 부족의 일원으로서만, 그리고 다른 부족원의 진정한 지원이 있어야만 살아남을 수 있었다. 부족에서 추방당하는 것은 사형선고나 다름없었다. 우리가 생존하려면 다른 이들과의 유대가 필요하다. 태생적으로 우리는 공동체로 살아야 한다.

그림4 사회적 동물의 욕구 피라미드

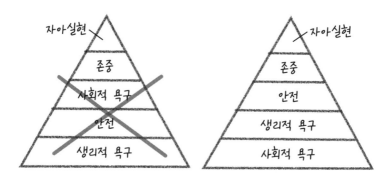

깜짝 놀랄 사실 아메리카 원주민 부족들 사이에서 추방은 여전히 궁극의 형벌로 간주된다. 현대 버전의 추방은 말썽을 일으킨 이들이 보호구역에 진입하지 못하도록 명령하거나 부족원으로서 카지노 사업의 수입을 나눠 가질 권리를 박탈하는 것 등이 있다.

타인에게 부정적으로 대하는 이유

그런데 오늘날도 그렇듯, 같은 공동체 사람들이 전부 원만하게 잘 지내는 것은 아니었다. 부족의 누군가가 당신을 아주 싫어한다는 것은 생명의 위협에 준하는 곤경에 빠진 것과 마찬가지였다. 다른 부족의 공격을 받았을 때 적일지도 모르는 사람 옆에서 싸움을 해야 할 수 있기 때문이다. 그에게 여러분과 함께 싸워줄 만큼 강한 유대감이 있을까? 아니면 그는 당신을 적의 손에 맡겨두고 자기 목숨만 지키려고 달아나기에 급급할 것인가?

현대사회 직장에서 발생하는 갈등은 목숨을 위협할 정도로 심각하지 않다. 하지만 우리 안에는 잠재적인 위협에 극도로 예민한 반응을 일으키는 원시적 본능이 여전히 남아있다. 타고나기를 긍정적인 소통보다 부정적인 소통에 더 강력히 반응하는 우리는 업무 중에 별것 아닌 듯한 일에 강한 위협 반응을 보이기도 한다. 이런 감정 반응은 본능적으로 나오기 때문에 통제하기가 어렵지만, 우리 뇌가 예전부터 이런 방식으로 설계되어 있다는 사실을 알아두면 마음을 가다듬는 데 도움이 될 것이다. 그에 더하여 포용과 다양성의 이점을 인식할 수 있다면 더할 나위 없다.

놀랍게도 옥시토신에도 단점이 있다. 옥시토신은 우리를 편견, 차별, 인종주의로 이끌기도 한다. 자신이 가장 동질감을 느끼는 그 집단에 강한 유대감을 느낄 때에는 '외부인'들을 배척하고 싶은 충동이 들 수 있다. 정치가들은 모두 그 사실을 알고 있으며, 최악의 부류는 그것을 이용하려 든다.

우리는 타고나기를 긍정적인 소통보다 부정적인 소통에 더 강력히 반응한다.

사회적 관계를 생각하는 뇌

다음번에 버스나 기차를 기다릴 때는 자신이 무슨 생각을 하고 있었는지 살펴보자. 나는 여러분이 어떤 관계에 대해 생각할 것이라고 장담한다. 대상은 친구, 동료, 소중한 누군가, 또는 고양이도 될 수 있다. 경고하지만, 이 사실을 한번 의식하기 시작하면 계속해서 신경쓰게 될 것이다.

우리가 딱히 무언가에 집중하지 않을 때 뇌는 기본 모드 네트워크DMN에서 가동된다. 연구자들은 기본 모드 네트워크가 사회적 관계를 생각하며 대부분의 시간을 보낸다는 사실을 발견했다. 《사회적 뇌 인류 성공의 비밀》의 저자 매튜 리버먼Matthew Lieberman은 우리가 7세가 되었을 무렵이면 이미 관계 맺기에 대한 생각으로 최소 10,000시간을 썼을 것이라고 이야기했다.[2] 그 정도면 좋은 관계의 달인이 되어야 하지 않을까라고 생각하는 사람들도 있겠지만 현실에서 우리는 인생의 소중한 사람들과 관계를 더 잘 맺는 방법을 배우고 또 배운다. 좋은 관계는 우리의 정서적 건강은 물론이고 재정적 건강에도 큰 영향을 미친다.

신뢰의 신경화학물질

나는 옥시토신을 '신뢰의 화학물질'이라고 부르기 좋아한다. 같은 맥락에서 신경경제학자 폴 잭Paul Zak은 "옥시토신의 경우 낯선 사람을 믿으려 할 때 생기는 두려움을 줄여준다"라고 말했다.[3] 옥시토신이 공감을 높여주긴 하지만 극도의 스트레스는 옥시토신을 강하게 억제한다. 따라서 우리는 스트레스를 받을 때 사람들에게 친절하게 굴지 못한다.

"옥시토신이 어떻게 작용하는지 모르는 고용주들은 노래방 회식이나 주말 MT 같은 활동들로 직원들을 친해지게 하려 하죠." 잭이 설명했다. "이런 노력으로 잠깐동안 직장 만족도를 높일 수 있을지는 몰라도 인재 유지나 성과에 장기적인 효과를 내진 못해요."[4]

잭은 그것보다 신뢰 문화를 구축할 수 있어야 한다고 주장한다. "신뢰가 넘치는 조직의 직원들은 그렇지 않은 조직보다 더 생산성이 높고 활기차며 동료들과 협업을 잘하고 회사에 오래 근속해요." 잭이 말했다. "또 그들은 만성 스트레스도 덜하고 삶에 더 만족하기 때문에 이런 요소들을 통해서 더 훌륭한 성과를 낼 수 있죠."[5]

나도 동의한다. 신뢰와 유대의 감정은 옥시토신을 생성하며 이 옥시토신은 기분을 좋아지게 하는 다른 신경화학물질들의 강력한 촉진제가 되기 때문이다. 옥시토신은 도파민 분비를 촉진하여 에너지와 기쁨을 느끼게 한다. 또 옥시토신은 정서적 안정을 불러오고 불안감을 낮춰주는 신경전달물질 세로토닌을 촉진한다. 업무 중에 옥시토신이 분비될 때마다 이러한 신경화학물질들이 함께 활성화되어 강력한 시너지를 내는 것이다.

뇌 촉진제 곤경에 처한 인간은 신경전달물질들의 자극을 받아 서로를 돕게 되어 있다. 우리의 정서 공감emotional empathy, 즉 다른 사람의 감정을 함께 느끼는 능력에 제한이 있지 않다면 말이다.

사이코패스들은 정서 공감을 할 수 없지만 인지 공감cognitive empathy은 가능하다. 이는 어떤 상황을 타인의 관점에서 볼 수 있는 능력이다. 사실 어떤 사이코패스들은 인지 공감 능력이 아주 높아서 그것을 활용하여 사람들을 간파하고 이용하기도 한다. 그들은 상대방이 어떤 기분인지 충분히 이해한다. 단지 신경 쓰지 않을 뿐이다.

신뢰가 커질수록 이익도 커진다

신뢰는 심지어 회사의 수익성을 높여주기도 한다. 잭은 미국의 대기업 300군데를 조사한 뒤, 직원들 사이에 강력한 유대가 있고 신뢰가 높은 기업은 직원당 연간 창출 수익이 평균 1만 달러 높았다는 사실을 알아냈다.[6] 이 둘에 상관관계가 있다고 해서 인과관계가 성립되는 것은 아니다. 다만 잭은 직원을 5,000명 이상 거느린 회사가 신뢰도를 향상시켰을 때 추가로 벌어들일 수 있는 이익이 약 500만 달러에 달한다고 추정했다.

직원들의 관계 개선에 투자할 경우 돌아오는 보상이 꽤 괜찮아 보이지만 협업보다는 경쟁을 장려하는 테스토스테론과 도파민 성향 리더들은 그 필요성을 간과할 수도 있다. 잭은 자신의 저서《도덕적 분자The Moral Molecule》에서 여성은 일에서 협업을 더 잘하는 반면 남성은 경쟁을 더 잘하는 경향이 있다고 언급했다.[7] 뇌 친화적인 일터는 협업과 경쟁을 모두 귀중히 여긴다.《브레인 룰스》저자 존 메디나는 내게 이렇게 말하기도 했다. "팀에 여성이 더 많을수록 C인자도 높아져요. C는 '연합collective'을 뜻하죠. 그리고 C인자가 높은 그룹은 무서운 기세로 문제를 해결해 나간답니다."

신뢰가 커질수록 국가는 번영한다

국민들이 서로 신뢰하는 국가는 불신이 만연한 국가보다 더 번영하는 편이다. 교육 같은 요인을 배제하더라도 상관관계는 여전히 성립한다. 2016년 세계 가치관 조사World Value Survey 결과에 따르면 스웨덴, 노르웨이, 핀란드, 덴마크 응답자의 60퍼센트 이상이 '사람들을 신뢰할 만하다'라고 보고했으며, 이는 해당 국가들의 안정적이고 부유한 경제 여건과 관련이 있다.[8] 반대로 콜롬비아, 브라질, 에콰도르, 페루에서는 응답자의 10퍼센트 미만만이 '사람들을 신뢰할 만하다'라고 답했다. 이 국가들은 비즈니스를 훼방놓는 심각한 부패, 관료주의, 저조한 경제 성장 같은 문제들과 씨름하는 중이다.[9]

깜짝 놀랄 사실 신뢰가 넘치는 회사 직원들은 그렇지 않은 회사 직원들과 비교하여 다음과 같은 차이를 보인다.[10]

- 스트레스를 74퍼센트 더 적게 느낀다.
- 업무에서 활력이 106퍼센트 더 많다.
- 생산성이 50퍼센트 더 높다.
- 병가 사용일수가 13퍼센트 더 적다.
- 참여도가 76퍼센트 더 높다.
- 번아웃을 경험하는 비율이 40퍼센트 낮다.

거절은 실제로 아프다

신뢰는 왜 수익성에 그토록 큰 영향을 미칠까? 인간이 사회적 고통을 경험할 때 진정으로 아파하기 때문이다.

기능적 자기공명영상 뇌 스캔을 활용한 아주 흥미로운 신경과학 실험을 소개한다. 실험은 세 사람이 온라인으로 공 던지기 게임을 하는 방식으로 진행된다.[11] 참가자(이 사람을 '조'라고 부르기로 하자)는 스캐너에 혼자 누워 똑같이 스캐너 아래 있는 다른 두 참가자와 온라인 공 던지기 게임을 해야 한다.

나는 조의 뇌 스캔 결과지를 받아들고 충격에 휩싸였다. 조의 뇌는 고통 속에 있었다. 내측 전전두피질이 고통을 처리하는 모습이 분명하게 확인되어, 마치 조가 뇌 스캐너 안에서 고문이라도 당한 것 같았다. 그의 뇌는 극도의 괴로움을 처리하고 있었다.

연구자들이 조의 엄지손가락을 망치로 내리치거나 라이터 불로 발바닥을 지지기라도 한 걸까? 하지만 우리 신경과학자들은 (21세기에) 더 이상 그런 행동을 할 수 없다. 실제로 일어난 일은 이렇다.

실험에서 스캐너에 있던 조와 다른 참가자들은 가상의 공을 주고받았다. 조는 즐거운 시간을 보내고 있었고, 기능적 자기공명영상 스캔에서도 행복하고 긴장이 풀린 뇌의 모습이 나타났다.

하지만 몇 분 뒤, 다른 두 참가자들은 돌연 자기들끼리만 공을 주고받으며 의도적으로 조를 소외시킨다. 사실 다른 두 '참가자'들은

10분간 3인 플레이를 하다가 한 명을 배제하도록 프로그래밍 된 컴퓨터 시뮬레이션이었다. 따돌림은 극적인 효과를 불러왔다. 조의 두 번째 기능적 자기공명영상에서는 사회적 소외로 생긴 감정적인 고통에 대처하려 애쓰는 뇌의 모습이 포착됐다.

'막대기와 돌로 내 뼈를 부러뜨릴 수는 있어도, 말로 날 상처 입힐 수는 없다'라는 속담을 아는가? 신경과학적인 관점에서 이 말은 확실히 틀렸다. 거절과 같은 사회적 고통은 뇌에서 신체적 고통과 거의 비슷한 방식으로 처리된다. 그래서 거절당한 기분을 느꼈을 때는 진통제를 먹으면 효과가 있다. 두통이나 다른 신체적 고통을 느꼈을 때처럼 약을 먹고 나면 한결 나아진 기분이 들 것이다. 마음의 상처를 경감시키고 싶을 때에도 타이레놀을 복용할 수 있다.[12]

깜짝 놀랄 사실 창조적 리더십 센터Center for Creative Leadership에 따르면 일터 성과 문제의 65퍼센트는 직원 간 갈등이 잘 관리되지 않는 데서 야기된다고 한다.

직장에서 거절당한 기분을 느끼거나 곤혹스러운 갈등을 겪는 것도 똑같이 고통스러울 수 있다. 다행인 것은, 옥시토신 관련 지식 및 뇌가 인간의 상호작용을 처리하는 방법을 바탕으로 신뢰가 넘치고 기분 좋은 직장 관계를 만들 간단한 방법들이 있다는 사실이다. 내가 만든 '훌륭한 직장 관계를 위한 십계명'을 자세히 살펴보자.

1계명: 대면 만남은 중요하다

직장 관계를 쌓는 초기에 상대방을 실제로 만나면 옥시토신과 신뢰를 생성하기에 아주 좋다. 포옹을 하라는 뜻은 아니다. 하지만 직접 만나 악수 정도는 하자.

악수하는 순간 여러분과 상대의 뇌에서 옥시토신이 분비될 것이다. 누군가를 직접 만나 악수라는 안전하고 합의된 신체 접촉을 하면 친밀감 형성에 큰 도움이 된다. 이 행위는 신뢰와 호감의 신경화학물질들을 촉진하여 앞으로 나눌 상호작용의 긍정적인 토대를 마련해줄 것이다. 앞으로 상대와 해야 할 업무가 대부분 온라인으로 이뤄질지라도 마찬가지이다. 신체 접촉은 아주 중요하며, 상대를 실물로 만났는지 여부가 큰 차이를 만들 수 있다. 물론 누군가를 실물로 보는 것이 늘 가능한 것은 아니다. 하지만 실제적인 만남이 온라인으로만 만나는 것보다 더 강력하고 긍정적인 효과를 줄 수 있다는 사실을 알아두자.

수줍음이 많은 사람들은 동료나 고객을 직접 만나지 않으려고 콘퍼런스 콜이나 줌 회의를 사용하려는 경향이 스스로에게 있음을 인지하고 이를 극복할 수 있도록 노력해야 한다. 고객과 커피 한 잔을 하거나 팀 사람과 함께 저녁을 먹어보자. 걱정할 것 없다. 막상 누군가를 만나면 옥시토신이 분비되면서 불안감을 극복하도록 도울 것이다. 실제적인 만남은 중요하다!

2계명: 처음부터 제대로 습관을 형성하라

내가 처음 남편을 만났을 때 그는 이혼한 싱글남이 꿈꿀 법한 드림 하우스에 살고 있었다. 남편의 집은 완벽했다. 아름다운 디자인에 통일된 색상으로 인테리어가 된 그만의 안식처였다.

내가 그 집에 들어가면서 가장 먼저 한 일은 남편이 심혈을 기울여 꾸민 벽에 싸구려 핑크 하트 액자를 거는 것이었다. 나는 그의 완벽한 삶을 크게 방해하지 않는 얌전한 손님이 될 생각이 없었다. 난 그의 파트너가 되길 원했다. '나를 원해? 그러면 내 끔찍한 예술 취향도 견딜 수 있어야 해.'

그는 이틀 동안 나와 말을 하지 않았고 난 꿋꿋하게 견뎌냈다. 나는 관계 초창기에 만들어진 인상이 앞으로도 계속해서 큰 영향을 줄 것이라는 사실을 알았다. 그리고 관계 초기에는 옥시토신이 넘쳐나기 때문에 어느 정도 응석을 부려도 된다. 다행히도 내 도박은 성공했다. 다섯 명의 아이가 생기고 결혼 10주년이 된 지금, 우리는 정신없이 지저분하지만 사랑이 넘치는 이 집에서 내가 과거에 했던 실험을 떠올리며 배꼽을 잡고 웃을 수 있다.

누군가를 처음 만나면 옥시토신이 밀려들어와 나와 상대를 따뜻하게 감싼다. 그러면 우리 마음이 더 부드러워지고 조금 더 유연하며 개방적인 태도를 취할 수 있다. 그 순간을 현명하게 쓸 줄 알아야 한다. 두 번째 만남만 되어도 이미 습관 몇 가지가 쌓인 상태가 될 것이다. 뇌는 그런 식으로 에너지를 절약하니 말이다. 따라서 그런 습관들이 자신이 '원하는' 종류의 것들이 될 수 있게 하자.

여러분은 지루하고 긴 회의를 원하는가? 첫 회의가 그렇게 진행된다면 그 습관이 뿌리를 내릴 것이다. 동료들이 항상 지각하는가? 초기에 싹을 도려내지 않으면 영원히 그 문제로 골치 아플 것이다. 사람들은 아주 손쉽게 습관에 빠지니 조심해야 한다. 오늘 교정되지 못한 행동은 내일의 기준이 된다. 초장부터 제대로 해야 한다.

3계명: 마법의 비율은 20:1

연구자 존 가트맨John Gottman은 커플을 10분 동안만 관찰해도 94퍼센트의 확률로 이혼율을 예측할 수 있다. 가트맨은 커플들을 러브랩Love Lab이라는 공간에 초대하여 어떤 주제로 말싸움을 벌이게 하고, 그동안 심박수나 다른 스트레스 지표들을 측정한다. 그는 언쟁이 일어나는 동안 긍정적인 소통과 부정적인 소통의 비율을 5:1로 유지하는 커플은 결혼생활을 유지할 확률이 높다는 사실을 알아냈다. 또한 가트맨의 연구 결과에 따르면 커플이 싸우지 않을 때에는 그 비율이 20:1에 가까워야 장기적인 관계가 유지될 수 있다.[13]

따라서 원만한 직장 관계를 유지하고 싶다면 상황이 좋을 때는 긍정적 상호작용의 비율을 20배, 좋지 않을 때는 최소한 5배로 유지할 수 있도록 힘써야 한다. 물론 우리는 때때로 부정적인 피드백을 전달하거나 제안을 거절해야 한다. 하지만 그 후에 긍정적인 후속 조치를 해서 마법의 비율을 회복시키자. 상대방에게 고마운 점을 이야기하라. 대화를 하는 동안 다정하게 동료나 고객의 이름을 불러라. 이런 간단한 긍정적 상호작용을 쌓아 20:1이라는 마법의 비율을 빠르게 회복시킬 수 있다.

4계명: 스트레스를 관리하라

스트레스는 전염된다. 리더들이 자신의 스트레스를 제대로 관리하지 못하면 긴장 가득한 해로운 분위기가 조직 전체에 퍼질 수 있다. 예를 하나 들어보자.

내가 일을 시작한 초기에 만난 상사는 두려움과 에스프레소의 힘으로 사는 사람이었다. 그녀는 모든 고객사 발표를 앞두고 아침, 점심, 저녁으로 나를 괴롭혔다. "매출 데이터 있어? 발표 자료는 챙겼어? 이거 망쳐버린 거 아니지?" 상사의 예민함으로 나는 미치기 일보 직전이었다. 내가 그 회사에서 일하는 동안 이 상사는 불안 증세로 세 번이나 졸도한 적이 있었다.

설상가상으로 이 상사는 내게 사전보다도 페이지 수가 더 많은 방대한 엑셀 자료를 맡겼다. 당시 엑셀에 서툴렀던 나는 실수할까

봐 두려웠고 그녀가 끔찍이 무서웠다.

어찌 보면 당연하게도 나는 실수를 하고 말았다. 하지만 대체 어디서 오류가 생겼는지 찾을 수가 없었다. 상사는 거의 제정신이 아니었다. "아직 못 찾았어? 찾아내지 못하면 당신을 해고해 버릴 거야." 내 코르티솔 수치는 지붕을 뚫고 솟구쳤고 손이 덜덜 떨려왔다. 침착하게 스프레드시트를 뒤지며 오류를 찾는 것은 고사하고, 제대로 생각조차 할 수 없었다.

사람들이 큰 스트레스를 받으면 옥시토신 수치가 떨어져 서로 공감하거나 유대를 쌓는 능력을 잃는다. 신뢰가 하락하면서 덩달아 생산성도 떨어진다. 6장에서 배운 것들을 활용하여 스트레스에 대처하자. 주변 사람들이 모두 고마워할 것이다.

깜짝 놀랄 사실 2013년에 진행된 한 연구에서는 쥐의 트라우마를 유발하는 기억들이 유전자에 각인되어 후세에 전해지고 특정 자극에 두려움 반응을 보이게 하는 것 같다는 결론이 도출되었다.[14] 또한 홀로코스트 생존자들과 자녀들을 대상으로 진행된 소규모 연구에서도 트라우마적인 경험이 다음 세대 유전자에 각인될 수 있는 가능성이 확인되었다.[15]

5계명: 모험을 공유하라

내가 최근에 기조연설을 하러 간 회사는 파트너들이 진심으로 서로를 아끼는 것 같았다. 그들은 자주 어울려 웃고 농담하며 즐거운 시간을 보냈고, 배우자들도 서로 잘 아는 듯했다. 나는 그렇게 사이가 좋은 비결이 무엇인지 물었다.

파트너들은 몇 년 전 부부동반으로 주말에 요트를 타러 다녀왔다고 한다. 그런데 갑자기 풍랑이 몰려오고, 배는 거대한 파도에 휩싸이고 말았다. 그들은 배가 물에 잠기지 않게 안간힘을 쓰며 가까스로 해안가로 돌아올 수 있었다. 이 무서운 모험이 그들을 끈끈하게 만들어준 것이다. 어떤 이유 때문일까?

생명을 위협하는 경험은 우리 부신을 자극하여 노르에피네프린을 분비하게 한다. 기억하겠지만 노르에피네프린은 즐거움, 두려움, 집중 중 '두려움'을 맡는다. 노르에피네프린이 우리 몸에 흐르면 도파민이 폭포수처럼 쏟아지며 이 도파민은 공감과 유대를 강화시키는 옥시토신을 자극한다. 그러니 여러분도 동료나 고객과 함께 모험을 떠나보자. 지루하게 스테이크를 먹는 대신, 향이 강한 에티오피아 음식을 먹으러 가보는 건 어떨까? 도파민과 옥시토신의 폭발을 함께 경험하면 행복하고 오래가는 직장 관계를 위한 훌륭한 초석이 마련될 것이다.

6계명: 거짓말하지 마라

빌 클린턴Bill Clinton 대통령이 22세의 백악관 인턴 모니카 르윈스키Monica Lewinsky와의 스캔들에 관해 "그녀와 성관계를 하지 않았다"라고 선언하는 영상을 본 적이 있는가? 클린턴은 그 거짓말로 탄핵을 받았을 뿐만 아니라 자신의 평판에 영구적인 손상을 입었다. 몇 년 간 쌓아올린 신뢰도 단 한 번의 거짓말에 무너질 수 있다.

내 조언은 간단하다. 직장에서 절대 거짓말을 하지 마라. 나쁜 소식을 전해야 할지라도 말이다. 사람들은 결국 진실을 감당하겠지만 여러분의 거짓말은 절대 용서하지 않을 것이다. 신뢰가 이익, 생산성, 양질의 관계에 얼마나 결정적인 역할을 하는지 늘 명심하라.

언젠가 경영 악화로 수만 명을 정리해고 해야 하는 다국적 제약 기업 리더들에게 조언을 해준 적이 있다. "이 상황을 보기 좋게 포장하려고 하지 마세요. 그렇게 해봤자 직원들을 화나게 하고 신용을 잃을 뿐입니다. 경찰이 집에 찾아와 친지의 사망을 알릴 때는 날씨에 대한 잡담을 하지 않아요. 그건 어처구니없을 정도로 모욕적일 테니까요. 나쁜 소식은 빠르고 정직하게 전해야 합니다."

뇌 식히기 1998년 심리학자 폴 에크만Paul Ekman은 텔레비전에서 빌 클린턴이 모니카 르윈스키와의 관계를 부인하는 장면을 보고 대통령이 거짓말을 하고 있다는 사실을 대번에 알아차렸다. '인간 거짓말 탐지기'라고도 알려진 에크만은 속임수 간파 전문가다. 그는 FBI나 CIA 요원들에게 거의 알아볼 수 없는 미세한 표정 변화를 바탕으로 상대가 거짓말을 하는지 파악하도록 훈련시킨다. 에크만은 인간이 어떤 문화권에 속해 있든 거짓말을 알리는 징후에 매우 민감하다고 말했다. 그만큼 신뢰는 진화에서 중요하게 여겨져 왔다.[16]

7계명: 의식을 습관으로 만들어라

나는 어떤 회사의 거물 CEO에게 고객들과 함께 하는 의식이 있는지 물었다. 그는 눈썹을 치켜뜨고는 딱히 없다고 대답했다.

하지만 나는 끈질기게 물었다. "주요 고객들을 위해 어떤 일을 하시나요? 늘 비즈니스만 하는 관계인가요, 아니면 업무 외적으로도 고객들을 만나나요?"

알고 보니 그는 여러 가지 의식을 진행하고 있었다. 매주 토요일 아침에는 한 고객과 달리기를 했고, 그와 가족은 또 다른 고객의 가족과 매년 10월에 옥토버페스트를 지냈다. 평일 아침에는 직속 부하와 스타벅스에서 만나 함께 사무실에 걸어간다고도 했다. 그는 한 번도 이런 일상적인 일들이 의식이라고 생각한 적 없다고 했지만, 그것들은 의식이 맞다.

특별한 행위, 예식, 기념 행사와 같은 의식들은 옥시토신 수치를 높인다. 폴 잭은 결혼식 참석자들의 혈액을 채취하여 그들의 옥시토신 정도가 혼인 서약 후에 급증했다는 사실을 발견했다.[17] 사람들이 그 순간을 참 좋아하는 것 같다.

업무에서도 의식의 힘을 활용하여 옥시토신을 촉진하고 신뢰와 유대감을 강화할 수 있다. 고객들에게 감사하는 내용의 손편지를 써라. 다함께 프로젝트의 첫 공식 회의를 개최하라. 마감 시한을 지킨 것을 기념하여 회식을 열자. 이러한 의식들을 습관으로 만들어라.

뇌 촉진제 내 고객사 액센추어Accenture는 하이브리드팀 안에서 함께 일하는 직원들이 동료에게 감사 e카드를 보내어 어떤 업무를 잘 처리해준 것에 대한 고마움을 전달할 수 있는 시스템을 만들었다. 사람들은 이런 메일을 받는 것을 아주 좋아하며 옥시토신의 효과도 누릴 수 있다.

8계명: 완벽해지려는 노력을 멈춰라
여러분은 새로운 동료나 고객을 만날 때 완벽한 모습을 보여주려고 평소보다 더 공을 들이는가? 하지만 자신의 약한 면이나 부족한 점을 솔직히 드러내면 사람들은 더 쉽게 마음을 열 것이다. 그러므로 완벽해지려 노력하지 말자. 우리는 태생적으로 서로 돕고 살게되어 있다는 사실을 기억하라. 주저하지 말고 프로젝트를 도와달라고 하거나 조언을 구하고 친해지자고 이야기하자.

자신이 완벽하지 않다고 인정하는 것은 다른 누군가에게 약점을보일 수 있을 정도로 그들을 신뢰한다고 알려주는 것이다. 이 조언은 특히 리더들에게 유용하다. 자신의 겸손함과 취약성을 조금 보여줌으로써 인간적 면모를 돋보이게 할 수 있기 때문이다. 하지만 채용 과정의 첫 면접에서 이렇게 행동하는 것은 그다지 좋은 처사가아니다. 불완전함의 힘을 현명하게 사용할 줄 알아야 한다.

뇌 식히기 내 고객사 중 하나인 트리바고Trivago는 매달 'F**k Up 금요일'이라는 행사를 진행한다. 모든 직원이 모여 음료를 마시며 그달에 자신의 가장 큰 실패가 무엇이었으며 그로부터 무엇을 배웠는지이야기한다. 트리바고는 불완전함과 실수가 혁신의 부산물임을 인정하는 '실패 문화'를 적극 장려한다. 트리바고의 전 직원이었던 한사람은 〈미디엄Medium〉에 이렇게 이야기했다. "그곳 사람들은 늘실패해보라는 말을 들어요. 자주 실패하고, 빨리 실패하고, 최대한 대가가 적을 때 실패하라는 거죠."[18] 이렇듯 실패를 향한 관대한 태도는 신뢰를 높이고 스트레스를 줄인다.

9계명: 공통의 기반을 찾아라

캠핑을 가본 사람들은 우연히 엄마곰과 새끼를 맞닥뜨렸을 경우 특히 조심해야 한다는 경고를 받아봤을 것이다. 동물의 어미들은 아주 공격적인 성향을 보일 수 있다. 옥시토신이 바소프레신이라는 호르몬과 작용하여 '보호 및 방어' 반응을 이끌어 내기 때문이다.

업무에서도 보호 및 방어 반응이 일어날 수 있다. 사람들은 '우리' 팀과 더 가깝게 지낼수록 우리와 '다르게' 인식하는 새로운 사람들에게 더욱 벽을 세우려 할지도 모른다. 그런 자세는 다양성을 위한 회사의 노력에 해를 입힐 것이다. 해결책은 공통의 기반을 찾는 것이다.

벤앤제리스 이사로 40년 이상 재직한 제프 퍼만은 '행동주의 activism, 기업이 사회, 정치적 이슈에 의견을 표명하고 캠페인이나 각종 활동을 활발히 펼치는 것, 옮긴이 주'가 회사 전체에 공통 기반을 마련하려는 데 귀중한 역할을 했다고 이야기한다. "사실 비즈니스 세계에서 제일 중요한 건 관계라고 해도 과언이 아니죠. 우리는 모든 직원들과 매니저들을 한 버스에 태우고 이곳저곳을 다니며 온갖 종류의 기후 행진에 참여했습니다. 같이 행진하면서 함께 시간을 보냈죠."

어떠한 이상이나 대의를 함께 좇으며 공통의 기반을 찾는 과정 속에서는 다른 부가적인 이익도 생긴다. 인간은 돕기를 좋아하며 서로 도울 때 옥시토신이 생기고 유대가 강해진다.

10계명: 공정성을 극대화하라

경제학자들은 인간이 상호작용을 하면서 이익 극대화를 추구한다고 말한다. 그런데 사실 우리가 극대화하고 싶어 하는 건 공정성일지도 모른다. 게임 이론 심리학자 대니얼 카너먼Daniel Kahneman은 최후통첩게임Ultimatum Game 이론을 통해 대부분의 사람들이 이익을 포기하고라도 공평하지 못한 거래를 거절할 것이라는 사실을 입증하여 2002년 노벨 경제학상을 수상했다.

나 역시 이 실험을 직접 수행하고 아주 흥미로운 결과를 얻었다. 기조연설에서 나는 두 명의 신청자들을 받아 무대에 오르게 했다. 그들을 소피와 제이슨이라고 부르자. 나는 소피에게 1달러 지폐를 열 장 주고 설명했다. "이 10달러를 제이슨과 나눠 가지세요. 단, 규칙이 있습니다. 당신이 어떤 금액을 제시하고 제이슨이 수락한다면 두 분 다 그 돈을 가질 수 있어요. 하지만 당신이 나눈 금액을 제이슨이 거부하면 아무도 돈을 가져갈 수 없답니다."

예를 들어 소피가 50대 50으로 돈을 나누고 제이슨이 수락했다면, 각자 5달러를 가져가게 된다.

그 다음 나는 제이슨에게 물었다. "소피가 1달러만 제시한다면, 제안을 수락할 건가요?"

제이슨은 "아니요"라고 대답했다.

"하지만 어쨌든 공짜로 1달러가 생기는 거잖아요!" 내가 물었다.

"그래도 공평하지 않으니까요." 돌아오는 대답은 늘 같았다.

이제 알겠는가? 돈이 문제가 아니다. 중요한 건, 사람들이 거래를 공정하다고 생각하는지 여부이다. 나는 이 실험을 다양한 국가의 다양한 회사에서 여러 차례 진행했고, '제이슨'이 3달러나 그 미만의 액수를 제안받았을 경우에는 언제나 거부한다는 사실을 알아냈다. 물론 그렇게 되면 돈은 내게 돌아온다.

사람들은 공정하지 않은 상대를 벌줄 수 있다면 돈을 잃어도 괜찮다고 생각한다. 특히 남성의 경우는 공정하지 않다고 여기는 상대가 벌을 받게 만들었을 때 뇌의 쾌감 회로에 불이 들어온다.[19] 이혼 전문 변호사들은 이 혜택을 톡톡히 누리며 일한다.

바이너엑스VaynerX 회장 게리 바이너척Gary Vaynerchuk은 공정성의 수준을 한 차원 높게 끌어올렸다. 그의 모토는 '받는 것보다 더 많이 베풀자'이며, 이를 실천하여 2022년 회사 순가치를 200만 달러까지 높였다.[20] 바이너척은 자신의 사설 '보답을 기대하지 않고 베풀기giving without expectation'에서 '관계를 발전시켜 나가는 것은 우리 삶이 앞으로 어떤 방향으로 펼쳐질지 알게 하는 가장 중요한 요소다'라고 말했다.[21] 내가 소개한 '훌륭한 직장 관계를 위한 십계명'이 여러분의 직장과 개인의 삶 모두에서 훌륭한 관계를 양성하는 데 도움이 되길 바란다.

뇌 친화적인 인터뷰

존 메디나

《브레인 룰스》저자, 분자생물학자

존 박사의 〈뉴욕타임스〉 베스트셀러《브레인 룰스》는 2008년에 출간됐다. 이 책은 내가 간절히 하고 싶어 하던 일과 관련성이 있다고 느낀 첫 번째 책이었다. 박사가 이미 너무나 멋지게 잘 해내고 있는 그 일이란 바로 신경과학을 비즈니스에 접목시키는 것이다.

푸근한 곰 인형같이 따뜻한 박사는 폭넓은 과학 분야의 거장이기도 하다. 그는 뇌 발달 및 정신장애 관련 유전학을 연구하는 발달분자생물학자이다. 존은 워싱턴대학교 의과대학 생명공학과 부교수이며 시애틀 소재 탤러리스연구소Talaris Research Institute의 전 창립 이사였다. 저서로는《브레인 룰스》시리즈,《10대 두뇌의 공격Attack of the Teenage Brain》등이 있다. 그는 〈정신의학 타임즈Psychiatric Times〉에서 '마음의 분자Molecules of the Mind' 칼럼을 기고한다.

프레데리케 신간《업무를 위한 브레인 룰스Brain Rules for Work》준비 작업을 하면서 박사님을 가장 놀라게 한 것은 무엇일까요?

존 나는 한 경영대학원에서 했던 '다섯 손가락 장갑Five Fingered Glove'이라는 강의에서 영감을 받아 이 책을 쓰기로 결심했어요. 내가 강의에서 처음으로 학생들에게 했던 질문은 아주 단순했죠. '장갑에는 왜 손가락이 다섯 개 달렸을까?' 학생들은 우리 손가락이 다섯 개이기 때문이라고 답했어요.

우리가 일터에 나오면 뇌는 특정한 방식으로 작동하기 시작해요. 하지만 우리는 그 특정한 방식에 맞는 다섯 손가락의 '인지' 장갑을 만들지 못했습니다. 각종 문헌을 뒤져가며 뇌가 정보를 처리하는 열 가지의 방법을 찾던 중에 놀랍게도 나는 공통된 주제를 하나 발견할 수 있었어요. 뇌 친화적인 일터를 만들려면 반드시 자기중심주의를 없애야만 한다는 점이었죠. 그건 권력이 인간의 뇌에 일으키는 다섯 가지 작용 때문입니다. 그 효과는 꽤 추악해요.

프레데리케 다섯 가지 작용은 무엇인가요?

존 앞서 말한 권력이란, 간단히 말해 자원을 관리하고 대인관계에서 통제력을 행사하는 능력을 뜻해요. 우리가 한 기업의 임원이 되면 누군가를 해고하고 그들의 삶을 망치거나, 누군가에게 보상을 제공하고 커리어를 만들어 줄 권력이 생기겠죠.

첫째, 여러 실증 연구에 따르면 그런 권력이 생겼을 때 우리는 누군가의 표정에서 얻는 감정 정보를 정확히 해독하는 능력을 잃는다고 합니다. 둘째, 공감을 일으키는 신호들을 더 잘 알아차리지 못하게 돼요.

프레데리케 그런 사실들이 어떻게 입증되었나요?

존 가슴 아픈 실험을 통해서였죠. 사람들에게 암 병동에 있는 아이들의 사진을 보여주고 기능적 자기공명영상 스캔을 받게 했습니다. 스캔된 사진들은 뇌에서 일어나는 공감 반응을 볼 수 있게 해주죠. 권력을 얻은 사람들의 경우는 해당되지 않지만요. 사람들은 힘이 생길수록 아픈 아이들의 사진처럼 공감을 자아내는 감정 정보에 반응을 적게 나타냈어요. 더무심해진다는 뜻이죠.

셋째, 사람들은 자신의 행동이 어떤 결과를 불러올지 생각하는 능력을 놓아버립니다. 다른 모두에게 적용되는 법칙이 나에게는 더 이상 적용되지 않는다고 생각하죠. 또 자신은 이제 열외이기 때문에 마음 가는 대로 행동해도 된다고 생각합니다.

넷째, 자신의 행동이 어떤 결과를 불러오든 상관하지 않아요. 그냥 하고 싶은 대로 행동하려 하죠. 자기중심주의 이야기가 어디에서 나온 건지 점점 알 것 같죠?

프레데리케 정말 놀랍군요. 네, 그래요.

존 다섯째, 사람들은 힘이 생기면서 자신에게 지나치게 성적 매력을 부여하기 시작해요. 그에 따라 스스로 인식하는 '짝짓기 가치mating value'가 올라가죠. 어느 정도 권력을 맛본 사람들은 실제 사실과는 관계없이 자신에게 성적 매력이 넘쳐난다고 생각합니다. 표정을 읽지 못하고 공감능력도 떨어지는데다가 온갖 처벌이 자기를 빗겨간다고 생각하는 사람들이 설상가상으로 짝짓기 권리까지 있다고 여긴다는 거죠. 직장에서 성희롱으로 말썽을 일으키는 권력자들이 이렇게 만들어지는 거예요.

내 요지는 우리가 제대로 된 일터를 만들어나가는 것에 집중하듯, 일터에서 나타날 수 있는 자기중심주의에도 그만한 관심을 기울여야 한다는 것입니다.

프레데리케 제 책과도 일맥상통하는 말이네요. 박사님이 설명한 다섯 가지 권력 문제는 여성에게도 동일하게 적용되나요?

존 네, 알다시피 높은 지위에 올라간 여성들도 이런 권력 행동을 보일 수 있어요.

프레데리케 직장 권력의 부작용을 완화시킬 수 있는 방법에는 무엇이 있을까요?

존 우선 예방 교육prophylactic education이라는 것이 있어요. 존스홉킨스 대학교와 미국 해군사관학교가 협력하여 이 연구를 진행했어요. 연구원들은 단순하게 권력이 생겼을 때 일어날 수 있는 일들을 사람들에게 가르쳐줬죠.

예를 들어 남성들이 업무적인 소통을 성적인 것으로 잘못 인식할 수 있다는 사실을 미리 경고하고 주의하라고 알렸어요. 사실 연구자들은 생물학적 성과 심리학적 성이 일치하는 이성애자 남성이 생물학적 성과 심리학적 성이 일치하는 이성애자 여성에게 멘토링을 할 경우에 가장 친밀한 직장 관계가 만들어진다는 것을 알아냈다고 해요. 그런 관계에서 성적인 상호작용을 줄일 수 있을까요? 답은 '그렇다'입니다. 남성들에게 권력의 함정을 교육하면 됩니다. 거창한 것이 아니라, 단순히 그런 일이 일어날 수도 있다고 말해주는 거예요. 그것을 이해한 사람들은 더욱 경계심을 갖고 그러한 행동을 없애려고 노력할 수 있죠.

프레데리케 멋지네요! 또 다른 효과적인 방법이 있나요?

존 두 번째 방법은 전환 반응shift response을 장려하는 겁니다. 미드웨스트대학교 연구자들은 이런 질문을 던졌습니다. '우리는 대화할 때 자기 이야기를 하기 위해 몇 번이나 화제를 전환할까?' 그것이 바로 전환 반응입니다.

연구자들이 표본조사를 한 대화의 60퍼센트에서 전환 반응이 확인됐어요. 우리가 전환 반응에 끌리는 이유는 자기 이야기를 할 때 도파민이 샘솟기 때문이죠. 뇌에 반짝하고 불이 켜지는 겁니다.
동료가 다가와서 이렇게 말한다고 해봅시다. "다이애나 때문에 정말 화가 났어. 어떤 일이 있었는지 알아?" 만약 내가 "그래, 나도 다이애나 때문에 화가 났었지. 나한테는 무슨 짓을 했게?"라고 대답한다면, 대화를 내 중심으로 전환한 거예요.

그렇게 하는 대신, 지지 반응support response을 발전시켜 직장 내 자기중심주의를 줄여야 합니다. 동료에게 지지 반응을 한다면, "와, 정말 속상했겠다. 다이애나랑 무슨 일이 있었던 건지 말해줘"라고 이야기할 수 있었겠죠. 이건 타인에게 해줄 수 있는 아주 사소한 일이지만, 큰 변화를 만들 수 있어요.

프레데리케 일터 분위기가 사뭇 달라지겠어요. 현 시점에서 직장의 미래는 어떨 것이라고 생각하세요?

존 직장의 미래요? 상황이 허락하는 한 최대한 빨리 사람 대 사람의 만남으로 돌아가 그 상태를 유지하는 것이죠. 우리 천성은 화상회의 같은 것들과 맞지 않아요. 인간은 함께 모여 지내도록 타고났죠.

알다시피 뇌는 대화 중에 아주 미세한 표정 변화도 포착할 수 있어요. 줌 회의와 비교하면, 누군가를 실제로 만났을 때 우리가 받는 신호의 수는 훨씬 더 많죠. 더 이상 사회적 신호를 받지 않으려고 그러한 만남을 차단하는 순간, 소통의 결핍이 생깁니다. 소통의 결핍은 사람들을 밀어내고요.

타인과 멀어진 상태가 어느 정도 지속되면, 만성 우울증이 됐든 범불안 장애가 됐든 사람들이 이미 가지고 있던 유전적 소질이 발현될 수 있습니다. 정상적인 사회적 균형 상태에서는 발현되지 않았을 것들이 고립으로 인해 수면으로 떠오르는 거죠.

프레데리케 이 장에서 저는 사람들이 서로 가깝게 지내면서 악수 같은 간단한 행동으로 옥시토신을 촉진하여 신뢰와 유대를 강화할 수 있도록 '훌륭한 직장 관계를 위한 십계명'을 공유했어요.

존 좋네요. 사회적 뇌 이론에 이런 훌륭한 견해가 있잖아요. 인간은 협동을 할 수 있었기에 2,500만 년씩이나 걸려 코끼리처럼 몸집을 키우지 않고도 바이오매스biomass, **단위 면적 혹은 시간 당 특정 생물체의 중량이나 에너지 총량을 말함, 옮긴이 주**를 두 배로 늘릴 수 있었다고 하죠. 뇌에 있는 아주 중요한 영역 몇 가지를 변화시키자 동맹을 맺는 데 필요한 협동력이 생겼고, 바이오매스를 두 배로 늘릴 수 있었던 거예요. 진정한 의미의 동맹이 아니더라도 최소한 그 개념을 이해하기 시작하면서 말이에요. 인간은 지배했기 때문이 아니라, 협동했기 때문에 살아남을 수 있었습니다. 우린 친구를 만들었죠. 어때요, 정말 멋지지 않나요!

8장

사회적 신경 격차

인터뷰 **클로드 실버**

바이너미디어 최고 마음경영자

말을 가장 많이 하는 사람이 아이디어도 가장 좋은 것은 아니다.
둘의 연관성은 0이다.

수전 케인 *Susan Cain*

나는 이 책의 서두에서 회사에 존재하는 '신경 격차'에 관한 흥미로운 자료를 소개했다. 테스토스테론과 도파민 신경 지문 유형이 어떤 점에서 스트레스 관리에 유리한지 설명하고, 그로부터 비롯되는 신경 격차를 '스트레스 격차'라고도 부른다고 언급했다. 우리는 이 격차가 어떤 식으로 인재, 그 중에서도 특히 여성 인재의 고갈을 야기하고 사고 다양성을 훼방하는지 살펴봤으며, 다른 신경 지문 유형을 지닌 사람들이 자신의 재능을 존중하지 않거나 필요를 충족시켜주지 않는 일터를 떠나는 실정이라는 것도 알게 됐다.

2021년 '대퇴사The Great Resignation' 사태와 함께 이 현상은 급격히 가속화된다. 그해 9월에만 미국인 근로자 440만 명이 더 큰 유연성과 만족을 위해 직장을 떠나면서 신기록을 경신했다. 인구 분석 기업 바이슬러Visler는 2021년 10월에 근로자 4명 중 1명은 전통적인 일터로 돌아가기를 거부하며 일을 그만뒀다고 추정했다.[1] 바이슬러 부사장 이안 쿡Ian Cook은 "사람들은 직장과 삶의 균형이나 업무 참여도 같은 커리어 요소들을 새로운 시각으로 보기 시작했습니다. 직원 유출을 막으려는 고용주들은 바로 그런 문제들을 진지하게 고민해야겠죠"라고 설명했다.[2]

일의 새 미래를 앞둔 회사들은 인재를 끌어당기며 잡아둘 수 있는 뇌 친화적 패러다임으로 전환할 절호의 기회를 손에 넣었다. 그러한 목적 달성에 도움이 되도록 내가 발견한 또 하나의 신경 격차를 공유하려 한다. 바로 외향성과 내향성의 차이이다. 뉴로컬러의

미발표 추가 자료에 따르면 기업의 리더십으로는 내향인보다 외향인을 선호하는 것으로 보인다. 직장 내 내향인과 외향인의 신경 격차는 우리의 사회적 행동과 관련 있기 때문에 나는 이를 '사회 격차'라고 부른다. 이 장에서 우리는 일터에서 내향인이 발휘할 수 있는 놀라운 장점들은 무엇이며, 뇌 친화적인 기업들이 내향성의 조용한 파워로부터 어떤 혜택을 얻을 수 있는지 살펴볼 것이다.

외향인은 타인과 상호작용하면서 에너지를 재충전하고 활력을 느낀다. 외향적 기질이 높은 사람들은 활동지향적이며 관심, 사회적 자극, 사람들을 사귈 기회를 찾는 경향이 있다. 이들은 팀으로 일할 때 능률이 올라간다. 외향인들은 혼자 시간을 보내기 어려워하거나 불편해할 수 있다.

파티를 계속 즐겨!

한 가지 질문에 어떻게 답하는지에 따라 자신이 내향성인지 아니면 외향성인지를 알 수 있다. 사람들과 어울릴 때 활기를 얻는가, 아니면 혼자 시간을 보내면서 에너지를 보충하는 것을 선호하는가? 영화 〈웨인즈 월드Wayne's World〉의 가스 알가Garth Algar처럼, "파티를 계속 즐겨, 웨인!"이라고 소리치는 타입인가? 아니면 자신의 영화 시사회도 마다하고 "혼자 있고 싶어요"라고 말한 것으로 유명한 은둔형 여배우 그레타 가르보Greta Garbo 같은 타입인가?

파티가 끝나갈 무렵 기진맥진하여 침대로 기어들어가고 싶은 생각이 든다면 당신은 아마 내향인일 것이다. 만일 "와, 진짜 멋졌어! 오늘 밤 또 무슨 일이 있을까?"라고 외친다면 당신은 외향인이다. 내향적인 사람들은 정신없는 사회적 상호작용 후에 에너지가 고갈된 느낌을 받고, 외향인들은 그 만남에서 더욱 에너지를 얻는다.[3]

내향인들은 혼자 시간을 보낸 후에 더 활력을 얻는다. 내향적인 사람들은 책을 보거나 숲에서 산책하는 등의 활동으로 에너지를 보충하려 할 것이다.

내향인은 혼자 있을 때는 에너지가 채워지고 사회 활동 후에는 에너지가 사라지는 기분을 느낀다. 내향성이 높은 사람들은 차분하고 자의식이 강하며 신중하고 독립적이다. 혼자서 일할 때 능률이 높아지며 행동하기 전에 먼저 관찰하고 분석하기를 선호한다.

외향인이 더 좋은 리더인 것은 아니다

다른 모든 성격 특성과 마찬가지로 내향성과 외향성은 스펙트럼 위에 존재하며, 우리 대부분에게는 두 성향이 섞여 있다. 그런데 뉴로컬러의 새 자료를 보면 임원실을 가득 채운 건 대부분 '매우 외향적인' 사람들인 것 같다. 뉴로컬러는 경영 리더 1만 4,000명을 조사한 뒤 매우 외향적인 사람들의 비율이 불균형적으로 높았다는 사실을 알아냈다. 남성 경영 리더의 경우 일반 인구와 비교했을 때 매우 외향적인 비율이 17퍼센트 더 높았으며, 여성 리더의 경우는 10퍼센트 더 높았다. 이 데이터 표본에서 여성은 남성보다 더 내향적인 경향을 보였고, 이는 여성 리더들 중 아주 외향적인 이들의 퍼센트가 더 낮은 원인이 될 수 있다.

그런데 문제는 외향인이 내향인보다 더 좋은 리더인 것은 아니라는 점이다. 조직심리학자 애덤 그랜트의 연구에 따르면 내향인과 외향인은 동등하게 유능한 리더다. 그랜트는 외향적인 리더들의 경우, 사람들이 의욕을 잃고 적극성이 떨어졌을 때 끝까지 일을 완수하도록 이끌어가는 것에 더 능숙할 수 있다고 말했다. 하지만 사람들에게 의욕이 넘치고 적극도가 높을 때는 내향적인 리더들의 성과가 일관적으로 더 높았다. [4]

사회적 유리 천장

대부분의 회사들은 일터에 존재하는 내향인과 외향인의 사회적 신경 격차를 알지 못한다. 리더들을 온갖 행사에 참여시키는 회사들을 떠올려보면 바로 수긍이 될 것이다. 외향적인 리더들은 파티나 저녁 모임에서 활기를 얻지만, 내향인들은 반대로 이런 행사 때문에 진이 빠질 수 있다. 유능한 내향성 리더들이 업무 후 '인맥 쌓기' 행사에 참여하도록 강요받는다면, 그들은 인맥왕이 되라고 압박하지 않고 내향인을 이해해주는 뇌 친화적 일터를 찾아 떠날 것이다.

수전 케인은 저서 《콰이어트》에서 이렇게 이야기했다. '우리는 이상할 정도로 좁은 범위의 성격 유형들에게만 길을 열어준다. 훌륭해지려면 대담해야 하고, 행복해지려면 사교적이어야 한다는 이야기를 듣고 산다. 또한 이곳을 외향인들의 국가라고 생각한다. 그건 우리가 자신이 진정 어떤 사람인지 잊어버렸다는 의미다. 미국인 중 3분의 1에서 2분의 1은 내향인이다. 우리가 아는 두세 명 중 하나는 내향인이라는 말이다.'[5]

앞서 언급했듯 여성은 평균적으로 남성보다 더 내향적이다. 경영 리더십에 존재하는 내향인과 외향인의 사회적 신경 격차는 아직 제대로 다뤄지지 않은 두 번째 신경 격차로, 여성에게 불리하게 작용하며 성 평등 실현을 어렵게 한다. 외향적인 리더만을 편애하는 일터에서 이 '사회적 유리 천장'은 재능 있는 내향인 여성이 높은 리더십 위치에 오르는 것을 방해할 수도 있다.

횡설수설 가설

외향적인 사람들이 리더의 자리를 꿰찬다고 해서 굳이 신경 써야 할 이유가 있을까? 당연히 있다. 수전 케인의 말을 또 한 번 인용하자면, 말이 가장 많은 것과 가장 좋은 아이디어 사이의 연관성은 0이기 때문이다.[6]

그렇다면 이런 사회적 신경 격차는 어떻게 확고히 뿌리를 내릴 수 있었을까? 아마 편견과 자기 선택self-selection이 작용했을 것이다. 2016년 외향성 연구를 진행하던 심리학자들은 외향성의 주요 특징이 '사회적 관심을 이끌 수 있는 방식으로 행동하려는 경향'이라고 결론지었다.[7] 외향인들은 스포트라이트의 중심에 있기를 좋아하므로 이들이 풍성한 사회적 상호작용을 요구하는 리더 자리에 이끌리는 것도 당연하다. 반대로 내향인들은 외향적 기질이 강조되는 일터에서 자신이 리더에 적합하지 않다고 생각할지도 모른다.

미 육군의 의뢰로 진행된 '횡설수설 가설babble hypothesis' 연구에서 놀라운 편향이 발견됐다. 어떤 그룹에서 가장 말을 많이 하는 사람은 '똑똑함의 정도'와 상관없이 리더가 되는 경우가 많았다.[8] 또한 말이 많은 사람들을 더 유능하다고 인식하기도 했다.[9] 이런 편향을 알지 못하는 경영 리더들은 무의식적으로 가장 활발하게 말하는 사람을 승진시킬지도 모른다. 그들의 아이디어가 최선이 아닐 수 있는데도 말이다.

마지막으로, 외향적 기질이 높은 이들이 리더의 역할에 더 많이 포진하고 있기 때문에, 그들은 무심코 다른 외향인들에게 기회를 더 많이 줄 수도 있다. 그들이 이 책을 읽지 않았다면 말이다. 이 장을 읽은 리더들은 내향인에게 비즈니스에서 결코 간과해서는 안 될 경쟁력이 있다는 사실을 잘 이해할 수 있을 것이다.

성공적인 내향인 리더들

나에게는 아주 성공한 CEO이면서 내향적인 고객이 한 명 있다. "내향인으로서 어떤 방식으로 CEO 업무에 임하고 있나요? 이런저런 사회적 의무로 힘들지는 않으세요?" 내가 물었다.

"오, 난 피곤한 저녁 모임들은 다 건너뛰어요. 매일 아침 상쾌한 기분으로 사무실에 나와서 만반의 준비를 갖추죠. 동료들은 내가 업무에 집중하는 걸 좋아하지, 전날 밤 밖에서 사람들을 만나 나 자신을 홍보했는지에 관심을 두진 않거든요."

"내향적인 기질이 리더십에 또 어떤 영향을 주나요?" 내가 묻자, 그는 곰곰이 생각했다. "음. 난 권력 다툼에 좀처럼 흥미가 없어요. 엄청난 시간과 에너지 낭비라고 생각하거든요. 그래서 난 이 회사에 처음 왔을 때 정치나 중상모략 같은 것을 참지 않겠다고 모두에게 분명히 말했죠. 난 일에 집중하고 사람들과 기분 좋은 관계를 누리고 싶어요. 직원들도 그것이 좋다고 내게 말해줬고요. 덕분에 우리 사무실에는 쓸데없는 감정 소모가 없고, 높은 생산성과 즐거운 분위기가 유지되죠."

그는 덧붙여 말했다. "또 퇴근 후에 각종 행사에 가지 않아도 되니 운동할 여유가 있어요. 가족들을 위한 시간도 있고, 여가 시간을 즐길 수도 있죠. 밤에 나가 사람들을 만나지 않고 혼자만의 시간을 보내는 것이 재충전을 하기에 좋아요. 그래서 난 좋은 리더이면서 내향적인 것이 가능하다고 생각합니다."

깜짝 놀랄 사실 역사적으로 위대한 업적을 이룬 내향인들을 소개한다.

- 알버트 아인슈타인Albert Einstein
- 엘리너 루스벨트Eleanor Roosevelt
- 앨 고어Al Gore
- 에이브러햄 링컨Abraham Lincoln
- J. K. 롤링J. K. Rowling
- 메릴 스트립Meryl Streep
- 마이클 조던Michael Jordan

혼자만의 시간을 위한 스파

내 커리어에는 자신 있게 무대에 올라 수천 명의 청중들에게 기조연설을 하는 일이 포함되어 있다. 여러분은 그것을 바탕으로 내가 외향성이라고 생각할지도 모르겠다. 정말 그럴까?

최근에 나는 어떤 호화로운 호텔에서 열린 콘퍼런스에서 연설을 맡았다. 그 당시 난 열심히 일정표를 들여다보며 언제 잠깐 빠져나가 스파를 받을 수 있을지 체크했다. 다른 사람들은 전부 다음 날 아침에 있을 전체회의에 참여할 것 같아서 그 시간을 이용하기로 했다. 나는 아침에 일어나 목욕 가운을 걸치고 복도로 나섰고 다행히 그곳엔 아무도 없었다. 스파를 받으러 가는 길에 형형색색의 간식과 음료가 놓인 오찬 뷔페 테이블이 눈에 들어왔다. 나는 까치발을 들고 다가가 먹을 것을 몇 개 집어왔다.

그때 한 고객이 나를 발견했다. 카페에 커피를 사러 들린 모양인 그는 활짝 웃더니 이쪽으로 오라고 내게 손짓했다. 나는 그다지 내키지 않아 속으로 끙끙 앓았고 가운 차림이라는 사실이 무척 창피했지만, 그 사람을 못 본 척 하는 건 굉장히 무례한 일이라고 생각했다. 그래서 홀로 스파 사우나에 앉아 수증기를 들이마시며 행복한 휴식 시간을 보내는 대신, 고객과 자리를 잡고 앉아 에스프레소를 주문했다. 나는 약 45분 동안 화기애애하게 대화를 나눈 후 그에게 양해를 구하고 방으로 뛰어 돌아와 남은 일정을 소화하기 위해 정장으로 갈아입었다.

외향인들은 이런 즉흥적인 친목 모임을 위해 산다고 해도 과언이 아니다. 그들은 이런 만남에서 큰 힘을 얻는다. 나로서는 이런 것들이 말도 못하게 피곤하다. 아직 눈치 못 챈 사람들이 있다면, 나는 내향인이다. 내가 재충전을 하려면 혼자만의 시간이 필요하다.

활달한 내향인과 미스터리들

사람들은 활달한 것과 외향적인 것, 그리고 조용한 것과 내향적인 것을 자주 헷갈려 한다. 사실 내향과 외향을 가르는 기준은 단 하나다. 혼자 있을 때 에너지가 생기는가, 아니면 다른 사람들과 함께 있을 때 에너지가 생기는가. 한편, 활달함과 조용함은 완전히 별개의 문제다. 활달함-조용함 스펙트럼은 우리가 타인과 상호작용할 때 어떻게 행동하는지에 초점을 맞춘다.

활달한 사람들은 자신의 감정과 의견을 공유하는 것을 어려워하지 않는다. 내가 고객과 앉아 커피를 마시며 그랬듯이 말이다. 나는 내향적이지만 활달하기도 하다. 우리 모두는 그래프 사분면의 어느 한 지점에 속하게 되어 있다.

내가 있는 곳은 왼쪽 위 사분면이다. 내향적 활달함으로 분류된다. 여러분도 나처럼 성격이 활달하면서 동시에 내향적일 수 있다.

조용한 외향인도 있다. 내 친구 사라는 사람들에게 마음을 열고 깊은 생각을 나누기까지 오래 걸린다. 또 그녀는 대화 중에 자신이 무언가 의미 있는 의견을 더할 수 있을 때만 입을 여는 편이다. 사라는 이렇게 과묵하지만, 에너지를 충전하고 싶을 때는 친구들과 춤을 추러 간다. 그녀는 사람들이 자신의 사생활을 너무 깊게 캐내려 하지 않는 한, 다른 사람들과 어울릴 때 활력을 느낀다. 사라는 외향적 조용함 유형이다.

뉴로컬러의 추가 미공개 자료를 보면 남성 임원은 일반 인구와 비교하여 '아주 활달함' 점수가 18퍼센트 더 높았고, 여성 임원의 경우 일반 인구에 비해 '아주 활달함'이 22퍼센트나 높았다. 한편, 남성과 여성 임원의 '아주 활달함' 점수차는 6퍼센트였다. 이런 신

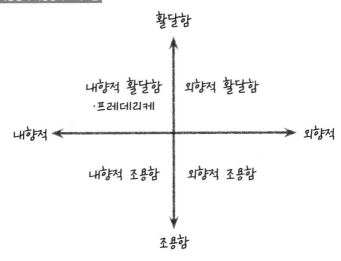

그림5 내향성과 외향성의 스펙트럼

경 격차를 인지하고 그것이 어떻게 회사의 리더십과 사고 다양성에 영향을 미치는지 알아두면 유용할 것이다.

⁓

 피아니스트 블라디미르 호로비츠Vladimir Horowitz는 환상적인 연주자이며 내향적인 성격으로도 유명하다. 언젠가 그는 자신이 받는 수고비 10만 달러 중에 5,000달러는 피아노를 연주하는 대가이고, 9만 5,000달러는 연회에 참석하는 대가라고 농담했다.

⁓

내향인들은 내재적 동기가 더 강하다

이제 내가 앞에서 언급했던 내향인들의 슈퍼 파워를 알아보자. 오해는 금물이다. 난 언제나 외향인들을 좋아해왔다. 지금은 그저 내향인들의 재능을 알려 더 공평한 기회의 장을 만들고 일터의 사회적 격차를 해소하려는 의도일 뿐이다.

예시로 내 귀여운 다섯 살 아이 헨리의 이야기를 해주려 한다. 아이는 유치원에서 그룹 활동에 잘 참여하지 않아 선생님들이 애를 먹게 했다. 걱정이 많던 선생님은 끊임없이 내게 전화를 걸어 헨리에게 더 열심히 참여하라고 가르쳐달라며 간절히 부탁했다.

나는 헨리가 맡은 일을 잘하며 또래들을 잘 따라가는지 물었다. 선생님은 그렇다고 말하고, 우리 아이가 아주 똑똑하다고도 덧붙였다. 바로 그때 나는 아이가 아니라 선생님에게 문제가 있다는 사실을 깨달았다.

헨리는 집에 있을 때 자기 방에서 레고를 하며 몇 시간씩 놀곤 한다. 내가 저녁을 먹으라고 불러도 너무 집중한 나머지 듣지 못한다. 내가 "헨리!!!"하고 소리를 질러야, "엄마 이것만 다 하고요!"라는 대답을 겨우 들을 수 있다.

그럴 때마다 나는 호기심이 생겨 아이의 방을 찾아간다. 며칠 전에는 헨리가 레고로 아주 정교한 원형 교차로를 만들어 놓았다.

"정말 멋진데, 헨리!" 내가 외쳤다. "어떻게 이런 걸 만든 거야?"

"그냥 머릿속에서 생각나는 대로 만들었어요." 아이가 차분하게 대답했다.

내 아들과 같은 내향인들은 외향인들보다 '내재적 동기intrinsic motivation'가 더 강하다.[10] 그들은 헨리처럼 자기 일에서 내면의 만족감을 느낀다. 그룹 활동에 열광하지 않고 혼자서 평화롭게 일하기를 선호한다. 반대로 외향인들은 관심, 칭찬, 보너스 같은 '외재적 동기'에 더 동기부여를 받는다.[11]

나는 헨리에게 내향성과 외향성 같은 개념을 이해하는 선생님들이 있는, 더욱 뇌 친화적인 학교를 찾아줬다. 헨리의 새로운 선생님은 억지로 그룹 활동을 시키지 않는다. 선생님은 아이가 무언가 배우는 것이 있는 이상 문제될 건 없다고 생각하고 있으며 나도 그에 동의한다.

내향인은 시간을 더 들인다

알버트 아인슈타인이 어렸을 때 선생님들은 그가 조금 둔하다고 생각했다. 아인슈타인은 혼자서 조용히 시간을 보내는 일이 잦았고 자기 생각에 빠져 멀리 동떨어져 있는 것 같았다. 그는 16세에 취리히연방공대 입학 시험에서 낙방하여 스위스고등학교에 진학했지만, 끈기를 잃지 않았기 때문에 17세에 다시 공과대학에 들어갈 수 있었다. 그는 겨우 27세의 나이에 세상을 놀라게 한 양자이론 '브라운 운동'과 '특수 상대성 이론' 논문을 발표했다.

아인슈타인은 '나는 그렇게 똑똑하지 않다. 그저 문제를 더 오래 붙잡고 있을 뿐이다'[12]라고 이야기했다. 이렇듯 내향인들의 주요 특징 중 하나는 깊고 강렬한 집중력이며 이들의 집중력은 외향인보다 오래 가는 편이다. 내향인들은 문제를 여러 각도에서 검토할 수 있으며 심도 있는 연구와 관찰을 즐긴다.[13]

내향인들은 혼자 시간 보내기를 즐기기 때문에 어떤 기술을 숙달할 때 기꺼이 시간을 더 들인다. 현재 체스 세계 챔피언은 노르웨이의 망누스 칼센Magnus Carlsen으로, 그는 13세에 세계 최연소 그랜드 마스터가 됐다. CNN 인터뷰에서 성공 비결이 무엇이냐는 질문을 받았을 때 칼센은 "다른 무엇보다 중요한 건 시간을 오래 들인다는 겁니다"[14]라고 대답했다.

뇌의 양식 파티에서 새로운 사람들을 사귀는 일이 혈압을 상승시킨다면 집에 돌아와 비트 주스 한 잔을 마셔보자. 레드비트 분말을 물에 타거나 좋아하는 스무디에 섞어 먹어도 좋다. 비트에 함유된 산화질소는 혈압을 낮추고 심신 안정에 도움이 되며 혈관을 확장시킨다. 한 연구 결과에 따르면 비트 주스를 매일 250밀리씩 마신 사람들은 수축기 혈압과 이완기 혈압이 모두 낮아졌다.[15]

내향인은 더 생각한다

연구자들은 내향인들의 뇌 전전두피질에 있는 회백질의 양이 외향인보다 더 많다는 것을 알아냈다. 과학자들이 매우 외향적인 사람들을 관찰한 결과, 그들은 일관적으로 회백질의 부피가 더 적었다. 분석과 이성적인 사고가 일어나는 전두엽 내의 활동 또한 내향인의 뇌에서 더 활발했다.[16]

내향인과 외향인의 뇌를 모두 분석한 한 연구에서는 심지어 휴식을 취하는 중에도 내향인의 혈류량이 더 많고 뇌 활동이 활발하다는 사실이 확인됐다. 내향인은 쉴 때 조차 외향인보다 생각을 더 많이 하는 것 같다.[17]

내향인 혹은 외향인 가릴 것 없이 모든 사람의 뇌는 도파민 세례라는 보상을 갈망한다. 다만 우리가 보상을 받는 방식에는 차이가 있다. 코넬대학교 연구에 따르면, 외향적인 사람들은 바로 가까이에 있는 환경과 상호작용을 하면서 쾌감을 얻고, 내향인들은 내면의 생각에서 기분 좋은 감정을 이끌어낸다. 아마 이런 이유로 내향인들은 공상에 잠길 수 있는 휴식 시간이 필요한 것인지도 모른다.[18]

뇌 식히기 애플 공동창립자 스티브 워즈니악은 다음과 같이 말했다. "내가 만난 발명가들과 엔지니어들은 전부 숫기가 없었고 자기 세계에 빠져 살았다. 사실 그런 성향이 가장 강한 부류는 예술가들이다. 그들은 혼자서 일할 때 가장 능률이 올라간다. 마케팅이나 다른 위원회의 목적에 부합하라는 간섭 없이 신제품의 디자인을 결정할 수 있기 때문이다. 난 위원회의 손을 거친 것들 중에 진정으로 혁신적인 발명은 없었다고 생각한다.…(중략)… 받아들이기 어려울지도 모르는 충고를 하나 하겠다. 혼자 일하라. 홀로 작업할 수 있다면 혁명적인 제품이나 기능을 디자인할 확률이 높아질 것이다. 위원회에서도, 팀에서도 하지 못하는 것들을 말이다."[19]

재능 있는 사람의 70퍼센트가 내향인이다

평균적으로 내향인과 외향인의 지능에는 차이가 없다. 하지만 통계를 보면 재능 있는 이들의 약 70퍼센트는 내향인이다.[20] 누군가가 평균 이상의 지능을 보이거나 음악, 미술, 수학에 우월한 실력을 보이면 재능이 있는 것으로 간주된다.

여러분의 직장이 외향인 천지인 데다가 혼자 일하기 좋아하거나 퇴근 후 칵테일 모임을 건너뛰는 사람들을 팀플레이어가 아니라는 이유로 비난하는 곳이라면 재능 있는 이들을 무심코 소외시켜버릴 수도 있다. 한편, 내향인에게 친화적인 일터는 유능하고 집중력이 강하며 내재적 동기가 충만한 사람들을 끌어당길 것이다. 이 장의 뒷부분에서 그런 일터를 만들 수 있는 7단계 계획을 소개하겠다.

깜짝 놀랄 사실 과학자들은 45년 동안 재능 있는 어린이 5,000명을 조사해본 결과 아이들 대부분이 자라서 크게 성공했음을 알아냈다. '좋든 싫든 우리 사회를 움직이는 건 이 사람들이다. 시험 성적이 상위 1퍼센트 안에 드는 아이들은 대개 저명한 과학자, 학자, 포춘500 CEO, 판사, 정치인, 억만장자가 됐다'[21]라고 듀크대학교 재능식별 프로그램Talent Identification Program 소속 심리학자 조너선 와이Jonathan Wai는 〈네이처Nature〉에 발표했다. 또한 이들 중 약 70퍼센트는 내향인이었다고 한다.

내향인은 옳은 일을 한다

1955년 12월 1일, 앨라배마주 몽고메리에서 한 백인 버스 기사는 아프리카계 미국인 재봉사 로자 파크스Rosa Parks를 보고 다른 백인 승객에게 자리를 양보할 것을 요구했다. 파크스는 차분히 기사를 바라보며 대답한다. "싫습니다."[22]

버스 기사는 경찰을 불러 그녀를 체포하게 하겠다고 협박했다.

"그렇게 하시죠." 파크스는 부드럽게 말했다.

파크스는 결국 경찰에 의해 잡혀갔고 인종분리법 위반 혐의로 기소되었다. 노골적인 인종차별에 맞서 그녀가 보여준 조용한 강인함은 1960년대 비폭력 시민권 운동의 상징이 됐다. 또한 그녀는 '내가 하는 일이 옳은 일이라면 절대 두려워해선 안 된다'라는 명언을 남기기도 했다.[23]

2013년의 사회 순응성 연구에서 외향인들은 다수의 의견을 따르는 경향이 더 강하다는 사실이 드러났다. 설사 다수의 의견이 잘못된 것일지라도 결과는 동일했다. 연구자들은 외향인이 내향인보다 사회적 압력에 더 잘 굴복하는 편이며, '압력이 커질수록 외향인들의 순응 반응 횟수도 많아진다'라고 결론 내렸다. 반대로 내향인들은 압력이 크든 작든 순응 반응 횟수에 차이가 없었다.[24]

내향인들은 외부 요인에 잘 흔들리지 않고 내면의 도덕적 나침반을 따르려 한다. 팀 안에 내향인들이 있으면 논란에 대비하기 더 좋을 수도 있다. 그들은 동료의 부조리를 숨겨주거나 비전문적인 업무 환경에 순응해야 할 압박을 더 적게 느낄 것이다.

내향인들은 성인군자이고 외향인들은 도덕적 용기가 부족하다는 소리를 하려는 것이 아니다. 2021년에 터진 빌 게이츠Bill Gates의 성추문 스캔들만 봐도 알 수 있듯이 말이다. 내향적이기로 유명한 그가 수십 년간 원치 않는 마이크로소프트 직원들에게 성적인 접근을 한 사실이 고발되면서 27년간의 결혼 생활은 파국을 맞았다.

그렇지만 통계를 보면 외향인의 범죄율, 체포율, 불륜율, 이혼율이 평균적으로 더 높기는 하다.[25] 또한 외향적인 사람들은 사고로 다치거나 목숨을 잃는 비율도 더 높다. 플로리다의 봄방학 기간은 그야말로 외향인들의 천국이다.

지금까지 우리는 내향적인 사람들을 채용하고 승진시키는 것의 이점을 살펴봤다. 이제 내향인에게 친화적인 일터를 만드는 7단계 계획을 알아보자.

1단계: 내향성 이해하기

1단계는 동료들에게 이 책을 나눠주고 읽게 하여 자신 또는 타인의 내향성을 제대로 인식하게 하는 것이다.

닥터 필Dr. Phil로 더 잘 알려진 필 맥그로Phil McGraw의 TV쇼를 보거나 그의 책과 팟캐스트를 접한 수백만 명의 팬들은 그가 내향인이라는 사실을 쉽사리 짐작하지 못했을 것이다. 하지만 그는 〈스키니 콘피덴셜The Skinny Confidential〉 팟캐스트의 한 에피소드에서 이렇게 말하며 자신의 내향적인 성향을 인정했다. "만약 내가 지옥에 간다면 그곳은 칵테일 파티장처럼 생겼을 겁니다."[26]

사실 내향인은 우리 주변 어디에나 있다. 내 고객 대부분은 아주 외향적인 리더들이고, 내가 내향성이라고 밝힐 때마다 웃거나 눈을 굴리곤 한다. 그들이 내 말을 바로 이해하지 못하는 이유는 내향인을 수줍음 많고 숫기 없는 아웃사이더라고 생각하기 때문이다. 그 말이 맞을 때도 있지만, 사실 내향인은 사교 활동을 피곤해 하고 밖에 나가 자기 이야기하는 것을 즐기지 않을 뿐이다. 그러나 이런 이유로 내향적인 사람들은 외향적인 리더들이 주를 이루는 일터에서 소외될 수도 있다.

2단계: 프라이버시 중요하게 생각하기

나는 내 고객이 거금을 들여 새로 디자인했다는 본사 사무실을 얼른 구경하고 싶었다. 디자이너가 사무실 벽을 전부 투명한 유리 가림막으로 대체했다고 들은 참이었다.

CEO의 안내를 따라 사무실에 들어간 나는 입이 떡 벌어졌다.

"짜잔!" 그가 냉소적으로 말했다.

나는 충격에 휩싸여 그 자리에 서 있었다. 그러는 동안 나의 고객은, 외향적인 직원의 경우 새 사무실을 열렬히 환영했지만 내향적인 직원들은 사무실을 살아있는 악몽으로 여긴다고 말해줬다. 내향적인 직원들은 책장이나 파일 캐비닛, 박스 더미, 코트, 점퍼, 스카프가 걸린 옷걸이 등으로 바리케이드를 치고 숨어버렸다. 사무실 곳곳에는 아이들이 종종 거실에 만들어 놓는 장난감 요새 같은 것들이 있었다.

화려한 수상 경력에 빛나는 내 고객의 디자이너는 한 가지 사실을 간과하고 말았다. 외향인들은 시종일관 다른 사람들을 볼 수 있는 환경을 좋아하지만, 내향인들은 프라이버시를 필요로 한다는 점이다. 그 문제를 해결하려면 내향인들을 위한 조용하고 개인적인 공간과 외향인들을 위한 생동감 있고 대화하기 좋은 개방된 공간을 모두 제공하는 유연한 업무 환경을 만들어야 한다.

훌륭한 사례로 캘리포니아주 에머리빌에 있는 픽사애니메이션스튜디오Pixar Animation Studios가 있다. 이 캠퍼스는 카페테리아와 우편함이 있는 거대한 아트리움을 중심으로 2만 평 부지에 펼쳐져 있다. 이런 구조 덕분에 직원들은 손쉽게 즉흥적인 미팅을 할 수 있고, 자연스레 참신하고 새로운 협업이 촉진된다. 또한 픽사는 직원들이 개인적으로 쓰고 마음껏 꾸밀 수 있는 사무공간을 풍부히 제공한다. 심지어 직원들이 깊이 몰입해야 할 때는 달걀 모양의 방음 캡슐에 들어가 완전한 혼자만의 시간을 조용히 가질 수도 있다.[27]

워싱턴 주 레드몬드에 있는 마이크로소프트 본사 또한 아주 유연한 공간이다. 직원들 대부분에게 주어지는 개인 사무실에는 슬라이딩 도어와 움직이는 벽이 있다. 덕분에 직원들은 동료들과 협업하고 싶을 때나 잠시 모습을 감추고 싶을 때 자유자재로 공간을 변화시킬 수 있다.[28]

언젠가 나는 링크드인LinkedIn에 개방형 사무실이 얼마나 생산성을 떨어뜨리는지에 대한 글을 올렸고, 그 포스팅은 순식간에 크나큰 관심을 받았다. 사무실에서 프라이버시와 조용한 환경이 보장되지 않아 불편하다는 의견과 집에서 일하는 것이 훨씬 효율적이라는 댓글이 수백 개씩 달렸다. 기업이 직원들의 마음을 움직여 사무실에 복귀하게 하려면 그들의 목소리에 귀를 기울여야 할 것이다.

3단계: 경계 존중하기

뇌 친화적인 일터는 직원 개개인의 경계와 그들이 선호하는 업무 유형을 존중해준다. 어떤 사람들은 오픈도어 정책open-door policy, **관리자가 직원들의 다양한 의견 수렴을 장려하려고 문을 열어두듯 커뮤니케이션에 용이한 환경을 조성하는 것, 옮긴이 주**을 좋아하지만 그것이 불편하고 방해가 된다고 생각하는 이들도 있다. 우리가 완전히 집중한 상태에서 방해를 받으면 집중력을 회복하기까지 최대 20분이 걸린다는 사실을 아는가? 제발 사람들이 원할 때마다 문을 닫아둘 수 있게 해주자.

사람들이 하루의 상당 부분을 방해가 없는 채로 일할 수 있어야 성과가 향상될 수 있다. 직원들이 닫힌 문 뒤에서 딴청을 피울까 봐 걱정된다면 일 중심 문화가 아닌 결과 중심 문화에 집중해야 된다는 사실을 기억하라. 목표를 설정하고 그것이 달성되는지 확인하되, 직원들이 언제 어떻게 이루는지에 대해서는 크게 신경 쓰지 말자.

보너스도 있다. 내향인 직원들이 여러분을 좋아할 것이며, 여러분의 회사는 탁월한 재능을 보유한 내향인들을 끌어당길 것이다.

4단계: 혼자 있는 조용한 시간 보장하기

나는 연설을 할 때 항상 이 질문을 한다. "최고의 아이디어가 떠오르는 순간은 언제인가요?"

"샤워할 때요." 사람들은 소리친다.

"강아지를 산책시킬 때요."

"설거지를 할 때죠."

그 누구도 '사무실에서 일할 때'나 '회의 시간'을 꼽지는 않는다.

별로 놀랍지는 않다. 신경과학자로서 나는 우리가 깨달음의 순간을 경험하려면 뇌가 구체적인 몇 가지 단계를 거쳐야 함을 안다. 이 경이로운 경험이 시끄럽고 정신 사나운 사무실에서 일어날 가능성은 희박하다.

뇌 친화적인 일터에는 사람들이 집중하고 싶을 때 찾을 수 있는 조용한 공간이 있다. 내향인은 물론, 외향인이 깨달음의 순간을 경험할 때도 마찬가지로 조용한 환경이 필요하다.

여러분이 내향적이건 외향적이건 어떠한 통찰이 만들어지는 과정은 이렇다. 2015년 한 연구진은 뇌에 직접적인 자극을 가하여 통찰력을 이끌어 내는 실험을 했고, 피실험자들의 뇌가 알파파를 내뿜도록 도움으로써 창의력을 촉진할 수 있었다.[29]

알파파는 뇌에 의식이 있으면서 편안한 상태일 때 방출된다. 어떤 사람들은 알파파가 나오는 동안 자신도 모르게 눈을 감고 통찰을 얻을 수 있는 더 깊은 상태로 가라앉는다. 이것을 '알파 통찰 효과'라고 부른다.

그 응답으로서 뇌는 감지하기 어렵고 진동이 빠른 감마파를 만들 수 있다. 그러면 서로 잘 교류하지 않던 뇌 영역들이 상호작용하고 연결되기 시작하며, 깨달음의 순간은 바로 이 상태에서 찾아올 확률이 가장 높다. 여러분이 소음에 방해를 받지만 않는다면 말이다.

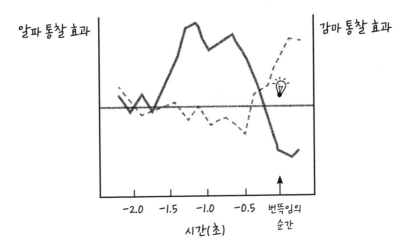

그림6 **통찰의 순간**

알파 통찰 효과

감마 통찰 효과

-2.0 -1.5 -1.0 -0.5 번뜩임의
순간

시간(초)

 늘 어수선한 개방형 사무실은 끊임없이 주의를 흩뜨려놓아 집중력을 저하시키기 때문에 깊은 집중 상태에 들어가지 못하게 하고 혁신과 창의성을 죽일 것이다. 그러니 이제는 직원들에게 혼자만의 조용한 시간을 제공하자. 그렇게 하면 외향인을 포함한 모든 이들에게 혁신과 창의력의 기회가 더 많이 생길 것이다.

 뇌 촉진제 소설가 조너선 프랜즌Jonathan Franzen은 감각을 차단하는 방식으로 창의력을 자극한다. 방음 처리가 된 작업실에 앉아 귀마개를

끼고 그 위에 귀덮개까지 쓴 다음, 눈가리개를 착용하여 시각마저 차단한다. 프랜즌은 2001년 발간하여 세간의 호평을 받은 소설《인생 수정》을 쓰면서 이 방법을 처음 시도했으며, 그전까지 '수천 페이지'를 폐기시켜야 했다. 그는 작업하는 동안 감각을 차단하면 깊이 집중하는 데 효과가 좋다는 것을 깨달았다.

5단계: 혼자만의 브레인스토밍

누구나 자유로이 의견을 이야기할 수 있는 브레인스토밍 시간을 좋아하는가? 팀의 창의성을 위해 그런 시간이 반드시 필요하다고 생각하는가? 여러분은 캘리포니아대학교 산타바바라 심리학 교수 조너선 스쿨러Jonathan Schooler가 발견한 사실을 알고 나면 깜짝 놀랄지도 모른다.

스쿨러는 사람들을 두 그룹으로 나누고 같은 문제를 풀게 했다. 한 그룹은 다함께 브레인스토밍을 하며 답을 찾았고, 다른 그룹은 스스로 해결책을 찾은 후 팀 사람들과 공유했다. 그 결과 그룹 브레인스토밍이 혁신과 통찰을 '억제'했다는 것을 발견했다. 반대로 혼자 브레인스토밍을 한 사람들은 더 참신하고 효과적인 해결책을 찾아낼 수 있었다.[30]

사람들을 한 방에 집어넣고 서로 아이디어를 외치게 한다는 생각이 흥미롭게 느껴질 수도 있다. 하지만 이 연구 결과를 참고했을 때, 혁신과 창의성을 최대한 끌어올리려면 직원들이 자신의 의견을 타인과 공유하기 전에 먼저 혼자 생각할 시간을 가질 수 있어야 한다. (내향인들은 이 방식으로 아이디어를 공유하는 쪽을 훨씬 편안하게 느낄 것이다.)

6단계: 회의 줄이기

아마도 예상했겠지만 내향인들은 회의를 그다지 좋아하지 않는다. 뇌 친화적인 회사들은 회의 시간을 파격적으로 줄이고 참여자들의 숫자도 축소시키고 있다.

"회의가 형편없어지는 근본 원인은 사람들의 깊은 불안감입니다. 사람들은 소외되기 싫은 마음에 어쩔 수 없이 회의에 참석하려 하죠." 바이너미디어 최고 마음경영자 클로드 실버가 내게 말했다. 그녀는 회의가 15분 이상씩 진행되지 않아야 한다고 당부하며, 단순히 소외감을 느끼지 않게 한답시고 회의 때마다 전직원을 초대해야 한다는 생각을 버려야 한다고 말한다. "사람들이 회의에 불참해도 마음이 편할 수 있어야 합니다. 이렇게 문화를 바꾸면 회의에 발전이 있을 거예요." 클로드가 말했다.

다른 회사들도 '회의 없는 날' 제도를 도입하기 시작했다. 예를 들어 페이스북은 어느 부서가 됐든 수요일에는 회의를 잡지 않는다. 미국에서 세 번째로 큰 은행인 씨티Citi는 '노 줌no-Zoom 금요일'을 지정하고 그날엔 줌 회의를 금지한다. 뇌 친화적인 회사들은 회의가 생산성과 몰입을 방해할 수 있음을 점차 깨닫고 있다. 회의가 너무 많으면 내향인들은 다른 직장을 찾아 나설지도 모른다.

7단계: 자기 방식대로 소통하게 하기

나는 전화 통화보다 이메일을 선호한다. 내향적인 사람들 대부분이 그렇다. 반대로 외향인들은 전화로 일처리 하기를 선호한다.[31] 직원들 각자가 선호하는 방식으로 소통할 수 있도록 장려하자. 설사 그것이 여러분의 스타일과 다르더라도 말이다.

봉쇄 기간 동안 나의 많은 고객들은 줌 미팅 시간에 사람들이 카메라를 켜도록 설득하는 강연을 해달라고 부탁했다. 특히 인사팀 사람들이 간절히 나를 찾았다. 그들은 화상 회의에서 상대의 얼굴을 볼 수 없다면 진정한 소통을 하는 것이 아니라고 확신했다.

솔직히 말해, 상사들이 영상으로 보기를 원하는 건 직원들이 무엇을 하고 있으며 제대로 집중하는지 확인하고 싶어서다. 회의 시간을 줄이고 회의의 질을 높이면 참가자들이 카메라를 켜든 말든 걱정할 필요가 없다.

해결책은 두 가지다. 사람들에게 카메라를 켜고 끌 자유를 주는 것과 회의를 더 짧고 효율적으로 만드는 것이다. 그렇게 하면 직원들이 따분한 화상회의 시간에 몰래 트위터를 확인하고 있지는 않을지 걱정할 필요도 없다.

깜짝 놀랄 사실 마이클 크라우스Michael Kraus 예일대 경영대학원 교수의 2017년 연구에 따르면 우리가 영상통화를 할 때보다 음성통화를 할 때 '공감 정확도'empathetic accuracy가 더 높아진다. 공감 정확도란 상대의 내면 상태를 추측할 수 있는 능력이다. 크라우스는 대부분의 사람들이 음성만으로 진행하는 통화에 더 집중할 것이라고 결론지었다.[32]

내향인들을 쉬게 하라

뉴로컬러 공동창립자 데이브 래브노는 내게 말했다. "내향인들이 직장에서 자주 지치는 이유가 뭔지 아나요? 동료들이 그들의 내향적인 기질을 잘 이해하지 못하기 때문이에요. 이건 정말 큰 깨달음이죠!"

내가 예전에 다녔던 회사에는 아주 외향적인 리더가 한 명 있었다. 어느 날 그는 모두가 친해지길 바란다며 3일간 진행되는 호화로운 행사에 직원들을 데려갔다. 일정은 첫날부터 빡빡하기 그지없었다. 오전에는 워크숍과 그룹 하이킹을 했고 오후에는 박람회에 참여하느라 정신없이 돌아다녔으며 그 후에는 유람선을 타고 물 위에 있는 근사한 레스토랑에서 식사를 했다. 저녁을 다 먹었을 즈음, 나는 이제 호화로운 숙소로 돌아가 편안한 혼자만의 시간을 갖고 싶다고 속으로 빌었다. 하지만 리더는 우리를 차에 태워 사람들이 바글바글한 야외 맥주 파티에 데려갔다. 외향인들은 생애 최고의 하루를 보내고 있었지만 내향인들은 정신을 잃을 지경이었다. 그러므로 여러분이 만약 더 많은 내향인 인재들과 함께 일하고 싶다면, 내가 해줄 최후의 조언은 '사람들을 쉬게 하라'는 것이다.

내향인들의 세계를 엿보고 그들이 업무에서 어떤 강점을 발휘할 수 있는지 알아본 이 시간이 유익했길 바란다. 업무의 미래는 더 많은 선택권과 자율성에 달려있다. 이 두 가지가 다양하고 훌륭한 인재들을 유치하고 머물게 하며, 외향인과 내향인의 사회적 신경 격차를 해소하게 도울 것이다.

클로드 실버
바이너미디어 최고 마음경영자

코칭, 팀 빌딩, 성과 극대화. 이런 것들은 클로드 실버가 지난 30년간 글로벌 광고대행사 리더로서 달성해온 업적들의 일부에 지나지 않는다. 대규모 글로벌팀 내에서 뛰어난 인재들을 육성한 것은 두말할 것도 없다. 현재 클로드는 바이너미디어에만 존재하는 직책인 최고 마음경영자 직책을 최초로 맡아, 자신의 기술과 경험을 한껏 살려 활약하며 설립자 게리 바이너척과 긴밀히 협업하고 있다.

프레데리케 어떤 계기로 최고 마음경영자가 되셨나요?

클로드 난 언제나 코칭, 멘토링, 인재 양성 같은 분야에 열정이 있었어요. 사람들을 더 나은 모습으로 발전시키는 것들이죠. 바이너미디어에 처음 합류했을 때 게리는 내게 어떤 일을 하고 싶은지 물었고, 난 대답했어요. "제가 궁금한 것은 이곳의 심장박동 뿐이에요. 제 관심은 온통 사람들에게 있답니다." 게리는 자신을 도와 회사 문화를 함께 다듬어나갈 믿음직한 사람을 원했어요. 그래서 우리는 '최고 마음경영자' 직책을 만들었답니다.

프레데리케 클로드 씨는 사람들이 낙천적인 정서를 유지하도록 장려하죠. 그건 어떤 의미인가요?

307

클로드 정서적 낙천주의란 억지 긍정toxic positivity의 반대 개념이에요. 사람들이 사무실에 출근해서 보여주거나 스크린에 내보이는 모습 이전에 각자의 감정과 삶이 있었음을 이해하는 것이죠. 개를 산책시키거나 운동을 다녀왔거나 배우자와 싸웠을 수도 있어요. 사람들은 그러면서 느낀 감정들을 사무실에 함께 가져오죠.

사람들이 자신의 감정을 느낄 자유가 있고, 스스로 그런 감정들을 조절할 수 있다고 느끼기 바라요. 그렇게 하는 법을 우리가 가르쳐야 합니다. 자신의 감정을 데이터처럼 쓰는 법을 터득하게 하는 거죠. 예를 들어 '그래, 난 방금 남편과 싸워서 기분이 날카로운 거야'라고 생각하며 그 감정을 제대로 느끼고 앞으로 대처할 방법에 맞게 감정을 최대한 조절해보려고 노력하는 겁니다.

프레데리케 '친절한 솔직함kind candor'에 대해서도 더 알려주시겠어요?

클로드 바이너미디어는 친절한 회사예요. 게리와 난 사람들이 서로 아끼고 잘해주는 친절한 문화를 만들고 싶었어요. 우리 회사 사람들은 모든 상황에서 더 성숙하게 행동하도록 노력하고, 동료들을 최고가 되도록 만들어주고 싶어 해요. 회사 안에서 언제 무슨 대화를 하든 상대가 그런 의도를 품고 있다고 신뢰할 수 있기 때문에 자신이 보고 느낀 점을 솔직하게 전달할 수 있답니다.

예를 들어 내가 "발표를 조금 더 명확하게 했더라면 좋았을 것 같아. 그럼 고객이 휴대전화를 보는 대신 더 적극적으로 발표를 들었을 거야" 라고 이야기하는 것은, 심판이 되어 직원을 판단하는 것이 아니라 보고 느낀 것을 공유하는 것이죠.

프레데리케 '해야 한다'가 아니라 '했더라면 좋았을 것 같다'는 표현을 쓰신 것이 좋네요.

클로드 그래요, 내가 그 사람의 관리자로서 좋은 의도로 소통한다는 걸 알게 하고 싶어요. 난 그 사람이 성장하길 바랄 뿐이며, 그가 원하는 목표에 도달할 수 있도록 힘을 보태고 싶어 한다는 점도요. 마찬가지로 나의 관리자도 내 목적지가 어디든 그곳에 도달할 수 있도록 날 도와주기 바라요. 그러려면 엄청난 신뢰가 필요하죠.

프레데리케 사람들을 사무실로 복귀시키는 일은 잘 되어 가나요?

클로드 이제 우리 사무실은 전부 열려 있지만 출근을 요구하진 않아요. 그랬더니 지역마다 다른 반응을 보이더군요. 런던에서는 월요일과 목요일에만 출근을 하는 것 같고, LA에서는 화요일, 수요일, 목요일에만 사무실이 열려요. 뉴욕 사무실은 언제나 열려 있고요. 난 내일 출근할 거예요. 뉴욕에서 처리해야 할 일이 있고 사무실에 가면 많은 업무들을 해결할 수 있거든요.

바이너미디어는 하이브리드 방식과 원격 근무를 모두 허용해요. 직원들이 자기 시간에 무엇을 해야 하며 어떻게 시간과 에너지를 관리해야 할지 안다고 믿거든요. 만약 잘 모르는 직원이 있다면 우리에게 말해서 도움을 얻을 겁니다. '아무거나 하고 싶은 대로 하는' 것이 아니라 '생산성에 좋은 건 뭐든 하는' 개념이죠.

프레데리케 제가 뇌 친화적인 일터를 말하면서 전하려는 메시지와 정확히 일치하네요.

클로드 난 광고대행사에서 몇 년 동안 일했어요. 그때는 집에서 일을 제대로 처리하거나 획기적인 아이디어를 얻는 것이 불가능하다고 생각했죠. 하지만 집에서 일을 하기 시작하고 2주 만에 내가 틀렸다는 사실을 깨달았어요, 그건 정말 멋진 일이자 또 다시 겸손하게 배울 기회이기도 했죠.

프레데리케 하지만 신규 입사자 교육은 어떻게 하세요? 신입 직원들은 경험이 많은 동료들을 보고 배워야 할 텐데요.

클로드 신규 입사자들이 지역 및 직책과 상관없이 전원 참석해야 하는 3일간의 오리엔테이션이 있어요. 신입들은 3일 동안 주제별 전문가 및 나와 함께 한 시간 동안 세션을 가져요. 그러면서 사람들은 우리가 누구이고 광고, 미디어 같은 것들에 대한 우리 가치관이 무엇인지 배워가죠.

또한 우리는 사람들이 관계를 맺을 수 있도록 강력하게 장려해요. 난 이런 식으로 신입들을 회사 전체에 소개할 거예요. "이 사람은 제니퍼라고 해요. 제니퍼는 주말에 양궁이나 승마를 즐긴다고 하는군요. 여기 오기 전에는 체이스Chase에서 M 회사를 담당했죠. 앞으로 2주 안에 제니퍼와 15분 정도 대화하는 시간을 가질 수 있을까요?"

새로 온 사람들은 30일 동안 서른 명을 만나 15분씩 대화를 나누게 됩니다. '바이너미디어에서는 어떻게 해야 성공할 수 있나요? 첫 90일 동안 어떤 것들을 해야 하죠?' 같은 질문을 할 수 있는 기회죠. 인턴에서 고위 경영진까지 누구나 이 과정을 거쳐요. 다양한 사람들과 교류하면서 관계가 만들어지고 사람들은 천천히 많은 것들을 배우며 흡수할 수 있습니다.

프레데리케 게리 씨와의 협업은 어떠세요?

클로드 우리 관계는 아주 친밀하고 따뜻하며 존중이 넘쳐요. 우리는 동전의 양면 같은 사이예요. 둘 다 사람들을 향한 믿음과 신념이 있어서 먼저 사람을 믿고 보죠. 게리를 만나기 전까진 그런 사람을 만난 적이 없었어요. 또 우린 사람들을 아끼고 최선을 빌어줍니다. 친절함이 핵심이에요. 우린 사람들이 친절을 베풀기를 기대해요. 직원들이 조직 안에서 자기 자신과 타인에게 그 친절함을 표현하도록 돕는 것이 내 일입니다.

9^장

아이들은 어떻게
해야 할까?

인터뷰 **앰버 그레월**

BCG 상무이사 및 파트너, 최고 채용/인재 경영자

아이들을 구하는 것이 곧 우리 자신을 구하는 것이다.…(중략)…
미래를 향한 가장 위대한 통찰은 이를 인정하는 것이다.

마거릿 미드 *Margaret Mead*

내 친구 웬디는 내가 아는 그 누구보다도 커리어 욕심이 많은 밀레니얼 세대 여성이었다. 그녀는 한 바이오메디컬 회사의 임원으로 높은 연봉을 받으며 하루에 14시간씩 일했고, 아이스 커피, 달콤한 도넛 같은 것들로 끼니를 때우며 잠도 없이 해외 출장을 다니곤 했다. 우리가 처음 만나 친구가 되었을 당시에는 둘 다 첫 아이를 임신 중이었다. 나는 한시라도 더 빨리 출산 휴가에 들어가고 싶어 안달이었지만, 웬디는 예정일 직전까지 계속 일을 할 계획이었으며 출산 뒤 3개월 차에는 해외 출장마저 잡아둔 상태였다.

웬디는 아기가 태어나고 1년 후에 사랑해 마지않던 일을 그만뒀다. 내가 그 의외의 소식에 깜짝 놀라자 그녀는 회사 인사팀이 새로 태어난 아기를 위한 그 어떤 지원도 허용하지 않았기 때문이라고 설명했다. 유연 근무, 긴급 돌봄도 불가했고 끝없는 해외 출장에서 제외되지도 않았다. 웬디의 회사처럼 부모들의 사정을 철저히 무시하는 기업들은 유능하고 야심찬 여성들을 마미트랙으로 몰아넣거나 아예 직장을 떠나버리게 할 것이다.

웬디의 상사는 직원들이 극도의 스트레스에 시달리지 않는다면 일을 충분히 열심히 하지 않는 것이라고 믿었다. 웬디는 이 회의 저 회의에 숨 가쁘게 참여하며 운동하거나 제대로 식사할 시간도 없이 몸이 부서져라 일하고 있었다. 설상가상으로 그녀는 아기나 남편과 보내는 시간이 부족한 것에 죄책감을 느끼기까지 했다.

"더 이상은 참을 수 없었어. 얼마나 불행했는지 몰라. 내 건강이나 가족에 비하면 높은 월급이나 복지 같은 것들은 아무것도 아니라는 것을 알게 됐지." 그녀가 내게 말했다.

웬디는 회사를 떠났지만 일하기를 멈추진 않았다. 그녀는 '지속 가능한 신부 패션' 사업을 시작하여 큰 성공을 거뒀다. 그녀의 야망이 작아지거나 업무 시간이 줄어든 것은 아니다. 웬디는 사장으로서 가족 상황에 맞게 직접 업무 일정을 짠다. 나를 포함한 다른 많은 엄마들처럼 웬디는 회사 생활을 뒤로 하고 자율성과 결과에 집중하는 자신만의 뇌 친화적인 일터를 만들어냈다.

웬디는 내게 말했다. "전보다 훨씬 행복해. 고객들과 소통할 수 있고 스스로 일정을 정할 수 있다는 점이 참 좋지. 예전처럼 일을 잘 해내고 있지만, 이젠 가족과 나 자신을 훨씬 더 잘 돌볼 수 있어."

뇌 식히기 미국에서 직원 수 50명 이상의 회사들은 12주 간의 무급 출산 휴가를 제공할 의무가 있다. 한편 캐나다인들은 17주의 출산 휴가 동안 급여의 55퍼센트를 받을 수 있으며, 부모 양쪽 모두 35주까지 추가 무급 휴가를 신청할 수 있다. 스웨덴의 부모들은 60주간 급여의 80퍼센트를 받으며 쉴 수 있다.[1]

아이들이 없는 일터는 어떻게 실패했나

나는 웬디 같은 사례를 많이 접했으며 여러분도 그랬을 것이라 확신한다. 부모에게 휴가가 거의 없다시피 하고 유연성도 없는 일터는 직원들에게 커리어와 자녀 사이에서 억지 선택을 하도록 강요하는 실패한 실험이다. 우리가 정말 성별 및 사고 다양성을 높이고 싶다면 이러한 현실을 더 이상 부정하지 말아야 한다. 회사들이 최고의 인재들을 데려와 유지할 수 있으려면 일터가 아이를 키우는 데 필요한 마을의 한 부분이 되어야 한다.

또한 나는 아이 없는 일터가 신경 지문 다양성에 부정적인 영향을 끼친다고 믿는다. 에스트로겐이 높은 신경 지문 유형의 남녀는 관계지향적인 성향이 더 강해서 가족 돌봄 휴가나 유연 근무 등의 가정생활 복지를 지원하지 않는 일터를 떠날 확률도 더 높다.

솔직히 자녀가 있건 없건 모든 사람에게는 커리어와 충만한 개인 삶 양쪽을 다 누릴 자격이 있다. 자녀가 있는 이들이 있는가 하면, 어떤 이들에게는 키우는 동물이 자녀나 다름없다. 또한 연로한 친척이나 심각한 질병을 앓는 파트너를 돌봐야 하는 사람들도 있다. 우리 모두 일을 하면서 동시에 각자의 삶을 누릴 자격이 있다. 이 장에서 우리는 뇌 친화적인 기업들이 직원들의 가정생활을 더 잘 지원함으로써 만족도와 생산성, 인재 유지율과 다양성을 향상시킬 방법을 탐구할 것이다.

부모 휴가가 거의 없다시피 하고 유연성도 없는 일터는 직원들에게 커리어와 자녀 사이에서 억지 선택을 하도록 강요하는 실패한 실험이다.

방 안의 분홍 코끼리

오늘날 회사들은 웬디 같은 여성들이 풍부하게 지닌 의욕, 혁신, 기업가 정신을 잃어간다. 일과 가정을 위태롭게 저글링하는 여성들의 정신 건강에 해로운 영향이 생길 것은 자명하다. 선진국 여성이 우울증을 겪을 확률은 남성에 비해 75퍼센트, 불안감에 시달릴 확률은 60퍼센트 더 높다고 한다.[2] 또한 선진국 여성은 개발도상국 여성에 비해 불안, 걱정, 죄책감 등의 신경증을 더 많이 겪는다.[3]

투자 은행 소속의 한 여성 변호사가 내게 한 말이 떠오른다. "난 하루에 12시간 일하고 밤 10시에 집에 와요. 그 즈음이면 딸아이의 점심 도시락을 쌀 힘밖에 안 남죠. 아이들을 사립학교에 보내고 토스카나에서 휴가를 보낼 경제적 여력은 있지만 아이들의 삶에서 놓치는 부분이 얼마나 많은지 생각하면 늘 죄책감이 들어요."

죄책감은 모든 워킹맘들이 느끼는 감정이지만 우리는 그 이야기를 잘 하지 않는다. 방 안의 분홍 코끼리**모두가 인지하지만 불편하기 때문에**

말하기 꺼리는 주제를 말함, 옮긴이 주 격인 이 주제로 한 번 이야기를 나눠 보자. 만성적인 죄책감은 정신, 신체적 건강에 심각한 악영향을 끼치며 불면증, 식욕 감퇴, 우울증까지 유발할 수 있다. 또한 죄책감은 면역체계를 약화시키기도 한다. 연구자들은 죄책감을 느끼는 사람들의 경우, 질병과 싸우는 혈액 단백질 IgA 수치가 더 낮다는 사실을 알아냈다.[4]

깜짝 놀랄 사실 남아와 여아는 성별에 따른 기대치로부터 강력한 신호를 받으며 그것을 충족시키지 못할 경우 죄책감을 느끼기도 한다. 《피로 퇴치Fight Fatigue》 저자 메리 앤 바우만Mary Ann Bauman 박사는 "여성은 관계를 통해 자존감을 얻는다. 여성인 우리는 아무도 자신을 이기적이라고 생각하지 않길 바라고, 그런 이유로 지나치게 무리를 하기도 한다. 그와 달리 남성은 자신의 업적들에서 자존감을 얻는다"라고 이야기했다.[5]

비현실적인 롤 모델

여성들은 터무니없이 비현실적인 여성 '롤 모델'들의 사례를 수도 없이 접한다. 혹시 여러분은 뉴스에서 출산 후 5일 만에 업무에 복귀한 전 프랑스 법무부 장관 라시다 다티Rachida Dati 이야기를 들어봤는가?[6] 아니면 뷰티바이오BeautyBio 창립자 제이미 오바니언Jamie O'Banion이 스키니콘피덴셜 팟캐스트에 출연하여 CEO이자 엄마로서 자신의 삶이 어떤지 설명한 것을 들어본 적 있는가? 오바니언은 새벽 5시에 일어나 자녀들을 준비시키고 학교에 데려다준다. 출근 후 아침 8시 반에 하루의 첫 회의에 참석하고 오후 4시까지 일한 후에는 아이들을 집에 데려온다. 저녁 8시에 아이들이 자러 가면 오바니언은 다시 업무로 복귀하여 새벽 1시까지 밀린 이메일들을 처리한다.[7]

이 팟캐스트를 듣는 동안 나는 머릿속으로 계산하고 있었다. '잠깐, 그럼 이 사람은 하루에 네 시간만 자는 거야? 슈퍼우먼이라도 되는 건가?' 오바니언이 도파민과 테스토스테론이 높은 신경 지문 유형이라면 다른 이들보다 극악의 일정을 더 잘 감당하긴 하겠지만 이렇게 잠이 부족하면 필연적으로 건강과 성과에 끔찍한 영향이 생길 것이다. 일하는 부모들은 정말 이런 삶을 본받아 살아야 할까?

깜짝 놀랄 사실 미국산부인과학회ACOG, American College of Obstetricians and Gynecologists는 여성들이 출산 후 최소 6주간은 일하지 말 것을 권장한다. 그러나 시민단체 페이드리브유에스Paid Leave US, PL+US는 미국 여성 네 명 중 한 명이 출산 후 불과 2주 만에 업무에 복귀한다고 보고했다.[8]

아이들은 괜찮지 않다

아이들은 어떤가? 기업이 직원들에게 긴 근무와 잦은 출장을 요구한다는 것이 아이들에게 어떤 의미인지 확인된 적이 있을까? 2020년 유니세프UNICEF는 선진국 38개국 아이들을 대상으로 실시한 '삶의 만족도' 연구를 발표했다. 미국 어린이들의 순위는 꼴찌에서 세 번째인 36위였다. 유니세프 보고서에 실린 충격적인 내용들을 소개한다.[9]

1. 41개 선진국 중 12개국에서 삶의 만족도가 높은 15세 아동의 비율은 75퍼센트 미만이었다.
2. 부유한 국가들 중에…(중략)… 15~19세 청소년의 주요 사망 원인 중 하나는 자살이었다.

3. 10개 국가에서 어린이 3명 중 1명 이상은 과체중 또는 비만이
   었다. 전 세계 비만 아동(5~19세) 수는 약 158억 명이며 2030
   년에는 250억 명까지 늘어날 것으로 예상된다.

확실히 아이들은 괜찮지 않은 것 같다. 그 주요 원인으로 유니세
프 보고서가 상정한 것은 '관계의 질 저하'였다.[10] 부모가 집 밖에서
일하는 경우가 대부분인 선진국 어린이들은 외로움과 소외감을 느
끼며 행복하지 않다고 응답했다. 가정생활과 일을 통합하지 못한다
면 우리가 키우는 아이들은 계속해서 불행할 것이다.

뇌 식히기 틱톡TikTok 모기업 바이트댄스ByteDance는 달리스마트램프
Dali Smart Lamp를 판매하기 시작했다. 이 기기는 AI 기술로 아이들
의 숙제를 도와주며, 부모들은 기기에 달린 5G 카메라를 통해 아이
들을 원격으로 볼 수 있다. 늘 시간 부족에 허덕이는 중국의 일하는
부모들 덕분에 이 램프는 매달 150만 달러의 수익을 올리게 해주었
다. 그러자 다른 기업들도 새로운 '에듀테크edutech' 시장에 뛰어들
기 시작하면서 '천 개의 램프 전쟁'이라고 불리는 10억 달러 규모
제품 전쟁이 촉발됐다.[11]

자녀가 제일 좋아하는 마약

IT 기업들은 지칠 대로 지친 부모들이 자녀에게 스마트폰이나 태블릿을 쥐여주려는 유혹에 저항하기 힘들다는 것을 안다. 미국 십대들의 마약 사용량은 감소했지만 휴대전화 사용량은 극적으로 늘어났다. 미국 십대들의 일일 평균 인터넷 이용 시간은 9시간이다.[12] 여러분의 자녀가 제일 좋아하는 마약은 바로 휴대전화이며, 그건 뇌 발달에 굉장히 해롭다.

기능적 자기공명영상을 활용한 청소년 연구에서 인터넷 방송을 오래 시청하는 십대들의 뇌 기능에 변화가 있음이 확인됐다. 아이들의 뇌는 문자 그대로 중독되어 있었다. 연구자들은 '미국 십대들의 우울증 및 자살 관련 징후들이 증가한 것은 최근 스마트폰 사용량 증가와 관련 있다'라고 덧붙였다.[13]

그런데도 불구하고 페이스북 내부 고발자 프랜시스 하우건Frances Haugen이 2021년 10월 미의회에 증언했듯 페이스북은 13세 미만 어린이들을 타깃으로 한 인스타그램키즈Instagram Kids 개발에 공을 들이고 있다. 하우건이 제공한 다량의 문건에 따르면 페이스북은 자사 서비스가 청소년들의 정신 건강에 해롭다는 사실을 충분히 인지하고 있었다.

뇌 촉진제 출산 휴가가 더 많이 보장되는 국가에서 자란 아이들은 건강 상태가 더 좋다. 출산 휴가 기간이 한 주씩 늘어날 때마다 영아 사망률이 2~3퍼센트 감소한다.[14]

거대 테크 기업들은 자사 제품의 중독성을 안다

2018년 애플 CEO 팀 쿡은 직원들에게 이렇게 이야기했다. "내게 자녀는 없지만 조카에게 몇 가지 제한 사항을 두고 지키게 한다. 나는 아이가 소셜네트워크를 하는 것을 원치 않는다."[15] 잠시 이 말을 되새겨보자.

쿡은 우리가 소셜미디어 앱을 열고 빨간색 알림을 확인할 때마다 중독적인 도파민 러시를 느낀다는 것을 알았다. 우리 뇌의 도파민 시스템은 '새로운 것'과 '간헐 강화' 두 가지에 강력한 반응을 보인다. 〈네이처〉에 게재된 2021년 연구는 다양한 소셜플랫폼에서 4,000명 이상이 올린 게시물 100만 개 이상을 분석했다. 연구자들이 알아낸 바에 따르면 우리가 알림을 확인하고 또 확인하는 이유는 게시물을 올리고 나서 얻는 반응에 간헐성이 있기 때문이었다.[16]

우리 도파민 시스템은 보상에 대한 '기대감'에 자극을 받는다. 우리가 그 보상을 실제로 얻었을 때는 한바탕 쾌감이 몰아닥친 후에

곧바로 공허한 기분이 뒤따르기 때문에 뇌가 또다시 도파민 자극을 찾으려 한다. 마약 중독자에게 끊임없이 약을 찾게 하는 바로 그 기대-보상 순환이 우리로 하여금 강박적으로 소셜미디어를 확인하게 하는 것이다.

2005년에 페이스북을 떠난 초대 사장 숀 파커Sean Parker는 이 거대 소셜미디어 기업에 대해 전례 없이 솔직한 발언을 했다. 그는 〈악시오스Axios〉에 이렇게 이야기했다. "우리 관심사는 오로지 사람들의 시간과 관심을 최대한 오래 붙잡아둘 방법을 찾는 것이다. 게시물이나 사진을 올린 이들이 이따금씩 누군가의 좋아요나 댓글을 받으며 도파민을 찔끔찔끔 맛보게 해줘야 한다는 뜻이다. 결국 사람들은 콘텐츠를 더 많이 올리기 시작할 것이다. 이는 끝없는 '사회적 확인'의 순환 고리이다.…(중략)… 나 같은 해커들이나 이러한 인간 심리의 취약성을 이용할 생각을 할 것이다."

그는 불길한 말로 자신의 주장을 요약했다. "소셜미디어가 아이들의 뇌에 어떤 짓을 하는지는 신만이 알 것이다"[17]라고.

비디오 게임은 도파민 시스템을 장악한다

나는 자녀들이 게임을 하지 못하게 한다. 비디오 게임이 우리 뇌의 도파민 시스템을 이용하기 때문이다. 게임은 우리 뇌에 도파민 홍수를 일으키는 여느 마약처럼 중독성 강하게 만들어졌다.

물론 세상엔 아주 똑똑하고 적응력이 좋은 게이머들도 있고, 비디오 게임이 특정 뇌 기능을 향상시킬 수 있을지도 모른다. 하지만 어린이와 청소년은 전두엽이 아직 발달 중이기 때문에 판단력과 절제력이 부족하다. 게다가 아이들이 게임처럼 흥분되고 예측 불가한 경험을 통해 도파민이 솟구치도록 주기적인 자극을 받다보면 현실 세계가 시시하게 느껴지고 우울감이 유발되기도 한다.

나는 아이들을 헤로인이나 코카인에 노출시키지 않듯 비디오 게임이 주는 강렬한 자극에 노출시키지 않으려고 한다. 아이들이 진짜 세상에 나가 친구들과 어울리길 바라지, 도파민을 자극하는 중독에 얽매이기를 원하지 않는다.

내가 기조연설을 하고 나면 때때로 부모들이 조용히 찾아와 자녀가 우울증이나 불안감을 겪는다고 털어놓는다. 언제나 나는 가장 먼저 아이가 여가 시간에 무엇을 하는지 질문한다. 아이들은 게임이나 소셜미디어에 빠져있는 경우가 대부분이었다.

난 아이들의 게임과 휴대전화 사용 시간을 완전히 없애고 매일 밖에 나가 하이킹을 하거나 몸으로 놀게 하라고 조언한다. 그러고 얼마간의 시간이 지나면 부모들은 몇 번의 전쟁을 치른 끝에 아이들의 상태가 나아졌다고 말해주곤 했다.

내 친구 안젤리카 렌후부드Angelica Renhuvud는 스칸디나비아 북부의 사미Sami 원주민이다. 사미족은 순록을 목축하기 때문에 안젤리카는 자연 가까이에서 성장했다. 그녀는 "아이들을 밖에 나가게 해야 잘 자랄 거야. 나가지 않는 날이면 아이들은 더 짜증스러워지고 싸우거나 잠을 잘 못 자지만, 밖에서 뛰어다니면 더 차분하고 즐겁고 행복해지지"라고 말했다.

단독 양육의 문제

'아이 하나를 키우는 데 마을 전체가 필요하다'는 속담이 있다. 하지만 서구 문화권에서는 애착 육아에 대한 잘못된 이해가 만연하며 나는 그것을 '단독 양육monoparenting'이라고 부른다.

영국 심리학자 존 볼비John Bowlby는 1930년대에 자녀의 삶의 질을 위해서는 사랑이 넘치는 양육자와의 끈끈한 애착 관계가 필수라는 이론을 발달시켰다. 나는 안정적인 애착관계가 어린이의 건강한 발달에 매우 중요하다는 볼비의 폭넓은 연구에 전적으로 동의한다. 하지만 무엇 때문인지, 그가 자녀 양육에서 사회망이나 다른 양육자들과의 관계에 관한 중요성도 함께 강조했다는 사실은 잊혀졌다. 애착 육아를 신봉하지만 이 사실을 알지 못하는 서구권 엄마들은 자녀를 다른 양육자들에게 맡기는 일에 큰 죄책감을 느끼기도 한다.

내가 볼 때 단독 양육은 올바르지 못한 육아관이며 일하는 부모들을 더 힘들게 한다. 잘못된 관념 때문에 부모들은 핵가족 밖에서 도움을 받거나 일터가 자신의 '마을'이 되어야 한다고 기대하는 것 자체를 좋지 않게 생각한다.

집중 양육이 문제를 악화시킨다

최근에는 더욱 부담스러운 양육 방식인 '집중 양육intensive parenting'이 미국에서 번져나가고 있다. 집중 양육은 자녀들을 끊임없이 학교나 다른 기관들에 데려가 여러 가지 과외 활동에 참여시키는 것이다. 사회학 교수 패트릭 이시즈카Patrick Ishizuka는 2020년 BBC에 출연하여 이렇게 이야기했다. "나는 이 양육 방식이 현재 미국에서 가장 지배적인 문화 모델이라고 보며, 집중 양육 열풍은 다른 유럽 국가들도 휩쓸고 있다"라고 말했다.[18]

캐나다계 미국인 심리학자 스티븐 핑커Steven Pinker는 "현대 미국 중산층 문화에서는 육아를 매우 숭고한 책무로 간주한다. 무력한 아기가 인생이라는 중요한 경주에서 뒤처지지 않도록 철두철미하게 불침번을 서는 것이다. 경주에서 승리는 가장 똑똑하고 유능하며 독립적인 선수에게 돌아간다"[19]라고 말했다. 슬프게도 우리는 자신이 경험했던 그 극도로 힘든 일터에서 경쟁할 수 있도록 아이들을 키운다. 나는 아이들을 경쟁에 익숙하게 키울 것이 아니라 일터가 더 나은 곳이 되도록 요구해야 한다고 생각한다.

세계의 공동 양육

대부분의 원주민 문화에서는 여러 사람들이 함께 아이를 키운다. 이를 공동 양육alloparenting이라고 부르며, 그 어원은 '타인'을 뜻하는 그리스어 'allo'이다. 공동 양육에서는 부모, 친구, 친척들이 함께 아이를 돌본다. 이는 우리 진화 역사를 형성한 보편적 인간 행동이며 여전히 오늘날 다수의 문화권에서 중요한 역할을 수행한다.

기억하겠지만 인간 역사에서 아이들이 없는 일터는 비교적 최근에 등장했다. 1900년대 초반까지 그런 형태의 일터는 흔치 않았으며, 인간 역사의 약 99.99퍼센트 동안 우리는 훨씬 더 적은 시간 일했고 직장과 가정생활이 한데 얽혀있었다. 우리는 마을 사람들이나 무리, 부족과 육아의 의무를 나눴다.

메레디스 스몰Meredith Small의 책 《우리 아기, 우리 자신Our Babies, Ourselves》에는 피그미pygmy 에페Efé족 사회의 갓난아기들이 생애 첫 4개월의 절반 이상을 엄마가 아닌 다른 어른들의 보살핌을 받으며 자란다는 내용이 등장한다. 아기들은 보통 모유 수유 중인 다른 여성들에게 돌봄을 받았으며, 이러한 다면적 유대가 끈끈한 사회관계망을 만들어냈다.[20]

캐나다 인류학자 리처드 리Richard Lee는 최후의 수렵 채집 부족 중 하나인 보츠와나의 !쿵!Kung족을 연구했다. 그는 《칼라하리의 수렵 채집인Kalahari Hunter-Gatherers》에서 아이들이 부모와 다수의 양육자에게 사랑을 받으며 자라나는 사회를 묘사한다. 아이들은 조금 더 크면 다양한 나이대가 섞인 그룹으로 이동하며, 나이가 더 많은 형제자매나 친척들은 아이들의 선생님 역할을 한다. 이렇게 여러 나이대의 그룹으로 이동하는 과정은 4세 무렵에 완료된다.[21]

앞에서 나는 스웨덴에서 자란 사미족 친구 안젤리카 렌후부드를 소개했다. 안젤리카는 사미족 역시 공동 양육을 하며 자녀들을 여러 나이대의 아이들 무리에 맡겨 보살피게 한다고 했다. 그녀가 말했다. "모두가 서로 돕는 거야. 부족원들은 어렸을 때부터 여러 가지 책임을 맡게 되지. 난 열두 살 여름에 처음으로 두 살짜리 사촌 동생을 돌봤어. 부족 안에서는 누구나 꼭 필요한 존재인 셈이지. 난 내가 자란 방식이 참 좋아. 우리가 아무리 어리더라도 공동체가 잘 돌아가는 데 중요한 존재라는 걸 알 수 있었거든."

나는 서구 문화가 단독 양육의 고독과 스트레스에서 탈피하여 '현대적 공동 양육'을 추구하기 간절히 바란다. 또한 우리 아이들을 함께 키우는 마을의 일부로 뇌 친화적인 일터를 포함시키자.

아빠들은 어떨까?

재택근무를 맛본 아빠들은 고된 일터라는 제단에 아버지 역할을 제물로 바쳐야 하는 옛 생활로 돌아가고 싶지 않아 한다. 2021년 12월, 배우 라이언 레이놀즈Ryan Reynolds는 〈피플People〉에 잠시 연기를 쉬겠다고 말했다. "아이들과 보내는 시간을 놓치고 싶지 않아요." 레이놀즈는 말했다. 그는 영화를 찍는 동안 가족과 '말도 안 되게 긴 시간'을 떨어져 보내야 한다고 설명했다. 봉쇄 조치로 인해 아내 블레이크 라이블리Blake Lively 및 세 딸과 함께한 생활을 되돌아보며 레이놀즈는 말했다. "아이들의 줌 수업을 그리워하는 건 절대로 아니지만 그 아이들의 진짜 일상을 들여다보고 배운 건 정말 좋았답니다." 레이놀즈는 "이제 늘 곁에 있어줄 수 있는 아빠가 되어 정말 즐겁군요"라고 덧붙였다.[22]

볼주립대학교 사회학 교수 리처드 페츠Richard Petts의 조사에 따르면, 미국에서 최소 2주간의 출산 휴가를 사용하는 아빠들의 비율은 고작 5퍼센트다. 페츠 교수는 '직장은 남성의 휴가를 더 잘 지원해야 한다. 유급 휴가를 사용하게 하면 근로자의 생산성과 충성도가 높아진다는 사실이 입증됐기 때문이다'라고 주장했다.[23]

미국 회사들은 남성에게 평균 일주일간의 배우자 출산 휴가를 제공한다. 그에 반해, 유럽 연합 국가들의 남성 출산 휴가 기간은 평균 6.3주다. 내가 사는 독일에서는 남성 근로자들이 출산 휴가를 신청하는 비율이 점점 높아지고 있다.[24] 하지만 조 바이든Joe Biden 대통령의 교통부 장관 피터 부티지지Pete Buttigieg는 쌍둥이를 입양하고 4주간 출산 휴가를 다녀왔다는 이유로 일부 언론의 질타를 받기도 했다.

뇌 촉진제 맥킨지는 2021년 3월에 10개국의 남성 출산 휴가를 조사한 결과를 발표했다. 출산 휴가를 다녀온 아빠들은 자녀와 유대가 더 강해졌으며 배우자와의 관계도 더욱 좋아졌다고 보고했다. 아빠가 휴가를 쓰고 아이들을 돌보는 기간 동안 엄마의 수입이 매달 약 7퍼센트 증가하면서 가정의 재정 상황도 개선됐다. 이제 맥킨지는 기업들이 남성 근로자에게 여성과 동일한 휴가 혜택을 제공할 것을 권장한다.[25]

ESG 등급에는 가족 친화적인 프로그램이 포함되지 않는다

회사들이 모든 신경 지문 유형을 지원하는 다양한 프로그램들을 개발하여 직원들이 훌륭한 커리어와 행복한 가정 생활의 두 마리 토끼를 잡도록 도운 사례가 무수히 많았다면 참 좋을 것이다. 일부 회사들이 그러한 움직임을 시작하기는 했지만, 일터를 '마을'의 한 부분으로 간주하는 개념은 아직 의미있게 제도화되지 못했다.

많은 대기업들이 성별 다양성, 인종 평등, 지속 가능성, 성 소수자 지원 프로그램을 운영할 것이다. 이런 회사들은 매년 환경

Environment, 사회Social, 지배구조Governance 영역에서 평가를 받기 때문에 진척 상황을 파악하고, 그로부터 동기부여를 받아 관련 프로그램에 계속 투자하며 등급을 높이려 애쓴다. 하지만 안타깝게도 ESG 등급 산정에 일하는 부모를 지원하는 프로그램이 포함되지 않는다. 회사들이 이 영역에 자원을 할당할 유인책이 없다는 의미다.

하지만 앞장서서 이 움직임을 이끄는 국가들도 있다. 예를 들어 스웨덴, 노르웨이, 덴마크는 일과 가정생활의 조화 및 아이들의 복지를 촉진할 정책들을 수립했으며 거기에는 출산 휴가 보장, 무상 보육, 아동 수당을 통한 양육비 지원 등이 포함된다. 이런 제도들은 해당 국가의 기업들에게 유급 출산 휴가을 제공하고 단축 근무나 유연 근무 등의 가족 친화적인 복지를 제공하도록 격려한다.

뇌의 양식 나는 BCG 최고 채용/인재 경영자 앰버 그레월에게 바쁜 일정 속에서도 넘치는 건강미를 유지하는 방법이 무엇인지 물었다.

"난 장 건강에 집중해요. 장은 제2의 뇌라고 하죠. 아침에 일어나자마자 천연 그릭요거트를 먹어서 프로바이오틱스를 섭취한답니다. 또 물을 많이 마셔요. 매일 오전 8시 전에 물 1리터를 마시는 것이 내 목표예요." 앰버는 대답했다.

뇌 친화적인 일터가 가정생활을 지원하는 6가지 방법

뇌 친화적인 일터가 직원들에게 죄책감과 피로를 덜 느끼면서 가정생활을 즐길 수 있도록 도울 수 있는 여섯 가지 방법이 여기 있다. 회사는 그 보답으로 인재 유지율, 성별 및 신경 지문 유형 다양성, 생산성 향상을 누릴 수 있을 것이다.

1. 유급 출산 휴가 제공하기

임신, 출산, 모유 수유는 신체적 부담이 큰 일이며, 출산한 여성의 호르몬 수치가 임신 전으로 돌아가기까지는 약 6주가 소요된다. 임신이 뇌에 미치는 영향은 아직 연구되지 않은 부분이 많다. 놀랍지 않은가! 하지만 2016년에 임신이 뇌에 상당한 변화를 일으킨다는 첫 증거가 발견됐으며, 그중에는 연구가 진행되는 2년간 회백질이 감소된 것도 포함된다.[26] 이러한 변화가 실제로 얼마나 오래 지속되는지 알아내려면 추가 연구가 필요하다. 한편, 아기들이 태어나자마자 바로 엄마와 분리될 경우에는 성인기까지 지속되는 신경생물학적 취약성이 생길 수도 있다고 한다.[27]

이렇듯 명백한 과학적 근거에도 불구하고, 내가 첫 아이를 임신했을 때 상사는 우리 가족의 권리인 유급 출산 휴가를 쓰지 못하게 압박하려고 했다. 독일의 워킹맘들은 대부분 법으로 보장된 14개월의 유급 출산 휴가 중 1년 정도를 사용한다.

"난 실제로 그 휴가를 쓰는 사람을 본 적 없어." 상사가 신경질적으로 말했다. 예상했겠지만 그에게는 전업주부로서 아이를 돌보는 아내가 있었다.

뇌 친화적인 일터가 되려면 임신과 출산에 관해 부정할 수 없는 사실들을 인정하고 일하는 부모에게 상당 시간의 유급 휴가를 제공할 수 있어야 한다. 예를 들어 스웨덴에서는 부모가 자녀를 낳거나 입양하면 480일의 유급 출산 휴가를 사용할 수 있다. 엄마와 아빠는 각각 240일씩 휴가를 쓸 수 있으며 싱글맘이나 대디는 480일을 전부 사용할 수 있다.

2. 결과에 집중하기

타워패들보드의 슈테판 아르스톨이 3장에서 이야기했듯 그는 아들과 시간을 더 많이 보내고 싶어서 5시간 근무를 시도하기로 했다. 뇌 친화적인 회사들은 업무에 할애하는 시간을 단축시키는 방법으로 직원들의 가정생활을 지원할 수 있다. 기업들은 목표를 세우고 그 결과를 측정하는 데에 집중해야지, 사람들이 일 처리에 몇 시간을 썼는지에 연연하면 안 된다.

네덜란드는 세계에서 가장 생산적인 국가들 중 하나이면서 동시에 주당 근무 시간이 평균 29시간으로 가장 짧다. 덴마크는 늘 가장 생산성이 높은 국가 순위 5위 안에 들지만 주당 근무 시간이 37시간이다.[28]

최근 덴마크 오스헤레드Odsherred시는 공무원 300명을 대상으로 4일 근무제를 시작했다. 또한 2021년 12월 아랍에미리트는 연방정부 직원들의 근무일을 4.5일로 전환하겠다고 발표했다. 정부는 근무일 단축이 '생산성을 높이고 직장과 삶의 균형을 개선하기 위한' 노력의 일환이라고 설명했다.[29]

3. 유연해지기

수많은 사람들을 집에서 일하게 만들었던 봉쇄 조치에는 한 가지 긍정적인 면이 있었다. 마침내 직원들은 사무실에서 끊임없이 감시를 받지 않더라도 성과를 낼 수 있다는 사실을 고용주들에게 증명해 보일 수 있었다. 많은 사람들이 '옛 방식'으로 돌아가길 거부한다. 우리가 발을 들인 하이브리드 업무 세계는 통근시간 절약에도 안성맞춤이다. 더 이상 이동에 쓰지 않아도 되는 이 선물 같은 시간들은 가정생활에 요긴하게 사용된다. 이 선물을 너무 빨리 반납하지 않도록 하자.

뇌 친화적인 일터는 직원들이 언제 어디서 일할 것인가의 문제에 더 큰 유연성과 자율성을 부여한다. 파타고니아나 SAP 같은 회사들은 직원들로 하여금 근무 일정을 직접 정하게 하고 일주일에 며칠씩은 집에서 일을 하도록 장려한다. ADP, 에어비앤비Air BnB, 레이시온Raytheon, 아메리칸익스프레스American Express, BCG를 비롯한 점점 더 많은 회사들이 발 빠르게 그 뒤를 따르기 시작했다. 시간과 장소에 구애받지 않는 근무 선택권이 바로 직원과 기업 모두에 이익을 가져다 줄 미래다.

4. 자녀 돌봄 지원하기

〈하버드비즈니스리뷰〉가 2021년에 언급했듯 자녀 돌봄은 비즈니스 사안이다. 〈하버드비즈니스리뷰〉는 "미국 근로자 3분의 1에 해당하는 약 5,000만 명에게 14세 미만 자녀가 있다. 그런데 데이터에 근거하면 여성의 노동 인구가 남성과 동일해질 경우 미국의 GDP는 5퍼센트 더 높아질 수 있다. 이런 경제적 사실들을 고려했을 때 우리가 제기할 질문은 '왜 자녀 돌봄은 여전히 비즈니스 사안이 아니라 직원 개인의 문제로 취급되는가?'이다"라고 보도했다.[30]

골드만삭스는 1993년 뉴욕 본사에 최초의 현장 '긴급' 돌봄 센터를 열고 해당 서비스를 전 세계 골드만삭스 사무실로 확장했으며, 일부 지사에서는 정규 돌봄 서비스를 제공하기도 한다. 더 많은 회사들이 급한 도움이 필요할 때만 이용하는 긴급 돌봄이 아닌 현장 돌봄 서비스를 제공해야 한다.

점심시간에 자녀를 보러 갈 수 있다고 상상해보자. 온 동네를 돌아다니며 아이들을 각기 다른 돌봄 센터에 데려다주는 대신 회사에 맡길 수 있다면 얼마나 수월해지겠는가.

5. 콘시어지 서비스 제공하기

전일 근무를 하면 세탁소에 잠깐 들르거나 강아지를 산책시켜줄 사람을 찾는 등의 자잘한 일을 할 시간을 내기가 어려울 수도 있다. 액센추어, 아메리칸익스프레스, EY, 캐피털원Capital One 같은 회사들은 이러한 직원들의 개인 용무를 돕는 콘시어지concierge 서비스를 제공하기 시작했다.[31]

직장 콘시어지 서비스는 특히 여성들이 가정에서 불균형적으로 겪는 '정신적 작업 부하mental load'에 대처하는 데 도움이 될 수 있다. 정신적 작업 부하란 언제 장을 볼지 결정하거나 아이들의 진료 일정을 잡는 등 살림에 일상적으로 필요한 것들을 세세하게 감독하는 일이다. 물론 이런 일들은 처리해도 그다지 티가 나지 않으며 보수도 없다.

심리학자 루시아 시시올라Lucia Ciciolla는 "남성이 집안일에 참여하고 다른 이들이 물리적 노동을 거들어도 여성은 살림에 정신적 부담을 느끼며 이 부담감은 여성들에게 안 좋은 영향을 준다."[32]라고 말했다. 여성 인재를 확보하고 싶은 회사들은 직원들에게 삶을 잘 꾸려나가는 데 유용한 콘시어지 서비스를 제공해야 한다. 사람들이 웬디처럼 직장을 그만두고 자기 회사를 차리기 전에 말이다.

6. 집 근처에 공유 업무 공간 제공하기

재택근무를 경험한 직원들은 통근시간 절감을 새로이 요구하기 시작했다. "다시 통근을 해야 한다면 월급을 몇백 달러 정도는 더 받아야 할 것 같네요." 건강용품 영업사원 폴 도란Paul Doran은 〈뉴욕타임스〉에 실린 '공유 업무 공간들이 교외 지역에 승부를 거는 이유'에서 이렇게 이야기했다. 하지만 도란은 고객들을 만날 장소가 필요했고 회사는 그의 집 근처에 있는 공유 오피스 데이베이스Daybase를 쓰게 해줬다고 한다.[33]

이러한 수요에 맞춰 공유 업무 공간들이 빠르게 확산되고 있으며, 나는 우리의 거주 지역에 이런 사무실들이 들어서는 현상을 두 팔 벌려 환영한다. 통근시간을 절약시켜주는 조치들은 무엇이 됐든 직원들의 휴식, 운동, 자녀들과 보내는 시간을 늘려줄 것이다. 하이브리드 업무가 우리 일상의 일부가 될 것을 회사들이 인정하기 시작하면서 주거지 주변에 설치된 공동 업무 허브들은 뇌 친화적인 업무의 미래에서 막중한 역할을 수행하게 될 것이다.

뇌 친화적인 인터뷰

앰버 그레월
BCG 상무이사 및 파트너, 최고 채용/인재 경영자

나는 BCG 팝테크 2.0 행사에 기조연설을 하러 갔다가 앰버를 처음 만났다. 앰버는 BCG 직원들의 잠재력을 최대한 끌어올려줄 참신한 방법을 찾고 있었고, 그녀의 넘치는 활력과 일의 미래를 열정적으로 탐구하려는 자세는 감탄을 불러일으켰다.

앰버는 BCG의 인적자본 관리 전략을 재정립하고 보강하며 미래에 대비하여 조정하는 일을 담당한다. 그녀는 2020년 1월에 BCG에 합류했으며, 인재들을 발굴 및 유치하며 그들의 성공을 돕는 탁월한 기술 및 20년의 노하우를 갖고 있다. 앰버는 전 인텔Intel 최고 인재 경영자였으며, IBM, GE, 마이크로소프트, KPMG에서 고위 리더십 직책을 역임했다. 그녀는 IoT 컨소시엄, 노바워크포스보드 NOVA Workforce Board, 에잇폴드A.I.Eightfold A.I. 이사회원으로 활동 중이다.

프레데리케 BCG 직원들이 건강한 직장과 삶의 균형을 찾을 수 있도록 지원하는 프로그램에는 어떤 것들이 있나요?

앰버 BCG는 2014년에 다양한 프로그램들을 도입하면서 유연 근무를 공식화했어요. 내가 가장 좋아하는 프로그램은 플렉시타임Flexi Time과 플렉시리브Flexi Leave랍니다.

플렉시타임은 직원들이 가족이나 소중한 사람들과 시간을 보낼 수 있도록 근무 일정을 조정하게 해주는 프로그램이죠. 직원들은 플렉시타임을 이용해 매주 하루를 통째로 쉬기도 하고, 이틀 동안 반일 근무를 하기도 해요. 근무 시간을 매일 조금씩 단축하는 직원들도 있고요.

중요한 건, 직원들이 플렉시타임을 선택했다고 해서 경력을 인정받지 못하는 건 아니라는 거예요. 예를 들어 컨설턴트들을 승진시킬 때에는 해당 직무에서 재직한 기간을 고려하는데, 정규 업무 시간의 80퍼센트를 일했을 경우 BCG 재직 기간의 90퍼센트를 인정받을 수 있어요.

컨설팅팀을 위한 플렉시리브는 사유가 무엇이건 직책과 복지 혜택을 유지하면서 최대 2개월의 결근을 허용하는 프로그램이죠. 우리 팀에도 두 프로그램 모두를 이용한 직원들이 몇몇 있답니다. 업무 일정을 유연하게 조정할 선택권이 있으니 다들 좋아하더군요.

BCG는 이런 움직임의 선두에 있었으며 직원들에게 유연성을 제공할 다른 프로그램들을 끊임없이 개발합니다. 우리는 언제나 직원들이 더 잘 성장하고 회사에게 지지를 받는다고 느끼게 해줄 것들이 무엇인지 찾으려 해요. 사업 부문, 직무, 지역을 막론하고 모든 직원들이 함께 참여하면서 우리 정책이 어떻게 기능해야 할지에 관해 공동의 비전을 세워 나갑니다.

프레데리케 BCG에는 신체, 정서 건강을 더 잘 돌보도록 장려하는 프로그램이 있나요?

앰버 네, 5R을 기초로 하는 프로그램이 있답니다. 팀을 보강reinforcing, 인식recognizing, 재연결reconnecting, 재충전하고recharging, 미래를 재구상reimagining하는 것입니다. 90여 개의 우리 지사들은 대부분 애플리케이션 구독이나 음식, 명상, 운동 서비스 등의 이용 권한을 무료로 제공해요. 한 예로 명상 앱 헤드스페이스는 세계적인 전문가들의 강습을 듣고 맞춤화 교육을 받게 해준답니다.

프레데리케 사람들의 호감을 얻으면서 동시에 유능한 리더가 될 수 있었던 비결을 알려주실 수 있나요?

앰버 난 늘 공감하려고 노력하고, 귀 기울여 듣는 자세를 통해 상대에게 정말 관심이 있다는 걸 보여주려 해요. 하지만 리더라면 무엇보다도 자신의 일에 탁월해야 하겠죠. 그 일이란 바로 내 사람들이 최상의 기량을 발휘할 수 있도록 힘을 실어주는 겁니다. 성공은 타인이 잠재력을 발휘하도록 돕는 능력에 달려있어요. 아무리 높이 올라가더라도 혼자서는 절대 성공할 수 없죠. 사실 여러분의 지위가 높아질수록 성공 여부는 타인의 성공을 돕는 능력에 더 많이 좌우된답니다.

최고의 리더는 결단력이 있고 적극적이며 현명하고 공정해야 합니다. 또한 잠깐의 인기보다 장기적 목표에 부합한 결정을 내릴 수 있어야 하죠. 호감을 사는 것 보다 위험을 감수하려는 용기와 비전을 갖는 것이 궁극적으로는 훨씬 더 중요해요.

프레데리케 해외 출장도 많이 다니시고 일이 아주 고될 것 같아요. 건강과 활력 유지에 좋은 생활 팁이 있으신가요?

앰버 휴식, 회복, 반성이 전반적인 삶의 질에 아주 중요한 역할을 해요. 난 아침 일찍 하루를 시작하기 때문에 꼭 일찍 잠자리에 들려고 노력하죠. 휴대전화를 방해금지 모드로 설정한 다음, 저녁 시간 반성 루틴으로 스스로에게 다음과 같은 다섯 가지 질문을 합니다.

1. 오늘 내가 달성한 일은 무엇인가?
2. 잠들기 전에 내려놓아야 할 것은 무엇인가?
3. 내일은 무엇을 달성할 것인가?

4. 내일 어떤 기분을 느끼고 싶은가?

5. 어떻게 내일 하루의 첫 단추를 잘 잠글 수 있을까?

이렇게 하면 머릿속에 남은 걱정들을 놓아 버리고 다음날의 목표를 올바르게 세울 수 있죠.

나는 감사와 요가로 아침을 시작해요. 침대 바로 옆에 요가 매트를 두었죠. 요가를 단 몇 분밖에 못한다 해도 활력을 얻는 데에는 도움이 돼요. 또 나는 휴대전화를 보거나 이메일을 확인하기 전에 10~15분 명상을 한답니다. 그렇게 하면 집중력이 생기고 정신적으로 새로운 하루를 시작할 준비가 되죠.

10^장

집단 몰입

집단 사고의 해독제

<u>인터뷰</u> **제프 퍼만**

벤앤제리스재단 회장

적을 만났다. 그건 바로 우리 자신이었다.

월트 켈리 *Walt Kelly*

얼마 전에 내가 참여한 한 회의에서 임원들은 여성이나 흑인 임원이 간절히 필요하다는 주제로 이야기를 나눴다. 그들의 팀이 백인 남성으로만 구성되었다는 이유에서였다.

"맞아요! 흑인 여성을 찾아봅시다. 누가 됐든 우리랑 비슷하게 생각할 수 있는 사람이면 괜찮지 않겠어요?" 한 사람이 외쳤다.

하지만 그건 리더십의 사고 다양성과는 상관없이 비슷한 사고를 가진 사람들만 한데 모아 놓는 행위에 지나지 않는다. 갈등은 최소화될지 모르겠지만, 거기에서 끝이 아니라 영감, 혁신, 창의력, 성장도 함께 줄어든다. 팀들은 집단 사고groupthink의 구렁텅이에 빠지고 말 것이다.

어떤 그룹이 비판적 사고와 대안적인 관점보다 조화와 순응을 우선시할 때 집단 사고 풍조가 강해지기 시작한다. 집단 사고는 혁신을 억제하며 비합리적이고 효과적이지 못한 의사결정을 낳는다. 제2차 세계대전 당시 나치 정권이 자행했던 홀로코스트는 역사상 가장 극단적이고 끔찍했던 집단 사고의 한 가지 예시다.

일터에서 집단 사고는 그저 그런 평범함으로 이어진다. 사람들과 원만하게 지내고 싶은 이들이 틀에서 벗어난 아이디어를 나누는 것을 주저하기 때문이다. 집단의 사회적 순응 욕구가 창의성을 짓누른다는 의미다.

집단 사고는 집단 구성원들이 의견을 합치시키려는 욕구 때문에 대안을 내거나 타인의 아이디어를 비평하고 이의제기할 의지를 억누르는 현상을 말한다.

～～

내가 이 장을 책의 끝 부분에 배치한 단순한 이유가 있다. 우리가 일터에 열심히 사고 다양성을 심어둔다 한들, 팀 리더들이 집단 사고의 존재를 인식하고 제거할 줄 모른다면 아무런 소용이 없기 때문이다. 다만 좋은 소식이 있다. 여러분이 집단 사고의 기본 메커니즘을 이해하기만 한다면 각종 상황에서 그 존재를 확실히 알아챌 수 있을 것이다. 이 장에서 우리는 집단 사고의 함정은 무엇이며 그것을 어떻게 피할 수 있는지 자세히 알아볼 것이다. 또한 뇌 친화적인 일터들이 어떻게 집단 사고 대신 집단 몰입을 촉진하고 있는지도 알 수 있을 것이다.

～～

집단 몰입은 황홀하다

4장에 등장했던 '재미, 두려움, 집중'의 몰입 상태를 기억하는가?

여러분이 팀으로 일하면서 불꽃 튀는 아이디어들을 신나게 주고받던 순간들을 한 번 떠올려보자. 그 멋지고 흥분되는 경험이 바로 집단 몰입이다. 사람들이 단체로 무언가에 흠뻑 빠지는 마술 같은 순간 말이다.

집단 몰입이 어떤 느낌이었는지 회상하고 싶을 때면 나는 정말 환상적이었던 록밴드 콘서트를 떠올린다. 그 밴드 멤버들은 공연에서 개개인의 실력을 초월한 새로운 경지의 연주를 완성하여 듣는 이들을 황홀하게 했다. 그런데 집단 몰입은 단순한 환상일까? 아니면 실제로 뇌에서 집단 몰입이 일어나는 과정을 육안으로 확인할 수 있을까?

2021년 연구자들은 뇌파 검사를 활용하여 열 개의 팀이 음악 비디오 게임을 하는 동안 뇌 활동을 관찰했다. 뇌파 측정을 통해 팀이 집단 몰입을 경험하는 장면이 최초로 확실하게 포착되었다. 과학자들은 팀이 집단 몰입을 경험할 때 멤버들의 뇌파가 서로 비슷해진다는 사실을 알아냈다. 또한 몰입 상태에서는 멤버들의 중측 측두 피질에 베타파와 감마파가 증가했다. 그럴 때 우리 뇌는 개인적인 몰입을 경험할 때보다도 더 기분 좋은 상태가 된다.[1]

뇌 식히기 픽사애니메이션스튜디오 소속 감독이나 PD들은 사람들에게 매일 작업물을 보여주지만 부정적인 피드백의 영향을 걱정하지 않아도 된다. 크루 멤버들을 포함한 모든 이들에게 진솔한 피드백을 제공할 것을 장려하며, 반대 의견이나 대안도 언제나 환영받는다. 목표는 번뜩이는 아이디어들을 더 많이 자극하는 것이다. 팀원들은 이렇게 매일 의견을 주고받으면서 솔직한 생각을 말하고 다소 엉뚱한 아이디어들도 서슴없이 공유할 수 있다. 이처럼 창의적이고 누구나 자유로이 이야기할 수 있는 환경은 자연스럽게 집단 몰입을 이끌어낸다.

집단 사고는 자연스럽지만 때때로 치명적이다

한편 집단 사고는 소속감을 느끼고 순응하려는 인간의 강력한 욕구에 기인한다. 문제는 집단 사고가 비판적 사고력 및 판단력을 흐리게 한다는 것이다. 팀이 집단 사고의 수렁에 빠졌을 때 사람들은 다음과 같이 행동한다.

- 새로운 아이디어 말하기를 주저한다.
- 솔직하게 피드백하는 것을 두려워한다.
- 리더의 눈치를 살피며 어떻게 생각하고 행동해야 할지 결정한다.

집단 사고의 전형적인 사례로 1941년 일본 항공모함이 호놀룰루 진주만에 있는 미 해군기지를 공습한 사건을 들 수 있다. 당시 콜롬비아 특별구의 정보부 장교들은 미국 태평양함대 공격 가능성을 시사하는 일본의 메시지를 입수했다. 그러나 하와이 주둔 미 해군 사령부는 그 경고를 진지하게 받아들이지 않았다. 당시 사령관이었던 허즈번드 킴멜Husband Kimmel 제독은 그저 코웃음을 쳤고 그의 팀은 감히 일본이 미국을 공격하지 못할 것이라고 굳게 믿었다.

킴멜 제독과 팀은 공습에 대비하기는커녕 그들이 받은 경고가 왜 얼토당토않은지 합리화하기 바빴다. 1941년 12월 7일 일본 전투기 353대가 모습을 드러냈을 때까지도 기지의 미군 병사들은 공격 사실을 믿지 않으려 했다. 목격자의 증언에 따르면 한 병사는 일본군이 공격을 개시했다는 이야기를 듣고 "그건 독일도 마찬가지지"라고 비꼬듯 대꾸했다고 한다.[2] 진주만의 집단 사고는 치명적이었다. 미국 사상 최대 공중전에서 미국인 2,403명과 일본인 129명이 목숨을 잃었다.[3]

업무에서 집단 사고는 그 정도로 끔찍한 결과는 아니더라도 성과에 상당한 악영향을 끼칠 수는 있다. 예를 들어 투자회사의 뮤추얼펀드 매니저 네 명이 매주 만나 자신의 투자 전략이 어떻고 관리하는 펀드 중에 최우수 종목은 무엇인지 논의한다고 해보자. 이 매니저들은 서로 친해져서 종종 부부동반으로 칵테일을 마시거나 저녁 식사를 함께 하기도 했다.

어느 날 회의 중에 제리는 성장 잠재력이 높고 저평가된 기업의 주식을 대량 매입할 계획이라고 말했다. "분명히 대박이 날 거야." 그가 말했다.

자연히 제리의 친구들은 그의 의견에 동조하고 싶은 강한 충동을 느낀다.

"나도 구미가 당기는 걸?" 데이브가 말했다.

"더 자세히 말해줘." 케런이 외쳤다.

매니저들은 아무도 제리의 선택에 큰 의문을 제기하지 않은 채 대충대충 기업 분석을 해버렸고, 결국에는 상당한 금액을 투자했다. 하지만 한 달 후에 이 회사의 주식은 폭락한다. 펀드매니저들은 물론이고 투자자들까지 다 함께 집단 사고의 희생자가 된 것이다.

나와는 상관없는 일일까?

여러분은 자신이 집단 사고의 영향권 밖에 있다고 생각할지도 모른다. 하지만 2021년 〈네이처〉에 실린 흥미로운 신경과학 실험은 우리 인간이 이 현상에 얼마나 취약한지 깨닫게 한다.[4]

여러분이 낯선 사람들의 얼굴을 보고 그 사람이 얼마나 믿을 만한지 점수를 매겨달라는 부탁을 받았다고 하자. 여러분이 결과지를 제출하자 연구자는 다른 참가자들이 신뢰도를 어떻게 평가했는지 알려준다. 만약 기회가 주어진다면 여러분은 점수를 고칠까?

러시아고등경제대학교에서 주관한 이 실험에서 참가자들이 의견을 바꾼 비율은 50퍼센트였다. 사람들은 다른 이들의 평가 점수와 더 근접하게 자신의 점수를 바꿨다.

정말 흥미로운 부분은 이것이다. 실험에서 연구자들은 자기 뇌파검사MEG 영상을 통해 사회 순응과 관련된 신경 상관물neural correlates들을 최초로 실시간 관찰했다. 그리고 그들은 우리가 집단 사고에 그토록 취약한 이유를 설명해줄 놀라운 증거를 목격했다. 피험자들이 다른 참가자들의 신뢰도 평가 점수에 맞게 자기 점수를 조정했을 때 뇌의 쾌락 중추에 반짝 불이 들어온 것이다.

"이 연구는 사람들이 특정 정보를 인식할 때 타인의 의견에 얼마나 큰 영향을 받는지 알려줍니다." 바실리 클루차레프Vasily Klucharev 러시아고등경제대학교 교수는 말했다. "우리는 사회 집단 안에 살면서 무의식적으로 자기 의견을 다수의 것과 일치시킵니다. 주변 사람들의 의견에 따라 뇌가 특정 정보를 처리하는 방식이 꽤 긴 시간 동안 변화될 수 있어요."[5]

인간은 소속감을 사랑한다. 내 의견이 대세와 일치할 때 뇌는 쾌감 회로에 환히 불을 밝힌다. 하지만 사람들과 내 의견이 달랐을 때는 어떨까? 뇌에 '오류' 신호가 전달되고 마음이 불편해지기 시작한다. 내가 한 '실수'를 '바로잡아'야 한다는 내면적 압박도 느낀다. 사람들이 무심코 자신의 의견을 집단의 것에 맞게 조정하는 이유가 이것이다. 선천적으로 우리는 갈등을 두려워하며 문제를 해결하여 불편한 기분을 없애고 싶어 한다.

깜짝 놀랄 사실 러시아고등경제대학교의 연구가 진행되는 동안, 피험자들은 자신이 의견을 바꾼 이유가 집단의 의견과 더 비슷해지기 위해서라는 사실을 인지하지 못했다고 한다. 사람들은 그저 낯선 사람들의 신뢰도를 향한 자신의 생각이 바뀐 것이라고 믿어 의심치 않았다. 검사를 진행하던 연구자들은 장기 기억을 보관하는 영역인 상두정엽 내 활동을 발견했다. 이는 우리가 집단의 의견을 따라 견해를 바꾸고 나면 그 변화가 지속될 확률이 높다는 뜻이다.[6]

신경 지문의 다양성과 집단 사고

문제는 업무에서 집단 사고의 위험을 물리칠 수 있는 방법이 무엇이냐는 것이다. 지금 여러분이 어떤 생각을 하는지 안다. 내가 다양한 신경 지문 유형의 장점을 신나게 늘어놓을 거라 생각하지 않았는가? 음, 맞기도 하고 틀리기도 하다.

테스토스테론 신경 유형 열 명이 모인 팀에 에스트로겐 신경 유형 한 명을 집어넣는다고 집단 사고를 파괴할 수 있는 건 아니다. 여러 가지 신경 지문 유형들로 팀의 균형을 찾아야만 승산이 있다. 그러면 집단 안에서 개방적인 자세로 새로운 아이디어를 받아들이는 문화가 형성되기 시작할 것이다.

하지만 여전히 사회 순응에 대한 인간의 욕구가 무의식적인 압박을 가할 수 있으므로 그것을 알아보고 무찌르는 법을 터득해야만 한다. 신경 지문 유형의 다양성을 확보하는 것은 아주 중요한 첫 단계지만, 그것만으로 집단 사고를 물리치지는 못한다. 집단 사고를 알아차리고 중단시키는 법을 자세히 알아보도록 하자.

벨트를 단단히 매고 사고 다양성 준비하기

신경 지문 다양성은 집단 사고 퇴치를 위한 현명한 첫 단계이다. 하지만 여러분이 사고 다양성을 갖춘 팀을 만들거나 그곳에 합류하게 된다면 단단히 준비를 해둬야 한다. 서로 다른 신경 지문 유형이 모인 팀은 생동감 있고 영감이 넘치지만 모두 비슷하게 생각하는 사람들로 이뤄진 팀보다 갈등이 잦을 수 있다. 때로는 아주 험난한 여정이 펼쳐지기도 한다.

다양한 신경 지문 유형이 모인 팀에서 갈등을 줄일 수 있는 한 가지 손쉬운 방법은 팀원들에게 사고 다양성의 장점을 가르치는 것이다. 예를 들어 팀 사람들이 선형적 사고와 수평적 사고에 각각 어떤 장점이 있는지 이해한다면 서로를 답답하게 느낄 일이 줄어들 것이다. 비슷하게, 만일 모든 사람들이 내향성과 외향성 개념을 배운다면 팀의 내향인과 외향인이 상대의 장점을 더욱 잘 인정할 수 있을 것이다.

출세주의와 충성심이 집단 사고를 야기한다

팀을 꾸릴 때는 나를 믿어주고 내 견해를 지지해줄 것 같은 사람들을 찾고 싶은 인간적인 경향이 자연스럽게 생길 수 있으므로 주의해야 한다. 이와 더불어 출세주의자들을 예의주시하자. 충성심과 출세주의는 집단 사고로 이어진다.

요새 나는 다양한 분야 출신의 전문가들로 구성된 싱크탱크의 한 멤버로서 끔찍한 집단 사고를 경험하는 중이다. 이 그룹에는 잘 나가는 사업가, 공무원, 예술가, 과학자, 환경운동가 등 각양각색의 사람들이 모여 있다.

여러분은 이 다채로운 구성을 보고, 팀이 아주 생산적이고 혁신적이리라 기대할 것이다. 하지만 나는 이렇게 편협하고 비슷비슷하게 사고하는 팀을 좀처럼 겪어본 적이 없다. 난 이 멤버들과 회의를 할 때면 움츠러들곤 한다. 리더들은 스스로의 권력과 위대함에 한껏 취해있는 것 같다. 내가 다른 견해를 제시하려 하면 그들은 내가 외계인이라도 되는 양 쳐다본다. 다른 관점이나 반대 의견을 말하려던 사람들은 리더에게 충성심을 어필하여 자기 위치를 굳건히 하려는 팀원들의 공세에 밀려 입을 닫아버리고 만다. 반대 의견은 아예 싹을 도려내 버리는 것이다.

서류상으로 우리는 다양한 사고방식의 사람들이 모인 팀처럼 보인다. 하지만 이 구성원들은 주최자들이 미리 정해놓은 구체적인 목표를 위해 차출된 것뿐이었다. 우리 싱크탱크의 자문이 있다면 결정 사항이 다양한 논의를 거친 것처럼 보일 테니 말이다. 안타깝게도 정부 관리나 기업 거물들이 자문위원회를 만들 때면 이런 일이 빈번히 일어난다. 그들은 출세에 관심이 많고 충성스러운 '전문가'들을 임명한다. 그것이 바로 주최자들이 프로그램을 인가받는 방식이다.

집단 사고를 알아보는 방법

어떤 팀이 진정으로 의견 일치와 조화를 찾은 것인지 아니면 집단 사고의 수렁에 빠진 것인지 구별하는 방법은 무엇일까? 집단 사고라는 용어는 1982년에 출간된 예일대 교수 어빙 재니스Irving Janis의 《집단 사고Groupthink》에서 처음으로 사용됐다. 아래에 나는 재니스가 제시한 '집단 사고의 8대 징후'를 정리했다.[7] 그것들 중에서 진주만을 방어하지 못했던 제독, 네 명의 뮤추얼펀드 매니저, 내가 속했던 싱크탱크가 저지른 실수를 찾아낼 수 있겠는가? 또는 여러분 자신의 경험에 해당하는 것들이 있을까?

1. **과대평가** – 아무런 취약성이 없다고 착각한 나머지 상황을 지나치게 낙관하고 무리하게 위험을 감수하는 것
2. **합리화** – 기존에 가정했던 내용을 재고하게 할 만한 부정적인 정보를 선택적으로 무시하는 것
3. **도덕성** – 일말의 의심 없이 집단의 도덕성을 신뢰하는 것
4. **고정관념** – 구성원끼리 '적'에 대한 부정적 고정관념을 공유하고 확대하는 것
5. **압박** – 집단의 견해에 우려 사항이나 의심을 표하는 개인을 구성원들이 압박하는 것
6. **자가 검열** – 구성원들이 의구심이나 우려 사항을 속으로만 간직하고 자가 검열하여 말하지 않는 것
7. **만장일치의 환상** – 구성원들의 자가 검열 때문에 모두 다수의 견해에 동의한다고 착각하는 것
8. **경호원** – 구성원들이 집단의 견해에 상충되는 정보로부터 집단과 리더를 보호하는 것

집단 사고 신속 테스트

집단 사고를 더 빨리 알아챌 수 있는 방법을 원하는가? 이 두 가지만 확인하자.

1. **오만** – 오만은 권력과 지위의 대표적인 부산물이다. 《브레인

룰스》저자 존 메디나는 권력에 관해 내게 이렇게 말했다. "인간은 더 이상 응고롱고로 분화구Ngorongoro, 탄자니아에 있는 거대 화산 분화구로 풍부한 야생동물의 서식지이자 마사이족의 주요 주거지이다, 옮긴이 주에 살지 않는데도 우리 뇌는 아직 그런 줄 알아요. 그래서 권력이 생기는 즉시, 자신은 어떤 처벌이든 피해갈 수 있다고 느끼기 시작하죠."

2. **반대 무관용** - 집단 구성원들이 반대 의견을 가진 사람들을 맹렬히 공격할수록 집단 사고가 이미 뿌리를 내렸을 가능성이 많다. 반대 의견을 차단한다는 것은 집단이 대안적 견해를 검토해볼 능력을 상실했다는 확실한 징후다.

반대자들이 변화를 만든다

우리가 집단 사고에 주의해야 하는 이유는 무엇일까? 모두가 사이좋게 지내는 편이 더 좋지 않을까?

역사적으로 반대자들은 세상을 더 나은 곳으로 변화시켰다. 천문학자이자 물리학자인 갈릴레오 갈릴레이Galileo Galilei는 엄청난 압박 속에서도 지구가 태양을 돈다는 자신의 의견을 확고히 관철했다. 1633년에 로마 종교재판소는 '이단 행위'라는 구실로 갈릴레이에게 종신형 가택 연금을 선고한다. 결국 그의 기념비적인 발견은 100여 년이 더 지나서야 널리 인정받을 수 있었고 그가 옳았음을 가톨릭 교회가 인정하기까지는 359년이 걸렸다.

지그문트 프로이트Sigmund Freud는 인격 발달 이론을 발전시키면서 사람들의 비웃음을 받았지만 훗날 정신분석학의 아버지가 된다. 한편 서프러제트Suffragette, **영국에서 참정권 운동을 벌인 여성, 옮긴이 주** 엘리자베스 케이디 스탠턴Elizabeth Cady Stanton은 1848년에 다른 서프러제트들조차도 급진적인 개념이라고 생각했던 여성의 투표권을 요구했다. 지금도 많은 사람들의 존경을 받는 시민 평등권 지도자 마틴 루터 킹Martin Luther King의 경우는 또 어떤가? 그가 암살당한 1968년 당시 미국인의 75퍼센트는 인종차별, 베트남 전쟁, 경제 불평등에 대한 킹의 비폭력 항쟁에 반대표를 던졌다.[8]

반대가 혁신을 일으킨다

집단 사고에 갇힌 회사들은 큰 기술적 변화로 경영에 차질이 생겼을 때 난관을 헤쳐 나가는 데 어려움을 겪는다. 이스트먼 코닥 Eastman Kodak은 1975년에 최초의 디지털카메라를 발명했으나 수익성이 높은 코닥의 필름 사업에 해가 될까 봐 두려워 디지털 사진 부문에 투자하지 않기로 했다. 결국 미국 필름 시장에서 90퍼센트의 점유율을 유지했던 코닥은 2012년 1월에 파산보호 신청을 하기에 이르렀다. 분석가들은 적응과 혁신을 위한 변화에 반감을 나타낸 고리타분하고 융통성 없는 관리자들이 실패 원인이라고 지적했다.[9] 나는 이것이 또 다른 집단 사고의 실패 사례라고 생각한다.

코닥의 주요 경쟁사 후지필름Fujifilm도 비슷한 악몽을 겪었지만 이 기업의 경영진은 더욱 창의성을 발휘하여 문제를 헤쳐 나갔다. 후지필름이 새롭게 선출한 CEO 고모리 시게타카는 위기 극복 모드에 돌입했다. 그는 저서 《후지필름, 혼의 경영》에서 이것이 전 세계 7만 명 이상의 직원 및 가족의 삶이 걸린 문제였다고 언급하고, 회사가 극적인 개편을 겪은 과정을 자세히 설명했다.[10]

고모리는 후지필름이 보유한 기술의 새로운 사용처들을 발굴하는 일에 집중했다. 그는 회사 소속 과학자들이 틀에 벗어나 생각하면서 그 어떤 아이디어도 너무 터무니없거나 무모하다고 여기지 않도록 장려했다.

마침내 후지필름 사진 연구소는 필름 보존에 적용했던 변색 방지 기술을 기반으로 새로운 노화 방지 스킨케어 라인 아스타리프트Astalift를 개발할 수 있었다. 뿐만 아니라 후지필름은 유방 촬영술이나 디지털 엑스레이 같은 의외의 의료 분야에도 필름 기술을 적용했다. 코닥이 파산 신청을 할 무렵 후지필름은 신제품들로 연수익 34억 달러를 벌어들였으며, 필름 판매로 얻은 수익은 그것의 1퍼센트에 불과했다.[11]

창조적 갈등으로 집단 사고 대체하기

후지필름이나 픽사 같은 회사들은 집단 사고 대신 창조적 갈등을 활용했다. 픽사는 참신한 아이디어가 풍부한 리더들로 구성된 창의적두뇌위원회Creative Brain Trust를 세우고, 감독과 제작자들이 문제가 생겼을 때 이 위원회에게 도움을 구하게 했다. 그런데 전통적인 스튜디오 개발 임원들과 달리 이 위원회 고문들에게는 따로 권한이 부여되지 않는다. 그 덕분에 출세를 바라거나 비위를 맞추려고 무턱대고 동조하는 의견을 낼 유인책이 차단된다. 위원회에게 맡겨진 유일한 일은 신선한 통찰이나 조언을 제공하는 것이다.

픽사 공동창립자 에드윈 캣멀Edwin Catmull은 설명했다. "감독이나 제작자가 조언이 필요하다고 느끼면 창의적두뇌위원회를 비롯하여 여타 도움이 될 만한 사람들을 함께 소집해서 현재 진행하는 작업물을 보여줍니다. 사람들은 두 시간 동안 작품을 더 괜찮게 만들 방법에 대해 활기차게 의견을 교환하죠. 자존심 같은 것은 없습니다. 아무도 예의를 차리려고 눈치 보지 않아요. 그게 가능한 이유는 모든 사람들이 서로를 믿고 존중하기 때문이죠. 아직 바로잡을 시간이 있을 때 동료들이 문제들을 알려주는 것이 낫지, 나중에 관객들의 지적을 받았을 땐 너무 늦어버린다는 것을 알거든요. 이 그룹의 문제 해결 능력은 정말 어마어마하답니다. 토론하는 모습을 보고만 있어도 영감이 생기죠."[12]

픽사는 크리에이티브들에게 날마다 사람들의 조언을 적극적으로 듣고 막막할 때는 창의적두뇌위원회를 찾으라고 당부한다. 이 방식은 집단 사고가 뿌리 내리는 것을 방지한다. 제작 과정 동안 활발하게 의견 공유가 이뤄지면 작업이 너무 진행되어 문제를 해결하기 어려워지기 전에 영화 줄거리, 대사, 시각 효과 등에 있는 오류들을 일찍 잡아낼 수 있다.[13]

어둠의 3요소는 집단 사고를 좋아한다

불행히도 어떤 리더들은 팀을 통제할 목적으로 집단 사고를 부추기기도 한다. 특히 어둠의 3요소 리더들이 그렇게 하는 것을 좋아한다. 연구자 델로이 폴허스Delroy Paulhus와 케빈 윌리엄스Kevin Williams가 2002년에 처음 사용한 '어둠의 3요소Dark Triad'라는 용어는 나르시시즘, 마키아벨리즘, 사이코패시라는 세 가지 부정적 성격 특성을 지칭한다.

어둠의 3요소를 가진 리더들은 자기 권력과 지위에 집중하며 이기적이고 남들을 이용하거나 조종할 수도 있다. 이들은 공포 분위기를 조성하여 자신의 입지를 다지려고 한다. 팀원들에게 권한을 주거나 집단 몰입을 하는 건 바라지 않는다. 어느 누구의 문제 제기도 받아들이지 않고 자신의 비전을 관철시키고 싶어 할 뿐이다.

이런 리더들이 외부 전문가를 초빙하여 팀에 강연을 요청한다면 십중팔구는 집단 사고를 밀어 붙이려는 계책일 것이다. '데이터를 보면 분명히 알 수 있듯' 또는 '전문가가 알려줬듯' 같은 표현에 주의하라. 리더가 전문가나 데이터를 들먹이며 자신의 비전이 곧 집단이 좇아야 하는 비전임을 '증명'하는 행위의 영향력을 얕잡아 봐선 안 된다.

어둠의 3요소 리더들이 너무도 큰 성공을 거두는 바람에 그들의 위험한 행동이 간과되는 경우도 있다. 영화 제작자 하비 와인스타인Harvey Weinstein은 〈셰익스피어 인 러브〉 같은 오스카 수상작들을 제작했다는 이유로 소리 지르는 버릇이나 성추행에도 불구하고 30년간이나 비난을 피해갈 수 있었다. 그의 위신이 마침내 땅에 추락한 건 2020년에 강간 혐의로 유죄를 선고받고 나서였다. 그 일로 와인스타인이 남동생과 함께 설립한 미라맥스Miramax에 줄줄이 소송이 제기되면서 회사는 파산 보호를 신청해야 했다. 마찬가지로 와인스타인컴퍼니The Weinstein Company는 성추행 피해자들에게 법원이 인정한 손해 배상액 1,700만 달러를 지급하기 위해 매각되었다.

어둠의 3요소와 신경 격차

"사이코패스들이 전부 감옥살이를 하는 건 아니다. 우리 이사회실에도 몇 명이 있다." 범죄 심리학자 로버트 헤어Robert Hare는 그의 강연 '우리 사이에 있는 포식자들'에서 이 유명한 말을 남겼다.[14] 연구자들은 일터에 존재하는 어둠의 3요소가 부정행위의 증가, 괴롭힘, 성추행, 사기 저하, 스캔들, 개인 및 팀 성과 부진과 관련 있다고 이야기했다.[15]

〈하버드비즈니스리뷰〉에 게재된 연구에 따르면 기업 이사회의 사이코패스 기본 구성비는 일반인 그룹의 세 배에 달한다고 한다. 15년간 진행된 이 종단연구는 사이코패스 및 나르시시스트 성향을 지닌 개인들이 조직 계층의 최상부에 이끌리며 더 높은 수준의 재정적 성취를 이룬다는 사실을 발견했다.[16] 어둠의 3요소는 내가 '공감 격차'라고 부르는 세 번째 신경 격차이며, 책에서 언급했던 다른 두 가지 신경 격차, 즉 임원진 사이에 테스토스테론과 도파민 신경 특성 및 외향인이 수적으로 우세했던 현상과 마찬가지로 최고 리더십에서 더욱 두드러진다.

뇌 친화적인 일터에서는 이러한 공감 격차를 해소하는 것이 대단히 중요하다. 현시점에서 어둠의 3요소를 검열하는 회사는 거의 없다시피 하나, 변화가 일어나기 시작했다.

2019년 영국에서 출시된 '직장 내 인격적 어둠의 3요소Dark Triad of Personality at Work' 설문과 같은 심리 측정 검사가 새롭게 등장하고 있다. 조직이 사람들을 채용하거나 승진시키기 전에 어둠의 3요소에 해당하는 대상자들을 식별하도록 돕는 HR 도구들이 더욱 개발되길 바란다.

집단 사고를 집단 몰입으로 바꾸는 6가지 팁

집단 사고와 집단 몰입의 가장 큰 차이는, 몰입의 경우 리더들이 어떤 결과를 미리 정해놓지 않는다는 점이다. 자유롭게 아이디어가 오고 가고, 누군가 새로운 생각을 떠올리면 모두들 귀 기울여 들을 준비가 되어 있다. 집단 몰입의 결과물은 유동적이며 리더들의 지시에 따라 결정되지 않는다. 구성원들은 집단 내 자신의 권력과 위치를 지키는 데 급급한 것이 아니라 눈앞의 과업에 초점을 맞춘다.

BCG 최고 채용/인재 경영자 앰버 그레월은 내게 말했다. "사람들은 편하게 소통하고 자신의 생각을 표현할 수 있으며 고용주와 리더들을 신뢰할 수 있을 때 더욱 혁신을 잘 일으키고 새로운 해결책을 찾아낼 수 있습니다."

팀과 조직이 집단 사고에 빠지는 대신 건강한 반대 의견, 참신한 갈등, 흥미진진한 집단 몰입을 경험할 수 있도록 도울 수 있는 6가지 뇌 친화적인 원칙을 소개한다.

첫째, 반대 의견은 소중하다······ 설령 틀렸더라도

캘리포니아대학교 버클리 캠퍼스 심리학 교수 샬런 네메스Charlan Nemeth는 반대의 힘 연구 분야의 선구자다. 그녀는 사람들이 다른 의견을 지닌 상대와 아이디어를 논의할 경우 더 심도 있게 정보를 처리하고 더 나은 사고를 하게 된다는 사실을 연구로 증명했다.[17] 반대 의견은 '모든' 사람들의 생각을 자극하므로 반대자의 생각이 완전히 틀린 것 같더라도 의견을 말하도록 격려해줘야 한다.

네메스 교수는 자신의 저서 《노!No!》에 이렇게 적었다. '우리는 몇 번이고 반복해서 같은 패턴의 결과를 얻었다. 동조는 생각을 좁히고 반대는 생각을 넓힌다. 양쪽 모두 우리 의사결정 품질에 영향을 끼친다. 우리가 얻을 수 있는 교훈은…(중략)… 동조에는 위험이, 반대에는 가치가 있다는 사실이다.'[18]

때로는 팀 안의 반대자가 신경을 거슬리게 할 수도 있다. 특히 여러분이 테스토스테론이 높은 신경 지문을 지녔다면 그 사람 때문에 일이 지지부진해진다고 느끼고 건전한 논의가 진행되는 내내 조바심이 날지도 모른다. 한편 여러분이 에스트로겐이 높은 신경 지문 유형이며 조화로운 관계를 중시한다면 논쟁이 생겼을 때 마음이 불편하거나 염려가 될 수도 있다. 하지만 날 믿어라. 적정한 수준의 의견 충돌은 팀을 더 강하고 혁신적이며 심지어 행복하게 만들 것이다. 충돌이 일어나게 놔두면 여러분은 차차 적응할 것이다. 어떤 반대 의견은 모든 사람들을 새로운 차원으로 도약시킬 것이며, 거기서 오는 흥분은 집단 몰입을 자극하는 데 유용하다.

뇌 촉진제 이 시대의 가장 영향력 있는 반대자 중 한 사람은 아마 에드워드 스노든Edward Snowden 전 미국 중앙정보국CIA 요원일 것이다. 그는 미국 정부의 대규모 위헌 정보 수집 내용이 담긴 미국국가안전보장국NSA, National Security Agency 기밀 자료를 폭로하여 큰 논란을 일으켰다. 스노든의 반대 행동은 디지털 감시 행위가 개인의 프라이버시에 가할 수 있는 위험을 조명했다. 어떤 이들은 스노든의 방식에 동의하기 어려울 수 있겠지만, 그는 다른 귀중한 반대자들과 마찬가지로 이 주제와 관련된 새로운 생각들을 자극했다.

둘째, 반대에는 진정성이 있어야 한다

사람들은 종종 가짜로 반대하는 시늉을 하지만 그런 시도들은 모두 티가 나기 마련이다. 어떻게든 안건을 통과시킬 생각밖에 하지 않는 팀 리더들은 가짜 반대를 부추기곤 한다.

최근에 나는 집단과정group process, **어떤 집단의 구성원들이 목표를 성취하기 위해 협력하는 방식을 지칭, 옮긴이 주** 분야의 유명한 연구자를 만나 대화를 나눴다. 그녀는 팀에 '선의의 반대자'를 배치하는 것이 좋다고 이야기했다. "당신의 책에 유용할 만한 조언을 하나 해줄게요! 그룹에 있는 한 사람을 지정하여 선의의 반대자 역할을 하면서 모든 이들의 의견에 의문을 제기하게 해보세요." 그녀가 말했다.

"이런 말을 하게 돼서 유감이지만, 그 방법은 과학적으로 틀렸다고 하네요. 샬런 네메스 교수가 말하길, 사람들의 뇌는 진실하고 솔직한 반대 의견에만 자극을 받는다는군요."

네메스의 연구에 따르면 선의의 반대자가 존재할 때 사람들은 더 양극화되고 더 굳건히 자신의 입장을 지키려 한다. 네메스는 이렇게 적었다. "세 가지 종류의 '선의의 반대자'보다 소수의 진실한 반대자가 더 우월하다는 것이 연구에서 확인됐다. 그만큼 진실성은 귀중하고 중요한 가치이며 역할극 형식으로 진실성을 모방하기란 아주 어렵다."[19]

만일 누군가가 단지 시비를 걸기 위해 반대 의견을 말한다면 아무런 도움이 되지 않을 것이다. 창조적인 갈등과 집단 몰입을 촉진할 수 있으려면 반대 의견에 진정성이 있어야 한다.

셋째, 다른 목소리들을 키워줘야 한다

어떤 리더가 회의 시작부터 단도직입적으로 안건을 제시하면 나머지 사람들은 동조하지 않을 수 없을 것이다. 그렇게 하는 대신 팀 전체가 돌아가면서 첫 발언을 하게 해주자. 다른 사람들의 목소리를 키워주고 뒤로 물러서 있어라. '리더'라는 말 대신 '조력자facilitator'라는 말을 쓰고, 활발한 논의와 반대 의견이 오가도록 돕는 역할에 집중하자.

뇌 촉진제 타인의 목소리를 키워주면 자신의 지위 또한 상승한다. 〈경영학회보Academy of Management Journal〉에 실린 연구에 따르면 직원들은 누군가에게 공헌을 돌리고 공개적으로 지지하는 '증폭 amplification'의 개념을 도입함으로써 동료들의 지위가 높아지도록 돕는 동시에 자신의 지위도 높일 수 있다고 한다.[20]

넷째, 아이디어를 팀에 공유하기 전에 적어보자

한 유명한 연구에서 사람들은 자신의 생각을 적을 수 있는 '매직 패드'를 받는다. 이 패드에는 무언가를 적은 후에 지울 수 있는 기능이 있었고, 사람들은 그 기능을 아주 잘 활용했다. 사람들은 집단의 대세적인 의견과 자신의 의견이 일치하지 않는 것을 알아차리는 즉시 적어둔 의견을 남몰래 지워버렸다.[21]

참신한 통찰을 얻고 싶다면 팀원들이 함께 논의를 시작하기 전에 미리 아이디어를 적어 제출하게 하라. 그래야 적은 내용을 지우거나 수정하지 못할 테니 말이다. 이 간단한 팁을 활용하면 원만하게 지내기 위해서 남의 의견에 동조하려는 우리의 무의식적인 욕구를 차단할 수 있다.

다섯째, 언제나 익명으로 투표하라

온라인이든 오프라인이든 여러분이 그룹 사람들에게 거수로 의견을 표시해달라고 하면 그들은 윗사람들이 어디에 투표를 하는지 보려고 주위를 두리번거릴 것이다. 그러므로 투표를 할 일이 있다면 익명으로 진행하라. 여러 연구에 따르면 사람들은 공개 투표를 하는 경우 익명 투표를 할 때만큼 솔직하게 반응하지 않는다.[22]

그리고 신신당부할 것이 있는데 실제로는 그렇지 않으면서 투표가 익명이라고 속이는 일은 절대 없어야 한다는 점이다. 안타깝게도 나는 리더들이 각종 투표, 360도 평가, 팀 분위기 조사 등을 진행하면서 참가자의 신원을 포함한 모든 정보에 접근할 수 있음에도 불구하고 익명 보장을 맹세하는 경우들을 목격해왔다.

언제가 우연히 나는 콘퍼런스 무대 뒤에서 경영 리더들이 기술팀 직원에게 스마트폰 투표 도구를 만들라고 지시하는 것을 들었다. 그들은 투표가 익명처럼 보이되 실제로는 전직원의 응답 결과를 볼 수 있게 해달라고 요청했다. 나와 가치관 및 신념이 같은 사람들에 둘러싸여 일하고 싶어 하는 것은 자연스러운 일이지만 이 장을 읽은 여러분은 그러한 충동이 창의성과 혁신을 얼마나 저해하는지 깨달았길 바란다.

여섯째, 친절과 자비를 장려하라

연구에 따르면 친절과 자비 명상을 수행하는 사람들은 마음이 더 열려있으며 덜 비판적이다. 그러한 자세는 집단 몰입에 아주 효과적이다.

한 예로 어떤 연구에서는 사람들이 잠시 동안 친절 명상을 하자 검사에서 인종차별적인 성향이 더 적게 나타났다.[23] 또 다른 연구에서는 참가자들이 6주간 짧은 자애명상LKM, Loving Kindness Meditation 시간을 가졌고 그 결과 노숙자들을 대할 때 부정적이었던 태도가 더욱 동정적으로 바뀌었다.[24]

일터에서 자애명상은 아직 제대로 활용되지 않은 자원이다. 배우기 쉽고 실천하는 데 큰돈이나 시간을 들이지 않아도 된다. 자애명상은 뇌에 강력한 긍정적 효과를 일으키며 우리가 다른 사람이나 그들의 생각에 마음을 더 잘 열 수 있게 한다.

뇌의 양식 우리 뇌의 약 60퍼센트는 지방으로 이뤄져 있기 때문에 뇌 건강을 유지하려면 필수 지방산을 섭취해야 한다. 작은 뇌처럼 생긴 호두는 오메가3 필수 지방산인 알파-리놀렌산이 풍부해서 두뇌 건강에 유익하다. 호두를 30그램 섭취하면 알파-리놀렌산을 약 2.5그램 얻을 수 있다.

잘 반대하는 방법

끝으로 반대 의견이 상황을 곤란하게 만들 수 있다는 사실을 애써 포장하지 말자. 특히나 여러분이 순응을 중시하는 회사에 다닌다면 더욱 난감한 상황이 벌어질 수도 있다. 하지만 반대는 전염되므로 용기를 내라. 여러분이 대안적인 견해들을 제시하기 시작하면 다른 팀원들도 더욱 대담해질 수 있을 것이다. 팀을 좀먹던 집단 사고가 서서히 부서지고 신선한 아이디어들이 등장하기 시작하면서 기분 좋은 놀라움이 여러분을 찾아올 것이다.

효과적인 반대 전략들을 소개한다.

1. 품위 잃지 않기

반대 의견을 전달할 때는 항상 예의 있고 긍정적인 태도를 유지해야 한다. 미셸 오바마Michelle Obama가 "그들이 저급하게 굴어도 우리는 품위 있게 행동한다"라고 말했듯이 말이다. 침착함을 잃지 않으며 교양 있고 사려 깊게 행동할 수 있도록 노력하라.

2. 동맹군 찾기

회의에서 반대 의견을 낼 계획이 있을 때는 미리 팀의 누군가를 조용히 불러 지원을 요청하라. 같이 반대해줄 내 편이 있으면 팀 내에 존재하는 자연스러운 동조 경향을 물리칠 수 있다.

우리는 사회심리학자 솔로몬 애쉬Solomon Asch가 1950년대에 진행한 유명한 동조실험 덕분에 이 방법에 효과가 있음을 안다. 애쉬는 피험자들에게 다양한 길이의 세로선들을 보여준 다음, 또 다른 세로선들을 보여주며 앞서 본 기준선과 길이가 같은 것을 찾게 했다. 본래 피험자들은 올바른 답을 손쉽게 찾아낼 수 있었지만, 애쉬가 가짜 피험자들을 투입시키자 상황은 바뀌었다. 애쉬는 가짜들에게 일부러 길이가 다른 선을 골라달라고 했다.

그림7 사회 순응 관련 실험 사례

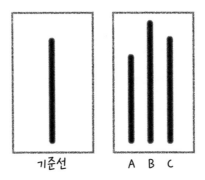

기준선   A   B   C

아마 여러분은 무슨 일이 일어났는지 알아맞힐 수 있을 것이다. 피험자의 약 75퍼센트는 가짜 참가자들이 가장 많이 고른 답과 같아지도록 자신의 선택을 바꿨다. 누가 봐도 두 선의 길이가 달랐음에도 말이다.

그렇다면 이 집단 사고를 깨부순 방법은 무엇이었을까? 바로 동맹군의 등장이었다. 애쉬가 일관적으로 옳은 답을 찾는 연기자 한 명을 그룹에 넣자 피험자가 다수 의견에 동조한 비율은 5퍼센트로 떨어졌다.[25]

3. 일관적인 메시지 전하기

우리가 일관적이고 꾸준하게 반대 의견을 전달하면 팀 사람들을 내 편으로 만들 수 있다고 한다. 샬런 네메스는 자신의 동조 연구에서 이렇게 보고했다. '타협할 기미 없이 일관적인 반대자를 상대한 이들에게서 태도의 변화가 있었다. 대다수는 반대자 쪽으로 자신의 입장을 바꿨다.'[26]

일관성이 열쇠다. 혹시 논의가 결렬되지 않도록 타협이나 조정을 해야 한다면 가장 마지막에 해야 신뢰도를 잃지 않을 수 있다.

몰입 지속하기

집단 사고는 팀을 아주 어두운 곳으로 데려갈 수 있다. 그와 달리 집단 몰입이 시작되면 구성원들은 개개인 재능의 총합보다도 더 위대한 팀워크를 발휘할 마법 같은 기회를 얻는다. 집단 몰입은 더없이 기분 좋은 경험이며 모든 팀원들이 즐겁게 잠재력을 최대한으로 끌어올리게 한다. 우리가 일터에서 바라는 경험이 바로 이런 것들 아닐까?

나는 책의 시작부터 끝까지 뇌 친화적인 일터와 사고 다양성의 중요성을 주장해왔다. 서로 다른 신경 지문의 개념을 소개하고 일터의 신경 격차 인식을 높임으로써 모든 이들이 잠재력을 분출하도록 도울 수 있기 바랐다. 여러분이 사고 다양성을 갖춘 팀을 꾸릴 예정이라면 집단 몰입이 없이는 효율적이면서 즐거운 일터를 만들 수 없을 것이다.

집단이 몰입에 빠지면 놀라운 일들이 일어날 수 있다. 사람들이 자신과 타인을 이해하고 인정하며, 뇌 친화적 일터가 우리의 필요를 채워줄 수 있다면 업무의 미래는 밝다.

우리는 서로가 지닌 뇌 지식을 함께 활용하여 일터와 세상을 더 나은 곳으로 만들 수 있다. 내 도움이 필요하다면 Contact@fabulous-brain.com으로 연락할 수 있다.

■■■■■■■ 제프 퍼만

벤앤제리스재단Ben & Jerry's Foundation 회장

사람들은 제프 퍼만을 벤앤제리스 아이스크림의 '앤&'이라고 부른다. 제프는 거의 40년 간 벤앤제리스 이사회에 재직하면서 사내 법률 및 최고위 경영 고문을 제공했으며 회사의 획기적인 사회·환경 정책들을 육성했다.

현재 제프는 벤앤제리스재단 회장이자 명예 이사회원이며, 소셜 벤처스Social Ventures 회장이기도 하다. 그는 자신의 거주지인 뉴욕 이타카 지역사회 분쟁해결센터Community Dispute Resolution Center 및 지역사회 마이크로파이낸스microfinance 프로그램의 공동 설립자이다. 그 외에도 도로시코튼연구소Dorothy Cotton Institute, 정의를위한가족연대Alliance of Families for Justice 고문으로 활동 중이며, 오클랜드 연구소The Oakland Institute 이사회에 속해 있다. 그는 세계 곳곳을 다니며 사회에 변화를 일으키는 비즈니스의 힘에 관해 연설한다.

프레데리케 벤앤제리스에는 어떤 계기로 합류하셨나요?

제프 처음에 난 그냥 옆에서 조금 도와주는 친구였어요. 벤과 나는 학생이 25명뿐인 산골 학교에서 만났죠. 나는 버스운전사였고 그는 도자기와 예술 공예를 가르쳤답니다. 내게 경영학 학위가 있는 것을 알아낸 벤

은 "혹시 우리 좀 도와줄 수 있어요?"라고 말했고, 난 좋다고 대답했지요.

프레데리케 벤앤제리스가 그토록 강력한 사회적 양심을 갖게 된 이유는 무엇인가요?

제프 벤앤제리스의 차별점은 언제나 데이터가 아닌 마음을 기반으로 운영했다는 거예요. 우린 어떤 아이디어가 떠올랐을 때, '그렇게 하면 회사에 손해가 갈까?' 또는 '이걸 어떻게 전달해야 사람들이 화내지 않을까?'라고 묻지 않았죠. 회사 초창기에 우린 지금 뭘 하고 있는지 알지 못하는 복을 누렸어요. 아무런 자원이 없으니 창의성을 발휘해야 했죠. 그저 아는 사람 몇몇이 모여서 가게를 열고 벤과 제리가 운영하겠다는 계획이 전부였어요.

프레데리케 회사가 성장하는 동안 창의적 사고와 집단 몰입을 놓치지 않을 수 있었던 방법은 무엇인가요? 서로 가치관을 공유하면서 솔직하게 의견을 나눌 수 있는 팀을 만든 방법은요?

제프 예를 들어 우리가 버몬트주의 환경 문제에 항의할 계획이라고 칩시다. 그러면 경영진이든 직원이든 다 같이 한 버스를 타고 그곳에 갈 거예요. 함께 행군하고 함께 생활하는 거죠. 동고동락의 경험들이 회사 안에 생길 수 있는 장벽을 무너뜨린답니다.

흑인 소년 트레이본 마틴Trayvon Martin 사건을 알죠? 소년이 편의점에서 아이스티와 스키틀즈를 사들고 집에 가는 길에 그가 동네에 있어서는 안 된다고 생각한 자경대 대원에게 살해당한 이후, 회사에서 우리는 인종차별주의에 대처하여 어떤 역할을 할 수 있을지 이야기하기 시작했어요. 인종차별 분야의 유색인종 전문가를 초빙하고 직원들과 남부에 있는 역사적 시민권 유적지를 방문하기도 했죠. 우리는 되도록 많은 직원들을 행동주의에 참여시켜 그들의 마음을 움직일 수 있도록 노력합니다.

프레데리케 벤앤제리스에서는 어떻게 집단 사고를 피하나요? 리더로서 직원들이 진짜로 하는 생각이 무엇인지 알아낼 방법은 무엇일까요?

제프 비즈니스 세계는 관계가 전부라고 해도 과언이 아니죠. 버스에서 공장 근로자 같은 사람들과 대화를 나누기만 해도 얻는 것이 많답니다. 이사회 의장으로서 난 그 사람의 삶의 질에 책임감을 느껴요. 그래서 일터 안전을 보장할 방법은 무엇인지, 회사가 충분한 건강 보험과 혜택을 제공하고 있는지, 가족에게 무슨 일이 일어났을 때 문제없이 회사 보험 처리를 할 수 있는지 같은 것들을 물어봐요. 이렇게 질문을 하고, 솔직한 답을 원한다는 점도 알려주지요.

프레데리케 회사가 성장하는 동안 다양성을 확대시킨 방법은 무엇이었나요?

제프 나는 주로 이사회 회원들의 채용을 맡았어요. 그 일을 하며 다양한 인종의 사람들을 뽑았고, 또한 이사회를 떠날 무렵에는 여성들이 그곳을 주도적으로 이끌게 할 수 있었죠. 현재 이사회 의장은 내가 뽑은 유색 인종 여성입니다. 나는 그런 배경에 더하여, 혹시 무슨 문제가 생겼을 경우 유니레버에 맞설 강한 가치관과 의지가 있는 사람을 원했어요.(벤앤제리스는 2000년에 유니레버 자회사가 됐다.)

우리 이사회에는 회사의 정체성을 보호하고 방어할 권한이 있어요. 따라서 스스로 옳다고 믿는 가치들을 옹호할 줄 아는 사람들이 이끌어야만 하죠. 예를 들어 우리가 어떤 제품에도 GMO(유전자변형작물)를 쓰지 않기로 결정했을 당시에는 히스바크런치Heath Bar Crunch라는 제품이 판매량 1위였어요. 하지만 이 제품을 GMO 무첨가로 만드는 건 불가능했죠.

가장 인기 있는 맛을 회사의 중요 가치관에 맞는 방식으로 생산할 수 없다면 어떻게 해야 할까요? 이사회가 이 질문을 맞닥뜨렸을 때 논의는 채 1분도 걸리지 않았답니다. 우리는 제품을 단종시키기로 했습니다. 유니레버는 좋아하지 않았지만, 벤앤제리스로서는 옳은 결정이었죠.

프레데리케 이사회의 의견이 일치하지 않을 때는 어떻게 되나요? 또한 반대 의견을 장려하는 방법은 무엇인가요?

제프 특정 사안을 두고 사람들의 견해가 서로 다를 때면 격렬한 싸움이 벌어지기도 했어요. 우리는 이사회 모든 구성원이 목소리를 내고 투명하게 자신의 의견을 밝히도록 장려하거든요. 지금은 거대 다국적 기업에 속해 있으니 우리 고유의 조직 구조를 유지하기가 쉽지 않죠. 그에 따른 복잡한 사정이 있고, 내부적으로 어려움들을 겪은 건 확실합니다. 또 한 가지, 우리가 팔레스타인 문제나 백인우월주의 같은 이슈에 대해 성명을 발표할 때에는 현장에 있는 직원들에게 영향이 간다는 사실을 고려해야 하죠.

프레데리케 요새 사람들은 그 어느 때보다 더 감정적이고 쉽게 분노하는 것 같아요. 이 장에서 제가 제시한 한 가지 요점은 반대 의견을 인정하고 나와 다른 생각을 가진 사람들에게 예의를 지켜야 한다는 것이었죠. 그러지 않으면 치명적인 집단 사고가 싹을 틔울 수 있거든요.

제프 맞아요, 사람들이 아주 많이 양극화되어 있죠. 우리는 어떤 대의명분을 추구할 때 인간적인 요소에 호소하려 합니다. 한 번은 내 친구로부터 벤앤제리스가 기후변화 콘서트에 참여하는 이유가 무엇이냐는 질문을 받았죠. 그 문제가 회사와 무슨 상관이 있냐면서요. 난 친구에게 손녀의 사진을 보내주고 간단하게 답했죠. "이게 이유야."

아이들에게 건강한 지구를 물려주고 싶은 마음엔 누구나 공감할 겁니다. 그와 동시에 우리는 직원들이 회사에게 좋은 일들을 더 많이 하라고 요구하기를 바랍니다.

감사의 말

혼자서 할 수 있는 일은 아주 작지만, 함께라면 아주 큰 일을 할 수 있다.

_헬렌 켈러

우선 나를 믿어주고 사람들에게 메시지를 전할 수 있도록 도와준 제프허먼에이전시Jeff Herman Agency의 출판 대리인 제프 허먼Jeff Herman 씨에게 감사의 인사를 전하고 싶다. 책을 정말 사랑하는 나에게, 허먼 씨는 이 세상의 책장에 내 두 번째 책을 꽂을 기회를 선사해줬다. 앞으로 다가올 더 행복한 나날들을 위하여! 또한 이 책의 메시지를 신뢰하고 알맞은 집을 찾아줬을 뿐만 아니라 센스 있는 편집 실력을 보여준 로먼앤리틀필드Rowman & Littlefield 선임 편집자 수잰 스타스작-실바Suzanne Staszak-Silva에게도 깊은 감사를 전한다. 출판 과정 내내 도움을 줬던 로먼앤리틀필드의 수전 허쉬버그Susan Hershberg, 엘레인 맥거라프Elaine McGarraugh, 데니 렘스버그Deni Remsberg, 앨리서 호킨스Alyssa Hawkins에게도 고마움을 전한다. 창의력과 재치 넘치는 매력적인 일러스트들로 매 장을 풍성하게 해준 캐럴린 니슈위츠Carolin Nischwitz에게 특별히 고맙다고 말하고 싶다. **원서에 사용된 그림은 한국어 판에 사용하지 않았습니다. 편집자 주** 그리고 또 한 번 내 곁에서 이 책을 세심하게 편집해준 로스 J. Q. 오웬스Ross J. Q. Owens에게도 감사한 마음을 전한다.

내게 통찰을 나눠준 뉴로컬러의 데이브 래브노, 리사 래브노, 헬렌 피셔 박사에게도 고마움을 전한다. 이들의 노력 덕분에 전 세계 사람들은 뇌의 작동 방식을 더 잘 이해함으로써 서로 더 가까이 연결될 수 있다. 이들에게서 배운 모든 것들에 감사할 뿐이다.

사려 깊고 영감 넘치는 서문을 써준 배리 카우프만 박사께도 감사를 전한다. 그의 깊고도 풍부한 지식을 생각하면 사이콜로지 팟캐스트가 늘 1위에 오르는 건 하나도 놀랍지 않다.

내 훌륭한 강연 대리인이자 날 항상 지지해주는 스피커아이디어스 Speaker Ideas의 에녀 존스Eithne Jones에게도 고마움을 전한다. 내가 정말 많은 인연을 맺을 수 있도록 도운 그녀가 항상 내편이라는 걸 잘 안다. 온오프라인 기조연설에서 메시지를 전할 수 있게 해준 모든 고객들에게도 더 없이 감사하다. 고객들이 기회를 줬기에 나는 제일 좋아하는 일을 하면서 매년 수십만 명의 경영인들을 만날 수 있었다.

또한 책에 실린, 영감을 주는 인터뷰에 응해준 스콧 배리 카우프만 박사, 줄리 린 타이글랜드, 슈테판 아르스톨, 제닌 슈바르타우 박사, 아리아나 허핑턴, 후베르투스 마인케 박사, 클로드 실버, 존 메디나, 앰버 그레월, 제프 퍼만, 리아즈 샤, 데이브 래브노, 헬렌 피셔 박사, 안젤리카 렌후부드, 잉그리드 슈톨츠, 주디스 발렌슈타인Judith Wallenstein, 에블린 도일, 매들린 이옐므Madelene Hjelm에게 깊은 감사를 표한다.

우리 부모님 마리안 폰 지크프리트Marianne von Siegfried 박사와 베른하르트 비데만Bernhard Wiedemann 박사, 내 형제자매 줄리안 에베르트Juliane Ebert와 콘라트 비데만Konrad Wiedemann에게 우리 집을 사랑과 책으로 가득 채워줘서 고맙다고 말하고 싶다. 그들의 무조건적인 지지가 없었다면 지금의 나도 없었을 것이다.

마지막으로 내 남편 요헨Jochen에게 고마움을 전한다. 남편과 함께라면 꾸밈없는 내 모습으로 있을 수 있기에 그를 만난 것이 정말 감사한 일이라고 생각한다. 또한 베니타Benita, 울프Wolf, 하인리히Heinrich, 실베스터 Sylvester, 니케Nike의 엄마가 될 수 있음에 정말 감사하다. 이 책을 준비하는 동안 인내해준 아이들에게 고마움을 전한다. 말로 다 표현할 수 없을 만큼 너희들을 사랑한단다!

─── 미주

다양성에는 신경 지문도 포함해야 한다

1   Lauren Weber, "Forget Going Back to the Office – People Are Just Quitting Instead," *Wall Street Journal*, Jun 13, 2021, https://www.wsj.com/articles/forget-going-back-to-the-officepeople-are-just-quitting-instead-11623576602

2   Women in the Workplace 2021 report, McKinsey & Company, Leanl.org, https://womenintheworkplace.com

3   Ginia Bellafante, "How the Pandemic Has Made the Creative Class Feel Free," *New York Times*, April 2, 2021, https://www.nytimes.com/2021/04/02/nyregion/covid-life-families.html

4   Yoni Blumberg, "Companies with Female Executives Make More Money – Here's Why", *CNBC Make It*, March 2, 2018, https://www.cnbc.com/2018/03/02/why-companies-with-female-managers-make-more-money.html

1장

1   Yoni Blumberg, "Companies with Female Executives Make More Money – Here's Why", *CNBC Make It*, March 2, 2018, https://www.cnbc.com/2018/03/02/why-companies-with-female-managers-make-more-money.html

2   Women in the Workplace 2021 report, McKinsey & Company, Leanl.org, https://womenintheworkplace.com

3   Women in the Workplace 2021 report.

4   Joanne Lipman, "How Diversity Training Infuriates Me and Fails Women," *Time*, January 25, 2018, https://time.com/5118035/diversity-training-infuriates-men-fails-women/

5   Frank Dobbin, Alexandra Kalev, and Erin Kelly, "Diversity Management in Corporate America," *American Sociological Association 6*, no. 4 (Fall 2007): 21-27, https://doi.org/10.1525/ctx.2007.6.4.21

6   "Diversity Fatigue." editorial, *The Economist*, February 11, 2016, https://www.economist.com/business/2016/02/11/diversity-fatigue

7   《내가 상상하면 현실이 된다》, 리처드 브랜슨, 리더스북, 2007년

8   "The Buffett Formula: Going to Bed Smarter Than When You Woke Up," *Farnam Street Media*, 2021, https://fs.blog/the-buffett-formula/

9   "Steve Jobs Quotes: The Man in His Own Words," *The Guardian*, October 6, 2011, https://www.theguardian.com/technology/2011/oct/06/steve-jobs-quotes

10 Cory Stieg, "Steve Wozniak: When Apple Got Big Money, Steve Jobs Changed," *CNBC Make It*, February 6, 2020, https://www.cnbc.com/2020/02/06/steve-wozniak-on-steve-jobs-personality-shift-as-apple-co-founder.html

11 Stieg, "Steve Wozniak."

12 Sarit Alkalay, Yonathan Mizrachi, and Eden Agasi , "Toward a Biological Basis of the FFM Meta-traits: Associations between the Fisher Type Indicator (FTI) Temperament Construct and the Hierarchical Five Factor Model (FFM) of Personality," *Personality and Individual Differences* (February 2022), https://doi.org/10.1016/j.paid.2021.111266

13 Caroline J. Edmonds, Rosanna Crombie, and Mark R. Gardner, "Subjective Thirst Moderates Changes in Speed of Responding Associated with Water Consumption," *Frontiers in Human Neuroscience* 16, no. 7 (July 16, 2013), https://doi.org/10.3389/fnhum.2013.00363

14 Emily Alford, "The Problem With Shitty Women Bosses Isn't That They're Women, It's That They're Assholes," *Jezebel*, July 1, 2020, https://jezebel.com/the-problem-with-shitty-women-bosses-isnt-that-theyre-w-1844234775

15 Women in the Workplace 2021 report.

16 Melissa J. Williams and Larissa Z. Tiedens, "The Subtle Suspension of Backlash: A Meta-Analysis of Penalties for Women's Implicit and Explicit Dominance Behavior," *Psychological Bulletin* 142, no. 2 (February 2016): 165–97, https://doi.org/10.1037/bul0000039

17 Adam Grant (@AdamMGrant), "When will we stop punishing dominant women for violating outdated gender stereotypes?" *Twitter*, July 24, 2021, https://twitter.com/AdamMGrant/status/1418920379708489734

18 Kavita Sahai, "Female Millennials: Why They're Leaving Corporate Life," *Forbes*, July 28, 2017, https://www.forbes.com/sites/forbescoachescouncil/2017/07/28/female-millennials-why-theyre-leaving-corporate-life

19 Sharon Kimathi, "Goldman Sachs Analysts Reveal Abusive Working Conditions in Leaked Survey," *FinTech Futures*, March 19, 2021, https://www.fintechfutures.com/2021/03/goldman-sachs-analysts-reveal-abusive-working-conditions-in-leaked-survey/

20 Kimathi, "Goldman Sachs Analysts Reveal Abusive Working Conditions."

21 Jose Maria Barrero, Nick Bloom, Steven J. Davis, "60 Million Fewer Commuting Hours Per Day: How Americans Use Time Saved by Working from Home," *Becker Friedman Institute for Economics at the University of Chicago*, September 8, 2020, https://bfi.uchicago.edu/working-paper/60-million-fewer-commuting-hours-per-day-how-americans-use-time-saved-by-working-from-home/

22 "The Female Leadership Crisis: Why Women Are Leaving (and What We Can Do About It)." *Network of Executive Women*, 2016, https://www.nextupisnow.org/

2장

1 Joseph Stromberg and Estelle Caswell, "Why the Myers-Briggs test is totally meaningless," *Vox*, October 8, 2015, https://www.vox.com/2014/7/15/5881947/

myers–briggs–personality–test–meaningless

2 Alison Beard, "If You Understand How the Brain Works, You Can Reach Anyone: A Conversation with Biological Anthropologist Helen Fisher," *Harvard Business Review*, March–April 2017, https://hbr.org/2017/03/if–you–understand–how–the–brain–works–you–can–reach–anyone

3 Beard, "If You Understand How the Brain Works."

4 Beard, "If You Understand How the Brain Works."

5 Lucy L. Brown, Bianca Acevedo, and Helen E. Fisher, "Neural Correlates of Four Broad Temperament Dimensions: Testing Predictions for a Novel Construct of Personality," *PLos One* 8, no. 11 (November 13, 2013): e78734 https://doi.org/10.1371/journal.pone.0078734

6 Astrid Nehlig, "The Neuroprotective Effects of Cocoa Flavanol and Its Influence on Cognitive Performance," *British Journal of Clinical Pharmacology* 75, no. 3 (March 2013): 716–27, https://doi.org/10.1111/j.1365–2125.2012.04378.x

7 Beard, "If You Understand How the Brain Works."

8 Karren Brady, "Kate Middleton Looked Every Inch the Graceful and Stoic Royal at Prince Philip's Funeral." *The Sun*, April 17, 2021, https://www.thesun.co.uk/news/14682444/kate–middleton–prince–philip–funeral–karren–brady/

9 Kelly Faircloth, "The Forging of Kate Middleton Into a Future Queen," *Jezebel*, April 29, 2021, https://jezebel.com/the–forging–of–kate–middleton–into–a–future–queen–1846767001

10 Sari M. van Anders, Jeffrey Steiger, and Katherine L. Goldey, "Effects of Gendered Behavior on Testosterone in Women and Men," *PNAS* 112, no.45 (October 26, 2015): 13805–13810, https://doi.org/10.1073/pnas.1509591112

11 Paola Sapienza, Luigi Zingales, and Dario Maestripieri, "Gender Differences in Financial risk Aversion and Career Choices Are Affected by Testosterone," *PNAS* 106, no. 36 (September 8, 2009): 15268–73, https://doi.org/10.1073/pnas.0907352106

12 "Angelina Gets Candid about Stunts, Firearms at Comic-Con," *Popsugar*, July 22, 2010, https://www.popsugar.com/entertainment/Angelina-Jolie-Talks-About-Salt-Comic-Con-2010-07-22-151806-9233536

3장

1 Stephan Aarstol, "What Happened When I Moved My Company To A 5-Hour Workday," *Fast Company*, August 30, 2016, https://www.fastcompany.com/3063262/what-happened-when-i-moved-my-company-to-a-5-hour-workday

2 Neetish Basnet, "Tower Paddle Boards Surfs to $30M in Sales After 'Shark Tank,'" *Dallas Business Journal*, August 15, 2018, https://www.bizjournals.com/dallas/news/2018/08/15/tower-paddle-boards-surfs-to-30m-in-sales-after.html

3   《결핍의 경제학》, 센딜 멀레이너선, 알에이치코리아, 2014년

4   Stephan Aarstol, *The Five-Hour Workday: Live Differently, Unlock Productivity, and Find Happiness* (Carson City, NV: Lioncrest, 2016).

5   Bill Chappell, "4-Day Workweek Boosted Workers' Productivity By 40%, Microsoft Japan Says," *All Things Considered*, November 4, 2019, https://www.npr.org/2019/11/04/776163853/microsoft-japan-says-4-day-workweek-boosted-workers-productivity-by-40

6   Chappell, "4-Day Workweek Boosted Workers' Productivity."

7   Melanie Curtin, "In an 8-Hour Day, the Average Worker Is Productive for This Many Hours," *Inc.*, July 21, 2016, https://www.inc.com/melanie-curtin/in-an-8-hour-day-the-average-worker-is-productive-for-this-many-hours.html

8   Curtin, "In an 8-Hour Day."

9   Tim Herrera, "How to Actually, Truly Focus on What You're Doing," *New York Times*, January 13, 2019, https://www.nytimes.com/2019/01/13/smarter-living/how-to-actually-truly-focus-on-what-youre-doing.html

10 Jessica Stillman, "For 95 Percent of Human History, People Worked 15 Hours a Week. Could We Do It Again?", *Inc.*, September 10, 2020, https://www.inc.com/jessica-stillman/for-95-percent-of-human-history-people-worked-15-hours-a-week-could-we-do-it-again.html

11 Stillman, "For 95 Percent of Human History."

12 Juliet B Schor, *The Overworked American: The Unexpected Decline Of Leisure* (New York: Basic Books, 1993).

13 "Long Working Hours Can Increase Deaths from Heart Disease and Stroke: WHO, ILO." World Health Organization joint press release, May 17, 2021, https://www.who.int/news/item/17-05-2021-long-working-hours-increasing-deaths-from-heart-disease-and-stroke-who-ilo

14 Danielle Pacheco, "Women and Sleep" Sleep Foundation, January 22, 2021, https://www.sleepfoundation.org/women-sleep

15 "Long Working Hours Can Increase Deaths from Heart Disease and Stroke."

16 "Long Working Hours Can Increase Deaths from Heart Disease and Stroke."

17 Marie Solis, "What's the Point of Non-Essential Work?" *Jezebel*, December 29, 2020, https://jezebel.com/whats-the-point-of-non-essential-work-1845891375

18 Solis, "What's the Point of Non-Essential Work?"

19 Solis, "What's the Point of Non-Essential Work?"

20 Alex Ledsom, "How France Plays Hard While Being One of the World's Most Productive Countries," *Culture Trip*, August 29, 2017, https://theculturetrip.com/europe/france/articles/how-france-plays-hard-while-being-one-of-the-worlds-most-productive-countries/

21 "Most Productive Countries 2022," *World Population Review*, https://worldpopulationreview.com/country-rankings/most-productive-countries

22 "Holiday Allowance," *Business.gov.nl,* https://business.gov.nl/regulation/holiday-allowance

23 Sarah Berger, "4-day Workweek Is a Success, New Zealand Experiment Finds," *CNBC Make It*, July 19, 2018, https://www.cnbc.com/2018/07/19/new-zealand-experiment-finds-4-day-work-week-a-success.html

24 Nathalie Gaulhiac, "A Digital Agency Trial Led a 5-hour Working Day to Increase Productivity – and It Worked So Well It's Staying for Good," *Business Insider*, June 27, 2018, https://www.businessinsider.com/how-this-digital-agency-increased-productivity-with-a-25-hour-week-2018-6

25 Gaulhiac, "A Digital Agency Trial Led a 5-hour Working Day."

26 Gaulhiac, "A Digital Agency Trial Led a 5-hour Working Day."

27 "Rheingans Digital Enabler setzt Fünf-Stunden-Tage für alle um," *Chefsache Initiative*, https://initiative-chefsache.de/rheingans-digital-enabler-setzt-5-stunden-tage-fuer-alle-um/

28 Jack Kelly, "Now That Working From Home Has Proven Successful, Unilever Is Trying Out A Four-Day Workweek," *Forbes*, December 1, 2020, https://www.forbes.com/sites/jackkelly/2020/12/01/now-that-working-from-home-has-proven-successful-unilever-is-trying-out-a-four-day-workweek

29 Selvaraju Subash et al., "Neuroprotective Effects of Berry Fruits on Neurodegenerative Diseases," *Neural Regeneration Research* 9, no. 16 (August 15, 2014): 1557–66, https://doi.org/10.4103/1673-5374.139483

30 Steven G. Rogelberg, Cliff Scott and John Kello, "The Science and Fiction of Meetings," *MIT Sloan Management Review*, January 1, 2007, https://sloanreview.mit.edu/article/the-science-and-fiction-of-meetings/

4장

1 Susie Cranston and Scott Keller, "Increasing the 'Meaning Quotient' of Work," *McKinsey Quarterly*, January 1, 2013, https://www.mckinsey.com/capabilities/people-and-organizational-performance/our-insights/increasing-the-meaning-quotient-of-work

2 Cranston and Keller, "Increasing the 'Meaning Quotient' of Work."

3 "When the Impossible Becomes Possible – The Secrets of Flow Revealed with Steven Kotler," *Science of Success Podcast*, July 26, 2018, https://www.successpodcast.com/show-notes/2018/7/25/when-the-impossible-becomes-possible-the-secrets-of-flow-revealed-with-steven-kotler

4 Jiang Xin, Yaoxue Zhang, et al., "Brain Differences Between Men and Women: Evidence From Deep Learning," *Frontiers in Neuroscience* (March 8, 2019), https://doi.org/10.3389/fnins.2019.00185

5 "What Is a Flow State and What Are Its Benefits?," *Headspace Blog, n.d.*, https://www.headspace.com/articles/flow-state

6 Victoria Woollaston, "How Often Do you Check Your Phone?," *Daily Mail*, October 8, 2013, https://www.dailymail.co.uk/sciencetech/article-2449632/How-check-phone-The-average-person-does-110-times-DAY-6-seconds-evening.html

7 Kep Kee Loh, Ryota Kanai, "Higher Media Multi-Tasking Activity Is Associated with Smaller Gray-Matter Density in the Anterior Cingulate Cortex," *PLoS One* 9, no. 9 (September 24, 2014): e106698, https://doi.org/10.1371/journal.pone.0106698

8 Joshua S. Rubinstein, David E. Meyer and Jeffrey E. Evans, "Executive Control of Cognitive Processes in Task Switching," *Journal of Experimental Psychology* 27, no. 4 (2001): 763-97, https://doi.org/10.1037/0096-1523.27.4.763

9 Robert Sapolsky, "Dopamine Jackpot! Robert Sapolsky on the Science of Pleasure," *ForaTV*, March 2, 2011, YouTube video, https://youtu.be/axrywDP9Ii0

10 Ethan S. Bernstein and Stephen Turban, "The Impact of the 'Open' Workspace on Human Collaboration," *Royal Society Publishing*, July 2, 2018, https://doi.org/10.1098/rstb.2017.0239

5장

1 Jordi P. D. Kleinloog et al., "Aerobic Exercise Training Improves Cerebral Blood Flow and Executive Function: A Randomized, Controlled Cross-Over Trial in Sedentary Older Men," *Frontiers in Aging Neuroscience* (December 4, 2019), https://doi.org/10.3389/fnagi.2019.00333

2 Zurine De Miguel et al., "Exercise Plasma Boosts Memory and Dampens Brain Inflammation via Clustering," *Nature* 600 (2021): 494-99, https://doi.org/10.1038/s41586-021-04183-x

3 Catherine N. Rasberry et al., "The Association between School-based Physical Activity, Including Physical Education, and Academic Performance," *Preventive Medicine* 52, suppl. 1 (June 2011): S10-20, https://doi.org/10.1016/j.ypmed.2011.01.027

4 Tim Harford, "Richard Thaler: 'If You Want People to Do Something, Make It Easy,'" *Financial Times*, August 2, 2019, https://www.ft.com/content/a317c302-aa2b-11e9-984c-fac8325aaa04

5 《파타고니아, 파도가 칠 때는 서핑을》, 이본 쉬나드, 라이팅하우스, 2020년

6 Brigid Schulte, "A Company That Profits as It Pampers Workers," *Washington Post*, October 22, 2014, https://www.washingtonpost.com/business/a-company-that-profits-as-it-pampers-workers/2014/10/22/d3321b34-4818-11e4-b72e-d60a9229cc10_story.html

7 Schulte, "A Company That Profits as It Pampers Workers."

8 Schulte, "A Company That Profits as It Pampers Workers."

9   Nick Bloom and John Van Reenen, "Management Practices, Work/Life Balance and Productivity," *Oxford Review of Economic Policy* 22, no. 4 (2008): 257–82, https://doi.org/10.1093/oxrep/grj027

10 Joe Verghese et al., "Leisure Activities and the Risk of Dementia in the Elderly," *The New England Journal of Medicine* 34, no. 25 (June 19, 2003): 2508–16, https://doi.org/10.1056/NEJMoa022252

11 Corinne Newell, "How Weight Training Changes the Brain," *Curtis Health, August* 7, 2019, https://curtishealth.com/2019/08/how-weight-training-changes-the-brain/

12 J. A. Blumenthal et al., "Effects of Exercise Training on Older Patients With Major Depression," *Archives of Internal Medicine* 159, no. 19 (October 25, 1999): 2349–56 https://doi.org/10.1001/archinte.159.19.2349

13 May Wong, "Stanford Study Finds Walking Improves Creativity," *Stanford News*, April 24, 2014, https://news.stanford.edu/2014/04/24/walking-vs-sitting-042414/

14 Lucas J. Carr et al., "Total Worker Health Intervention Increases Activity of Sedentary Workers," *American Journal of Preventive Medicine* 50, no. 1 (January 2016): 9–17, https://doi.org/10.1016/j.amepre.2015.06.022

15 Tom Taylor, "How Michael Phelps's Body Has Changed over His Five Olympic Games," *Sports Illustrated*, August 7, 2018, https://www.si.com/olympics/2016/08/07/michael-phelps-rio-olympics-recovery

16 John Cline Ph.D, "Are We Really Getting Less Sleep than We Did in 1975?" *Psychology Today*, January 18, 2010, https://www.psychologytoday.com/us/blog/sleepless-in-america/201001/are-we-really-getting-less-sleep-we-did-in-1975

17 Anne Trafton, "In Profile: Matt Wilson," *MIT News*, October 19, 2009, https://news.mit.edu/2009/profile-wilson

18 Björn Rasch and Jan Born, "About Sleep's Role in Memory," *Physiological Reviews* 93, no. 2 (April 2013): 681–766, https://doi.org/10.1152/physrev.00032.2012

19 《우리는 왜 잠을 자야 할까》, 매슈 워커, 열린책들, 2019년

20 "Dr. Andrew Huberman — A Neurobiologist on Optimizing Sleep, Enhancing Performance, Reducing Anxiety, Increasing Testosterone, and Using the Body to Control the Mind," *Tim Ferris Show*, podcast, July 6, 2021, https://tim.blog/2021/07/08/andrew-huberman-transcript/

21 Walker, *Why We Sleep*

22 Mark O'Connell, "Why We Sleep by Matthew Walker Review – How More Sleep Can Save Your Life," *The Guardian*, September 21, 2017, https://www.theguardian.com/books/2017/sep/21/why-we-sleep-by-matthew-walker-review

23 Ian Clark and Hans Peter Landolt, "Coffee, Caffeine, and Sleep: A Systematic Review of Epidemiological Studies and Randomized Controlled Trials," *Sleep Medicine Reviews* 31 (February 2017): 70–78, https://doi.org/10.1016/j.smrv.2016.01.006

6장

1 P. Šrámek et al., "Human Physiological Responses to Immersion into Water of Different Temperatures," *European Journal of Applied Physiology* 81, no. 5 (March 2000): 436-42, https://doi.org/10.1007/s004210050065

2 "2020 Attitudes in the American Workplace VII," *American Institute of Stress*, February 9, 2021, https://www.stress.org/workplace-stress

3 Jim Harter, "Employee Engagement on the Rise in the U.S. Following Wild 2020," *Gallup Workplace*, February 26, 2021, https://news.gallup.com/poll/241649/employee-engagement-rise.aspx

4 Justin B. Echouffo-Tcheugui, Sarah C. Conner et al., "Circulating Cortisol and Cognitive and Structural Brain Measures," *Neurology* 91, no. 21 (November 20, 2018):e1961-70, https://doi.org/10.1212/WNL.0000000000006549

5 Jenna McHenry et al., "Sex Differences in Anxiety and Depression: Role of Testosterone," *Frontiers in Neuroendocrinology* 35, no. 1 (January 2014): 42-57, https://doi.org/10.1016/j.yfrne.2013.09.001

6 McHenry et al., "Sex Differences in Anxiety and Depression."

7 Erno J. Hermans et al., "A Single Administration of Testosterone Reduces Fear-Potentiated Startle in humans," *Biological Psychiatry* 59, no. 9 (May 1, 2006): 872-74, https://doi.org/10.1016/j.biopsych.2005.11.015

8 Jaroslava Durdiakova, Daniela Ostatnikova, Peter Celec, "Testosterone and Its Metabolites--Modulators of Brain Functions," *Acta Neurobiologiae Experimentalis* 71, no. 4 (2011):434-54, https://www.ane.pl/pdf/7147.pdf

9 Women in the Workplace 2021 report, McKinsey & Company, Leanl.org, https://womenintheworkplace.com

10 Dr. Robert Sapolsky, "14. Limbic System," Stanford University, February 1, 2011, YouTube video, 1:28:43, https://youtu.be/CAOnSbDSaOw

11 Shelley Taylor, "Bio Behavioral Responses to Stress in Females: Tend-and-Befriend, Not Fight-or-Flight," *Psychological Review* 107, no. 3 (July 2000): 411-29, https://doi.org/10.1037/0033-295x.107.3.411

12 John D. Eastwood et al., "The Unengaged Mind: Defining Boredom in Terms of Attention," *Perspectives on Psychological Science* 7, no. 5 (September 5, 2012): 482-95, https://doi.org/10.1177/1745691612456044

13 Eastwood et al., "The Unengaged Mind."

14 Annie Britton and Martin J. Shipley, "Bored to Death?," *International Journal of Epidemiology* 39, no. 2 (April 2010): 370-71, https://doi.org/10.1093/ije/dyp404

15 Wijnand A. P. Van Tilburg and Eric R. Igou, "Going to Political Extremes in Response to Boredom," *European Journal of Social Psychology* 46, no. 6 (October 2016): 687-99, https://doi.org/10.1002/ejsp.2205

16 Jonathan Webb, "Do People Choose Pain over Boredom?" *BBC News*, July 4, 2014,

https://www.bbc.com/news/science-environment-28130690

17 Kenneth Carter, "Lust for Life," *Psychology Today*, October 15, 2019, https://www.psychologytoday.com/nz/articles/201910/lust-life

18 William Ury, "Power of a Positive No," 50 Lessons, March 4, 2016, YouTube video, 4:03, https://youtu.be/OvrW-jTVCvE

19 Eranda Jayawickreme, Marie J. C. Forgeard, and Martin E. P. Seligman, "The Engine of Well-Being," *Review of General Psychology* (December 1, 2012), https://doi.org/10.1037/a00279

20 Dominic Landgraf et al., "Dissociation of Learned Helplessness and Fear Conditioning in Mice: A Mouse Model of Depression," *PLOS One* 10, no. 4 (April 30, 2015): e0125892, https://doi.org/10.1371/journal.pone.0125892

21 Meena Kumari et al., "Measures of Social Position and Cortisol Secretion in an Aging Population: Findings From the Whitehall II Study," *Psychosomatic Medicine* 72, no. 1 (December 7, 2009): 27-34, https://doi.org/10.1097/PSY.0b013e3181c85712

22 "Dr. Andrew Huberman — A Neurobiologist on Optimizing Sleep, Enhancing Performance, Reducing Anxiety, Increasing Testosterone, and Using the Body to Control the Mind," *Tim Ferris Show*, podcast, July 6, 2021, https://tim.blog/2021/07/08/andrew-huberman-transcript/

23 Angus C. Burns et al., "Time Spent in Outdoor Light Is Associated with Mood, Sleep, and Circadian Rhythm-Related Outcomes: A Cross-Sectional and Longitudinal Study in over 400,000 UK Biobank Participants," *Journal of Affective Disorders*, 295 (December 1, 2021): 347-52, https://doi.org/10.1016/j.jad.2021.08.056

24 Carter, "Lust for Life."

25 Joshua Burd, "UBS Taps WeWork to Redesign Weehawken Office," *Real Estate NJ*, August 14, 2018, http://re-nj.com/ubs-taps-wework-to-redesign-weehawken-office/

26 Jared B. Torre and Matthew D. Lieberman, "Putting Feelings Into Words: Affect Labeling as Implicit Emotion Regulation," *Emotion Review* 10, no.2 (March 20, 2018): 116-24, https://doi.org/10.1177/175407391774270

27 "Putting Feelings Into Words Produces Therapeutic Effects In The Brain," University of California, *Science Daily*, June 22, 2007, https://www.sciencedaily.com/releases/2007/06/070622090727.htm

28 Heidi Jiang et al., "Brain Activity and Functional Connectivity Associated with Hypnosis," *Cerebral Cortex* 27, no. 8 (August 2017): 4083-93, https://doi.org/10.1093/cercor/bhw220

7장

1 Julianne Holt-Lunstad, Timothy B. Smith, J. Bradley Layton, "Social Relationships and Mortality Risk: A Meta-analytic Review," *PLoS Medicine* 7, no. 7 (July 27, 2010): e1000316, https://doi.org/10.1371/journal.pmed.1000316

2 《사회적 뇌 인류 성공의 비밀》, 매튜 리버먼, 시공사, 2015년

3 Paul Zak, "The Neuroscience of Trust," *Harvard Business Review*, January–February 2017, https://hbr.org/2017/01/the-neuroscience-of-trust

4 Zak, "Neuroscience of Trust."

5 Zak, "Neuroscience of Trust."

6 Zak, "Neuroscience of Trust."

7 Paul Zak, The Moral Molecule: How Trust Works (New York: Plume, 2013).

8 Esteban Ortiz-Ospina and Max Roser, "Trust," *Our World in Data*, 2016, https://ourworldindata.org/trust

9 Ortiz-Ospina and Roser, "Trust."

10 Zak, "Neuroscience of Trust."

11 Naomi Eisenberger, Matthew D Lieberman, "Does Rejection Hurt? An fMRI Study of Social Exclusion," *Science* 302, no. 5643 (October 10, 2003) 290–92, https://doi.org/10.1126/science.1089134

12 C. Nathan DeWall et al., "Acetaminophen Reduces Social Pain: Behavioral and Neural Evidence," Psychological *Science* 21, no. 7 (July 2010): 931–37, https://doi.org/10.1177/095679761037

13 Emily Esfahani Smith, "Masters of Love," *The Atlantic*, June 12, 2014, https://www.theatlantic.com/health/archive/2014/06/happily-ever-after/372573/

14 Ewen Callaway, "Fearful Memories Passed Down to Mouse Descendants," *Nature*, (2013), http://dx.doi.org/10.1038/nature.2013.14272

15 Martha Henriques, "Can the Legacy of Trauma Be Passed down the Generations?," *BBC Future*, March 26, 2019, https://www.bbc.com/future/article/20190326-what-is-epigenetics

16 Julian Guthrie, "The Lie Detective: S.F. Psychologist Has Made a Science of Reading Facial Expressions," *San Francisco Chronicle*, September 16, 2002, https://www.sfgate.com/news/article/The-lie-detective-S-F-psychologist-has-made-a-2768998.php

17 Linda Geddes, "My Big, Fat Geek Wedding: Tears, Joy, and Oxytocin," *New Scientist*, February 10, 2010, https://www.newscientist.com/article/mg20527471-000-my-big-fat-geek-wedding-tears-joy-and-oxytocin/

18 Paulina Pašková, "What Six Years at trivago Taught Me about Company Culture," *Medium*, November 10, 2019, https://medium.com/@pavlinapaskova/what-six-years-at-trivago-taught-me-about-company-culture-c80fc550b1cf

19 Tania Singer et al., "Empathic Neural Responses Are Modulated by the Perceived Fairness of Others," *Nature* 439, no. 7075 (January 26, 2006): 466–69, https://doi.org/10.1038/nature04271

20 Hetal Kabra, "VaynerMedia Net Worth 2022," *MD Daily Record*, May 21, 2021,

https://mddailyrecord.com/vaynermedia-net-worth-2021-2022-2023

21 Gary Vaynerchuk, "Giving without Expectation," *Gary Vaynerchuk, blog*, 2016, https://garyvaynerchuk.com/giving-without-expectation/

8장

1 Jennifer Liu, "1 in 4 Workers Quit Their Job This Year," *CNBC Make It*, October 4, 2021, https://www.cnbc.com/2021/10/14/1-in-4-workers-quit-their-job-this-year-according-to-new-report.html

2 Liu, "1 in 4 Workers Quit Their Job This Year."

3 Sara Silverstein and Rachel Cohn, "An Organizational Psychologist Explains why Introverts Will Make Better Leaders in the Future," *Business Insider*, March 4, 2019, https://www.businessinsider.com/adam-grant-explains-why-introverts-will-make-better-leaders-in-the-future-2019-2

4 Silverstein and Cohn, "An Organizational Psychologist Explains."

5 《콰이어트》, 수전 케인, 알에이치코리아, 2012년

6 Maureen Downey, "Teaching Introverts: Do Schools Prefer Big Talkers to Big Thinkers?," *Atlanta Journal-Constitution*, May 5, 2016, https://www.ajc.com/blog/get-schooled/teaching-introverts-schools-prefer-big-talkers-big-thinkers/idC1OLJIlPgYM21e0z01bL/

7 Richard E. Lucas et al., "Cross-Cultural Evidence for the Fundamental Features of Extroversion," *Journal of Personality and Social Psychology* 79, no. 3 (2000): 452–68, https://doi.org/10.1037/0022-3514.79.3.452

8 Neil G. MacLaren et al., "Testing the Babble Hypothesis: Speaking Time Predicts *Leader Emergence in Small Groups*," Leadership Quarterly 31, no. 5 (October 2020), https://doi.org/10.1016/j.leaqua.2020.101409

9 MacLaren et al., "Testing the Babble Hypothesis."

10 Michael C. Ashton, Kibeom Lee, Sampo V. Paunonen, "What Is the Central Feature of Extraversion? Social Attention Versus Reward Sensitivity," *Journal of Personality and Social Psychology* 83, no. 1 (July 2002): 245–52, https://doi.org/10.1037/0022-3514.83.1.245

11 Ashton, Lee, Paunonen, "What Is the Central Feature of Extraversion?."

12 *The Ultimate Quotable Einstein*, ed. Alice Calaprice (Princeton, NJ: Princeton University Press, October 2010).

13 Colin Cooper and Richard Taylor, "Personality and Performance on a Frustrating Cognitive Task," *Perceptual and Motor Skills* 88 no. 3, pt 2. (1999): 1384, https://doi.org/10.2466/pms.1999.88.3c.1384

14 Sana Noor Haq, "How Do You Become a Chess Grandmaster? Magnus Carlsen Is Here to Tell You," *CNN*, October 1, 2021, https://edition.cnn.com/2021/10/01/sport/magnus-carlsen-chess-grandmaster-spt-intl/index.html

15 Vikas Kapil et al., "Dietary Nitrate Provides Sustained Blood Pressure Lowering in Hypertensive Patients," *Hypertension* 65, no. 2 (February 2015): 320–27, https://doi.org/10.1161/HYPERTENSIONAHA.114.04675

16 Avram J. Holmes et al., "Individual Differences in Amygdala–Medial Prefrontal Anatomy Link Negative Affect, Impaired Social Functioning, and Polygenic Depression Risk," *Journal of Neuroscience* 32, no. 50 (December 12, 2012): 18087–100, https://doi.org/10.1523/JNEUROSCI.2531–12.2012

17 D. L. Johnson et al., "Cerebral Blood Flow and Personality: A Positron Emission Tomography Study," *American Journal of Psychiatry* 156, no. 2 (February 1, 1999): 252–57, https://doi.org/10.1176/ajp.156.2.252

18 Karene Booker, "Extroverts Have More Sensitive Brain–Reward System," *Cornell Chronicle*, July 10, 2013, https://news.cornell.edu/stories/2013/07/brain-chemistry-plays-role-extroverts

19 Steve Wozniak, Gina Smith, *iWoz: From Computer Geek to Cult Icon: How I Invented the Personal Computer, Co-Founded Apple, and Had Fun Doing It* (New York: Norton, 2006).

20 Lesley Sword, "The Gifted Introvert," *High Ability*, October 2021, https://highability.org/the-gifted-introvert/

21 Chris Weller, "Scientists Studied 5,000 Gifted Children for 45 Years. This Is What They Learned about Success," *World Economic Forum/Business Insider*, September 16, 2016, https://www.businessinsider.com/what-scientists-learned-about-genius-2016-9

22 Douglas Brinkley, *Rosa Parks: A Life* (Waterville, ME: Thorndike Press, 2000).

23 Brinkley, *Rosa Parks*.

24 Sanna Tuovinen, Xin Tang, and Katariina Salmela-Aro, "Introversion and Social Engagement: Scale Validation, Their Interaction, and Positive Association With Self-Esteem," *Frontiers in Psychology*, 11 (November 2020), https://doi.org/10.3389/fpsyg.2020.590748

25 Jack Samuels, "Personality Dimensions and Criminal Arrest," *Comprehensive Psychiatry* 45, no. 4 (July–August 2004): 275–80, https://doi.org/10.1016/j.comppsych.2004.03.013

26 "The Skinny Confidential: Robin McGraw and Dr. Phil," on *The Skinny Confidential Him & Her Podcast*, 439, podcast, https://tscpodcast.com/episodes/439-dr-phil-mcgraw-robin-mcgraw/

27 Cain, *Quiet*.

28 Cain, *Quiet*.

29 John Kounios Mark Beeman, "The Cognitive Neuroscience of Insight," *Annual Review of Psychology*, 65 (2014): 71–93, http://doi.org/10.1146/annurev-psych-010213-115154

30 Jonathan Schooler, Stellan Ohlsson, and Kevin Brooks, "Thoughts Beyond Words:

When Language Overshadows Insight," *Journal of Experimental Psychology: General* 122, no. 2 (1993): 166-83, https://doi.org/10.1037/0096-3445.122.2.166

31 Werner Stritzke, Anh Nguyen, and Kevin Durkin, "Shyness and Computer-Mediated Communication: A Self-Presentational Theory Perspective," *Media Psychology* 6 no. 1 (2004): 1-22, https://doi.org/10.1207/s1532785xmep0601_1

32 Michael Kraus, "Voice-Only Communication Enhances Empathic Accuracy," *American Psychologist* 72, no. 7 (October 2017): 644-54, http://doi.org/10.1037/amp0000147

9장

1 Marian Schembari, "10 of the Best Companies with Paid Maternity Leave," *Penny Hoarder*, January 10, 2022, https://www.thepennyhoarder.com/make-money/career/companies-paid-maternity-leave/

2 James Ball, "Women 40% More to Develop Mental Illness Than Men," *The Guardian*, May 22, 2013, https://www.theguardian.com/society/2013/may/22/women-men-mental-illness-study

3 David P. Schmitt et al., "Personality and Gender Differences in Global Perspective," *International Journal of Psychology*, 52, suppl. 1 (December 2017): 45-56, https://doi.org/10.1002/ijop.12265

4 Julia Hartley-Brewer, "Guilt May Damage the Immune System," *The Guardian*, April 16, 2000, https://www.theguardian.com/uk/2000/apr/17/juliahartleybrewer1

5 Louise Chang, MD, "Is Guilt Getting the Best of You?," *WebMD*, May 8, 2006, https://www.webmd.com/balance/features/is-guilt-getting-best-of-you

6 Anne Diamond and Laura Tension, "French Minister Rachida Dati's Return to Work Just Five Days after Giving Birth Has Sparked the Great NoTernity Debate," *Daily Mail UK*, January 13, 2009, https://www.dailymail.co.uk/femail/article-1114684/French-minister-Rachida-Datis-return-work-just-days-giving-birth-sparked-great-NO-TERNITY-debate.html

7 "Jaimie O'Banion," *The Skinny Confidential Him & Her Podcast*, podcast, episode 353, May 3, 2021, https://tscpodcast.com/episodes/353-jamie-obanion/

8 Miranda Bryant, "'I Was Risking My Life': Why One in Four US Women Return to Work Two Weeks after Childbirth," *The Guardian*, January 27, 2020, https://www.theguardian.com/us-news/2020/jan/27/maternity-paid-leave-women-work-childbirth-us

9 Anna Gromada, Gwyther Rees, Yekaterina Chzhen, "Worlds of Influence Understanding What Shapes Child Well-being in Rich Countries," UNICEF, 2020, https://www.unicef-irc.org/publications/1140-worlds-of-influence-understanding-what-shapes-child-well-being-in-rich-countries.html

10 Gromada, Rees, Chzhen, "Worlds of Influence."

11 Chang Che, "ByteDance invents entirely new product category with Dali Smart Lamp," *SupChina*, April 21, 2021, https://thechinaproject.com/2021/04/21/edutech-

bytedance-invents-entirely-new-product-category-with-dali-smart-lamp/

12 "Landmark Report: U.S. Teens Use an Average of Nine Hours of Media Per Day, Tweens Use Six Hours," *Common Sense Media*, November 3, 2015, https://www.commonsensemedia.org/press-releases/landmark-report-us-teens-use-an-average-of-nine-hours-of-media-per-day-tweens-use-six-hours

13 Olga Tymofiyeva et al., "Neural Correlates of Smartphone Dependence in Adolescents." *Frontiers in Human Neuroscience*, 14 (October 7, 2020), https://doi.org/10.3389/fnhum.2020.564629

14 Sarah Kliff, "1 in 4 American Moms Return to Work within 2 Weeks of Giving Birth – Here's What It's Like," *Vox*, August 22, 2015, https://www.vox.com/2015/8/21/9188343/maternity-leave-united-states

15 Samuel Gibbs, "Apple's Tim Cook: I Don't Want My Nephew on a Social Network," *The Guardian*, January 19, 2018, https://www.theguardian.com/technology/2018/jan/19/tim-cook-i-dont-want-my-nephew-on-a-social-network

16 Björn Lindström, Martin Bellander, et al., "A Computational Reward Learning Account of Social Media Engagement," *Nature Communications* 12, no. 1 (February 26, 2021): 1311, https://doi.org/10.1038/s41467-020-19607-x

17 Mike Allen, "Sean Parker Unloads on Facebook: "God Only Knows What It's Doing to Our Children's Brains," *Axios*, November 9, 2017, https://www.axios.com/2017/12/15/sean-parker-unloads-on-facebook-god-only-knows-what-its-doing-to-our-childrens-brains-1513306792

18 Olga Mecking, "American Parenting Styles Sweep Europe," *BBC Worklife*, February 26, 2020, https://www.bbc.com/worklife/article/20200225-the-parenting-style-sweeping-europe

19 《언어본능》, 스티븐 핑커, 동녘사이언스 2008년

20 Meredith F. Small, *Our Babies*, Ourselves: How Biology and Culture Shape the Way We Parent (New York: Anchor Books, 1999).

21 Richard B. Lee, Irven DeVore, eds., *Kalahari Hunter-Gatherers Studies of the !Kung San and Their Neighbors* (Cambridge, MA: Harvard University Press, 1976).

22 Charmaine Patterson, "Ryan Reynolds on Taking a Break from Acting," *MSN*, December 7, 2021, https://people.com/parents/ryan-reynolds-on-taking-a-break-from-acting-i-dont-want-to-miss-this-time-with-my-kids/

23 Meghan Collie, "Men Who Take Paternity Leave Are Likely to Have Longer Relationships: Study," *Global News*, February 11, 2020, https://globalnews.ca/news/6535198/paternity-leave-relationships/

24 Frauke Suhr, "Mehr Männer nehmen Elternzeit – zumindest kurz," *Der Statista Infografik*, November 5, 2021, https://de.statista.com/infografik/24835/anteil-der-vaeter-in-deutschland-die-elterngeld-beziehen/

25 "A Fresh Look at Paternity Leave: Why the Benefits Extend beyond the Personal," McKinsey & Company, March 5, 2021, https://www.mckinsey.com/capabilities/

people-and-organizational-performance/our-insights/a-fresh-look-at-paternity-leave-why-the-benefits-extend-beyond-the-personal

26 Elseline Hoekzema et al., "Pregnancy Leads to Long-Lasting Changes in Human Brain Structure," *Nature Neuroscience*, 20 (February 2017), https://doi.org/10.1038/nn.4458

27 "How Mother-Child Separation Causes Neurobiological Vulnerability Into Adulthood," *Association for Psychological Science*, June 20, 2018, https://www.psychologicalscience.org/publications/observer/obsonline/how-mother-child-separation-causes-neurobiological-vulnerability-into-adulthood.html

28 Dan Barraclough, "These Were The World's Most Productive Countries in 2020," *Expert Market*, September 13, 2021, https://www.expertmarket.com/uk/crm-systems/the-ultimate-guide-to-work-place-productivity

29 Devan McGuinness, "Federal Employees of this Country Are Getting 'Summer Fridays' Forever," *Fatherly*, December 7, 2021, https://www.fatherly.com/news/federal-employees-uae-workweek

30 Alicia Sasser Modestino et al., "Childcare Is a Business Issue," *Harvard Business Review*, April 29, 2021, https://hbr.org/2021/04/childcare-is-a-business-issue

31 Ben Geier, "These 32 Companies Have Concierge Services for Employees," *Yahoo! Finance*, March 28, 2016, https://finance.yahoo.com/news/32-companies-concierge-services-employees-150007644.html

32 Kelly Gonsalves, "What Is The Mental Load? The Invisible Labor Falling On Women's Shoulders," *mindbodygreen*, June 22, 2020, https://www.mindbodygreen.com/articles/what-is-the-mental-load

33 Nicole Hong and Matthew Haag, "Why Co-Working Spaces Are Betting on the Suburbs," *New York Times*, October 28, 2021, https://www.nytimes.com/2021/10/28/nyregion/co-working-space-suburbs.html

10장

1 Mohammad Shehata, "Team Flow Is a Unique Brain State Associated with Enhanced Information Integration and Interbrain Synchrony," *eNeuro* 8, no. 5 (October 12, 2021), https://www.eneuro.org/content/8/5/eneuro.0133-21.2021

2 Helen Lee Bouygues, "Everything You Need to Know about Groupthink," Reboot Foundation blog, 2019, https://reboot-foundation.org/groupthink/

3 "Attack on Pearl Harbor," *Wikipedia*, https://en.wikipedia.org/wiki/Attack_on_Pearl_Harbor

4 A. Gorin et al., "MEG Signatures of Long-Term Effects of Agreement and Disagreement with the Majority," *Scientific Reports*, 11 (2021): 3297, https://doi.org/10.1038/s41598-021-82670-x

5 "Can the Brain Resist the Group Opinion?," *Neuroscience News.com*, February 8, 2021, https://neurosciencenews.com/social-influence-brain-17709/

6   Gorin et al., "MEG Signatures."

7   Irving Janis, *Groupthink* (New York: Houghton Mifflin, 1982).

8   James C. Cobb, "Even Though He Is Revered Today, MLK Was Widely Disliked by the American Public When He Was Killed," *Smithsonian Magazine*, April 4, 2018, https://www.smithsonianmag.com/history/why-martin-luther-king-had-75-percent-disapproval-rating-year-he-died-180968664/

9   Avi Dan, "Kodak Failed By Asking The Wrong Marketing Question," *Forbes*, January 23, 2012, https://www.forbes.com/sites/avidan/2012/01/23/kodak-failed-by-asking-the-wrong-marketing-question/

10 Shigetaka Komori, *Innovating Out of Crisis: How Fujifilm Survived (and Thrived) As Its Core Business Was Vanishing* (Berkeley, CA: Stone Bridge Press, 2015).

11 Christopher Sirk, "Fujifilm Found a Way to Innovate and Survive Digital. Why Didn't Kodak?," *CRM.org*, September 17, 2020, https://crm.org/articles/fujifilm-found-a-way-to-innovate-and-survive-digital-why-didnt-kodak

12 Ed Catmull, "How Pixar Fosters Collective Creativity," *Harvard Business Review*, September 2008, https://hbr.org/2008/09/how-pixar-fosters-collective-creativity

13 HBSstudent11, "Pixar Animation Studios: Creative Kaizen." Technology and *Operations Management: MBA Student Perspectives*, December 6, 2014, https://d3.harvard.edu/platform-rctom/submission/pixar-animation-studios-creative-kaizen/

14 Tomas Chamorro-Premuzic, "Why Bad Guys Win at Work," *Harvard Business Review*, November 2, 2015, https://hbr.org/2015/11/why-bad-guys-win-at-work

15 Nicola Brazil, "Assessing the Dark Triad of Personality at Work – Can Your Organisation Afford Not to?" *HR Grapevine*, October 2021, https://www.hrgrapevine.com/publications/guide/guide-to-assessment-and-testing-2019/assessing-the-dark-triad-of-personality-at-work-can-your-organisation-afford-not-to

16 Chamorro-Premuzic, "Why Bad Guys Win at Work."

17 Charlan Jeanne Nemeth, *No!: The Power of Disagreement in a World that Wants to Get Along* (London, UK: Atlantic Books, 2021).

18 Nemeth, No!: *The Power of Disagreement*.

19 Charlan Nemeth, Keith Brown, and John Rogers, "Devil's Advocate Versus Authentic Dissent: Stimulating Quantity and Quality," *European Journal of Social Psychology* (November 13, 2001), https://doi.org/10.1002/ejsp.58

20 Kristin Bain et al., "Amplifying Voice in Organizations," *Academy of Management Journal* (September 13, 2021), https://doi.org/10.5465/amj.2018.0621

21 Morton Deutsch and Harold Gerard, "A Study of Normative and Informational Social Influences upon Individual Judgment," *The Journal of Abnormal and Social Psychology* (1955), https://doi.org/10.1037/h0046408

22 Deutsch and Gerard, "A Study of Normative and Informational Social Influences."

23 Alexander Stell and Tom Farsides, "Brief Loving-Kindness Meditation Reduces Racial Bias," *Motivation and Emotion* 40 (2016): 140-47, https://doi.org/10.1037/h0046408

24 Yoona Kang, Jeremy Gray, and John Dovidio, "The Nondiscriminating Heart: Lovingkindness Meditation Training Decreases Implicit Intergroup Bias," *Journal of Experimental Psychology* (June 2014), https://doi.org/10.1037/h0046408

25 Saul McLeod, "Solomon Asch Conformity Experiment," *Simply Psychology* (December 8, 2018), https://simplypsychology.org/asch-conformity.html

26 Nemeth, *No!: The Power of Disagreement*.

참고문헌 (국내 출간물)

《내가 상상하면 현실이 된다》, 리처드 브랜슨, 리더스북, 2007년

《콰이어트》, 수전 케인, 알에이치코리아, 2012년

《파타고니아, 파도가 칠 때는 서핑을》, 이본 쉬나드, 라이팅하우스, 2020년

《후지필름, 혼의 경영》, 고모리 시게타카, 한국CEO연구소, 2019년

《사회적 뇌 인류 성공의 비밀》, 매튜 리버먼, 시공사, 2015년

《결핍의 경제학》, 센딜 멀레이너선, 알에이치코리아, 2014년

《언어본능》, 스티븐 핑커, 동녘사이언스 2008년

《우리는 왜 잠을 자야 할까》, 매슈 워커, 열린책들, 2019년

《스티브 워즈니악》, 청림출판, 2008년